本书出版获得中国社会科学院大学中央高校基本科研业务费资助支持!

中国社会科学院大学文库

中国近代留学教育比较研究

朱孔京 著

中国社会科学出版社

图书在版编目(CIP)数据

中国近代留学教育比较研究 / 朱孔京著 . —北京：中国社会科学出版社，2022.9

（中国社会科学院大学文库）

ISBN 978 - 7 - 5227 - 0722 - 8

Ⅰ.①中… Ⅱ.①朱… Ⅲ.①留学教育—对比研究—中国—近代 Ⅳ.①G649.29

中国版本图书馆 CIP 数据核字（2022）第 145840 号

出版人	赵剑英
责任编辑	刘　芳
责任校对	李　剑
责任印制	李寡寡

出　　版	中国社会科学出版社
社　　址	北京鼓楼西大街甲 158 号
邮　　编	100720
网　　址	http://www.csspw.cn
发 行 部	010 - 84083685
门 市 部	010 - 84029450
经　　销	新华书店及其他书店

印　　刷	北京明恒达印务有限公司
装　　订	廊坊市广阳区广增装订厂
版　　次	2022 年 9 月第 1 版
印　　次	2022 年 9 月第 1 次印刷

开　　本	710×1000　1/16
印　　张	20
字　　数	288 千字
定　　价	108.00 元

凡购买中国社会科学出版社图书，如有质量问题请与本社营销中心联系调换
电话：010 - 84083683
版权所有　侵权必究

中国社会科学院大学文库学术研究系列编辑委员会

主　任　高文书

副主任　林　维　张　波　张　斌

编　委（按姓氏笔画排）

　　　　　王　炜　向　征　刘　强　刘文瑞　杜智涛

　　　　　李　俊　何庆仁　张　涛　张菀洺　陈洪波

　　　　　罗自文　赵一红　赵　猛　皇　娟　柴宝勇

　　　　　徐　明　高海龙　谭祖谊

总　序

张政文[*]

恩格斯说：" 一个民族要想站在科学的最高峰，就一刻也不能没有理论思维。"人类社会每一次重大跃进，人类文明每一次重大发展，都离不开哲学社会科学的知识变革和思想先导。中国特色社会主义进入新时代，党中央提出"加快构建中国特色哲学社会科学学科体系、学术体系、话语体系"的重大论断与战略任务。可以说，新时代对哲学社会科学知识和优秀人才的需要比以往任何时候都更为迫切，建设中国特色社会主义一流文科大学的愿望也比以往任何时候都更为强烈。身处这样一个伟大时代，因应这样一种战略机遇，2017年5月，中国社会科学院大学以中国社会科学院研究生院为基础正式创建。学校依托中国社会科学院建设发展，基础雄厚、实力斐然。中国社会科学院是党中央直接领导、国务院直属的中国哲学社会科学研究的最高学术机构和综合研究中心，新时期党中央对其定位是马克思主义的坚强阵地、党中央国务院重要的思想库和智囊团、中国哲学社会科学研究的最高殿堂。使命召唤担当，方向引领未来。建校以来，中国社会科学院大学聚焦"为党育人、为国育才"这一党之大计、国之大计，坚持党对高校的全面领导，坚持社会主义办学方向，坚持扎根中国大

---

[*] 中国社会科学院大学党委常务副书记、校长、中国社会科学院研究生院副院长、教授、博士生导师。

地办大学，依托社科院强大的学科优势和学术队伍优势，以大院制改革为抓手，实施研究所全面支持大学建设发展的融合战略，优进优出、一池活水、优势互补、使命共担，形成中国社会科学院办学优势与特色。学校始终把立德树人作为立身之本，把思想政治工作摆在突出位置，坚持科教融合、强化内涵发展，在人才培养、科学研究、社会服务、文化传承创新、国际交流合作等方面不断开拓创新，为争创"双一流"大学打下坚实基础，积淀了先进的发展经验，呈现出蓬勃的发展态势，成就了今天享誉国内的"社科大"品牌。"中国社会科学院大学文库"就是学校倾力打造的学术品牌，如果将学校之前的学术研究、学术出版比作一道道清澈的溪流，"中国社会科学院大学文库"的推出可谓厚积薄发、百川归海，恰逢其时、意义深远。为其作序，我深感荣幸和骄傲。

高校处于科技第一生产力、人才第一资源、创新第一动力的结合点，是新时代繁荣发展哲学社会科学，建设中国特色哲学社会科学创新体系的重要组成部分。我校建校基础中国社会科学院研究生院是我国第一所人文社会科学研究生院，是我国最高层次的哲学社会科学人才培养基地。周扬、温济泽、胡绳、江流、浦山、方克立、李铁映等一大批曾经在研究生院任职任教的名家大师，坚持运用马克思主义开展哲学社会科学的教学与研究，产出了一大批对文化积累和学科建设具有重大意义、在国内外产生重大影响、能够代表国家水准的重大研究成果，培养了一大批政治可靠、作风过硬、理论深厚、学术精湛的哲学社会科学高端人才，为我国哲学社会科学发展进行了开拓性努力。秉承这一传统，依托中国社会科学院哲学社会科学人才资源丰富、学科门类齐全、基础研究优势明显、国际学术交流活跃的优势，我校把积极推进哲学社会科学基础理论研究和创新，努力建设既体现时代精神又具有鲜明中国特色的哲学社会科学学科体系、学术体系、话语体系作为矢志不渝的追求和义不容辞的责任。以"双一流"和"新文科"建设为抓手，启动实施重大学术创新平台支持计划、创新研究项目支持计划、教育管理科学研究支持计划、科研奖励支持计划等一系列教学科研战略支持计划，全力抓好"大平台、大团队、大项目、大成果"等"四大"建设，坚持正确的政治方向、学术导向和价值取向，把政治要求、意识形态纪律作为首要标准，贯穿选题设计、科研立项、项目研究、成果运用全过程，以高度的文化自觉和坚定的文化自信，围绕重大理论和实践问题展开深入研究，不断推进知识创新、理论创新、方法创新，不断推出有思想含量、理论分量和话语质量的学术、教材和思政研究成果。"中国社会科学院大学文库"正是对这种历史底蕴和学术精神的传承与发展，更是新时代我校"双一流"建设、科学研究、教育教学改革和思政工作创新发展的集中展示与推介，是学校打造学术精品，彰显中国气派的生动实践。

"中国社会科学院大学文库"按照成果性质分为"学术研究系列""教材系列"和"思政研究系列"三大系列，并在此分类下根据学科建设和人才培养的需求建立相应的引导主题。"学术研究系列"旨在以理论研究创新为基础，在学术命题、学术思想、学术观点、学术话语上聚焦聚力，注重高原上起高峰，推出集大成的引领性、时代性和原创性的高层次成果。"教材系列"旨在服务国家教材建设重大战略，推出适应中国特色社会主义发展要求，立足学术和教学前沿，体现社科院和社科大优势与特色，辐射本硕博各个层次，涵盖纸质和数字化等多种载体的系列课程教材。"思政研究系列"旨在聚焦重大理论问题、工作探索、实践经验等领域，推出一批思想政治教育领域具有影响力的理论和实践研究成果。文库将借助与中国社会科学出版社的战略合作，加大高层次成果的产出与传播。既突出学术研究的理论性、学术性和创新性，推出新时代哲学社会科学研究、教材编写和思政研究的最新理论成果；又注重引导围绕国家重大战略需求开展前瞻性、针对性、储备性政策研究，推出既通"天线"、又接"地气"，能有效发挥思想库、智囊团作用的智库研究成果。文库坚持"方向性、开放式、高水平"的建设理念，以马克思主义为领航，严把学术出版的政治方向关、价值取向关与学术安全关、学术质量关。入选文库的作者，既有德高望重的学部委员、著名学者，又有成果丰硕、担当中坚的学术带头人，更有崭露头角的"青椒"新秀；既以我校专职教师为主体，也包括受聘学校特聘教授、岗位教师的社科院研究人员。我们力争通过文库的分批、分类持续推出，打通全方位、全领域、全要素的高水平哲学社会科学创新成果的转化与输出渠道，集中展示、持续推广、广泛传播学校科学研究、教材建设和思政工作创新发展的最新成果与精品力作，力争高原之上起高峰，以高水平的科研成果支撑高质量人才培养，服务新时代中国特色哲学社会科学"三大体系"建设。

历史表明，社会大变革的时代，一定是哲学社会科学大发展的时代。当代中国正经历着我国历史上最为广泛而深刻的社会变革，也正在进行着人类历史上最为宏大而独特的实践创新。这种前无古人的伟大实践，必将给理论创造、学术繁荣提供强大动力和广阔空间。我们深知，科学研究是永无止境的事业，学科建设与发展、理论探索和创新、人才培养及教育绝非朝夕之事，需要在接续奋斗中担当新作为、创造新辉煌。未来已来，将至已至。我校将以"中国社会科学院大学文库"建设为契机，充分发挥中国特色社会主义教育的育人优势，实施以育人育才为中心的哲学社会科学教学与研究整体发展战略，传承中国社会科学院深厚的哲学社会科学研究底蕴和40多年的研究生高端人才培养经验，秉承"笃学慎思明辨尚行"的校训精神，积极推动社科大教育与社科院科研深度融合，坚持以马克思主义为指导，坚持把论文写在大地上，坚持不忘本来、吸收外来、面向未来，深入研究和回答新时代面临的重大理论问题、重大现实问题和重大实践问题，立志做大学问、做真学问，以清醒的理论自觉、坚定的学术自信、科学的思维方法，积极为党和人民述学立论、育人育才，致力于产出高显示度、集大成的引领性、标志性原创成果，倾心于培养又红又专、德才兼备、全面发展的哲学社会科学高精尖人才，自觉担负起历史赋予的光荣使命，为推进新时代哲学社会科学教学与研究，创新中国特色、中国风骨、中国气派的哲学社会科学学科体系、学术体系、话语体系贡献社科大的一份力量。

自　序

　　留学教育是中国历史上影响深远的对外交流与学习活动，也是中外文明、文化互鉴的一种重要方式。鸦片战争后，帝国主义强迫清政府签订一系列不平等条约，中国长期闭关锁国的大门被打开，中国人也开始了了解西方、认识西方、学习西方的艰难探索。其间，留学教育缓慢开始，在整个中国近代逐步深入和扩大，深深影响了中国近代社会的变迁。

　　多年来，在研究中国近代留学教育的过程中，我发现其中很多地方、很多方面、很多内容可以进行比较，通过比较，可以拓展研究的领域，启发新的思考，也有利于深化对事件的认识，探索其中的规律。本书就是在我讲课稿和近几年发表的论文基础上，通过综合、概括、补充、完善、修改而成。内容涉及中国近代早期官派留学教育（幼童留美、船政留欧）的各种比较；"清末新政"前后的留日、留欧、留美教育的各种比较；"庚款留美"教育的各种比较等。通过比较，总结归纳出留学生个体和群体对当时中国社会所起的作用。

　　本书认为，中国近代留学教育是随着中国近代社会变迁而逐步深化和发展的，这既是当时西方先进文化对中国冲击的结果，也是中国内部对西方先进文化认识逐步深入、主动积极应对的一个过程。大批留学生从国外留学回来后，在不同的领域里运用他们所学的知识和所接受的先进思想，推动着中国近代社会的变革，他们是近代中国洋务、立宪、改良、革命、思潮等事件的主力军和推动者，对近代中国社会的政治、经济、军事、科技、思想、文化、教育诸方面产生着深刻的影响，极大地推动了中国的近代化进程。

在写作过程中，我特别注重以下几个方面。

一是史料的收集与整理。书中围绕中国近代留学教育的各种比较都是建立在史学研究的基础上，因此，研究将在历史史料与数据的收集及整理上下功夫，尤其注重收集整理第一手的原始史料，使研究建立在科学的史料、资料基础之上。

二是从纵、横两个方面进行比较。纵的方面，在比较的基础上还原中国近代留学的全貌和进程，了解中国近代留学教育的曲折艰辛以及逐步发展的过程。横的方面包含两个层次，其一是同一时期不同类型留学教育的比较，其二是同一时期中国留学教育与外国留学教育的比较。例如，19世纪六七十年代，当时的清政府派出了最早的官派留学生，也就是首批留美幼童和留欧船政生。留美幼童由于年龄小，采取的是"家庭式"的留学教育方式，表现出一种开放的、中美文化融合的趋势。留欧生由于年龄大，采取的是专业理论与实际相结合的留学教育方式，表现出一定实效的、复制的功能。留欧生通过留学，基本达到了洋务派派遣留学的目的，为近代海军的建设和发展作出了贡献，留美幼童没有达到洋务派派遣留学的目的，并在中途被强行撤回。无独有偶，同时期的日本为了富国强兵，也向欧洲派出了大批留学生，日本留学生归国后，带给国家的影响是巨大的，其中很多人直接参与了明治维新前后的富国强兵、文明开化等体制的重大改革，加速了日本近代化进程。这样，对近代留学教育的纵横比较，更加深了我们对历史事件、历史规律的认识，也使我们更深刻地了解到中国近代化道路的曲折和艰辛。

本书的创新之处主要有以下几方面。

在理论方面，引入了人力资本的概念，通过对中国近代历次官派留学教育的人数、地域、年龄以及留学专业等人力资本因素的比较，探索中国近代官派留学教育的发展轨迹及阶段特征，进而理解近代中国在当时西方先进文化的冲击下中国内部所产生的各种社会思潮以及他们之间的冲突与融合,从人力资本的角度分析留学教育对中国近代化的贡献。

在方法论方面,本书在一些方面尝试着用量化史学的研究方法,在史料收集、整理和数据分析的基础上,通过量化比较,总结归纳留学生个体和群体对当时中国社会所起的作用。这样,一方面可以扩大研究的内容与范畴,佐证近代留学的传统观点,另一方面可以得出一些新的观点和看法。

希望此书能深化中国近代官派留学教育的研究,对今天的留学教育能够提供借鉴。

目　录

绪　论 ……………………………………………………………（1）
　第一节　近代中国的留学教育 …………………………………（2）
　第二节　中国近代留学教育研究现状 …………………………（7）
　第三节　比较研究方法的应用与创新 …………………………（26）

第一章　中国近代留学教育思想的演变 ……………………（33）
　第一节　开眼看世界、向西方学习思潮的初现 ………………（33）
　第二节　容闳的留学教育观 ……………………………………（36）
　第三节　洋务时期的留学教育思想 ……………………………（37）
　第四节　维新时期的留学教育思想 ……………………………（39）
　第五节　新政时期的留学教育思想 ……………………………（40）

第二章　中国近代早期两种官派留学教育的比较 …………（44）
　第一节　留学教育派遣方式的比较 ……………………………（44）
　第二节　留学前教育方式的比较 ………………………………（51）
　第三节　留学经费、监督的比较 ………………………………（60）
　第四节　留学期间教育方式的比较 ……………………………（75）
　第五节　留学教育结局与影响的比较 …………………………（84）

第三章　中国近代留学教育比较研究个案 (101)

第一节　容闳、沈葆桢留学教育思想的比较 (101)

第二节　洋务运动与清末新政留学教育思想的比较 (112)

第三节　清末官派留学国家的转变 (120)

第四节　清末留学培训学校的比较 (123)

第五节　清末历次留学人数、留学生籍贯与年龄的比较 (135)

第六节　中国近代留学专业选择的比较 (150)

第七节　中日近代留学教育比较研究综述 (162)

第四章　中国近代留学教育与中国近代化 (169)

第一节　清末民初留学生的职业选择变迁 (169)

第二节　中国近代官派留学生与实业救国思潮 (174)

第三节　中国近代留学生与中国院士群体 (185)

第四节　中国近代留学生与中国军事近代化 (200)

第五节　中国近代留学生与中国政治近代化 (206)

第六节　中国近代留学生与中国教育近代化 (217)

结　语 (231)

附　录 (234)

主要参考文献 (299)

绪 论

中国历史上的留学教育,最早开始于何时,史学界有各种说法,有人将其追溯至公元前3世纪的东汉末期,当时就有中国人到西域、天竺学习佛教。但"学问生""留学生"的真正出现,根据现存史料记载,开始于隋唐时期的中日文化交流。日本推古天皇在位、圣德太子摄政期间,向中国派出了"遣隋使",随同"遣隋使",留学生和留学僧也来到中国。隋大业三年(607年),日本的圣德太子派遣使者小野妹子携带日本天皇的国书到达隋朝的东都洛阳,希望与隋朝建立外交关系,学习当时隋朝的先进文化,以便建立自己国家的政治、经济、文化体制。第二年(608年),在"遣隋使"中就随团增派了学生到中国来进行学习。唐朝时期,中国的政治、经济、文化高度发达,注重对外政治、经济、文化交流,中日友好往来出现十分活跃的盛况,日本从630年到894年,陆续派出12批"遣唐使"来到当时的唐都长安,每次使团的规模都比较大,最多的时候有600多人,并且每次使团来到中国的时候,都带着十到二十几名学问僧、学问生一同前往。使团访问完成后,学问生、学问僧就留在唐都长安的国子监里继续学习,这些学问僧、学问生学习时间有长有短,有的在中国学习几十年,回日本后传播唐朝先进的文化,对当时日本政治、经济、文化等方面的改革和发展作出了巨大贡献。

唐宋元明直到清朝前期,中国经济、文化的发展一直处在世界先进行列,特别是到清朝前期,中国以"天朝上国"自居,对外实行闭关锁国政策，很少与国外交流，国外来中国学习得很少，中国也很少派遣人员去国外学习，在各种文献中，"留学生"一词也出现得极少。19世纪中期以后，西方资本主义国家用战争和不平等条约，打开了中国长期闭关锁国的大门，中国人自此开始了了解西方、认识西方、学习西方的艰辛探索，留学教育也随之缓慢开始，"留学""留学生"在文献中又重新出现。

中国近代的留学教育始于洋务运动时期，在19世纪末20世纪初达到兴盛，可以说留学、向西方学习伴随着整个中国近代史的始终，深深影响了近代中国社会的变迁。近代中国人向西方学习经历了三个阶段，依次为器物阶段（鸦片战争—洋务运动）、制度阶段（戊戌变法—辛亥革命）和思想阶段（五四运动前后的新文化运动）。在此过程中，教育特别是官派留学教育逐渐成为其中的一个主要内容，通过官派留学教育活动，派遣学生到西方留学，学习西方先进的经济、文化、科学、技术，希望学生学成回国后，达到富国强兵、求强求富的目的。

第一节　近代中国的留学教育

近代中国学生海外留学，最早是在西方传教士的引导下进行的，1847年年初，传教士在香港设立的教会学校"马礼逊学校"的校长布朗回国，将当时在学校里学习的容闳、黄胜、黄宽三人一同带去美国留学，这可以说是中国近代意义上留学的开始。较大规模的官派留学教育活动则开始于1872年的幼童留美。自此，随着西学东渐，随着中国人对西方认识的逐步深入，近代留学教育活动逐步开展起来。一般来说，1872—1928年的近代官派留学教育，主要分为以下几个时期。

一　幼童留美教育活动（1872—1881年）

1872—1875年，在容闳和清政府统治阶级内部官员奕䜣、曾国藩、李鸿章等人的推动下，清政府前后在广东、江苏、浙江等东南沿海地区挑选了4批共120名（每批30名）幼童留学美国，此为官派幼童留美教育活动。幼童留美教育活动是当时中国主客观各种因素综合作用的结果，更是为了适应洋务运动的需要。派遣留学主要目的就是培养忠诚于清朝统治又能服务于当时洋务事业发展需要的各类人才，特别是外语及外交人才。但是由于派遣的学生年龄小，开始采取的是寄宿制，即与美国家庭一起生活的教育方式，在与美国人长期接触的过程中，经过欧风美雨的洗礼，这些幼童在礼节、道德、学习、生活等方面越来越西化，这就与清政府派遣留学的主观愿望越来越背离，再加上国内保守势力的反对，所以前后四批留美幼童大多没有完成原来的留学计划，1881年在仓促中被撤回国。撤回国后，由于一方面幼童的学业被中断；另一方面幼童在美国所学知识，在当时国内还没有多少用武之地，也并没有被当时的清政府所认识，因此被撤回国的大多数幼童并没有得到重用，对当时洋务运动的贡献也很少。但是，幼童留美的意义是巨大的，一方面是近代官派留学的开始，从此，中国人开始了一种新的向西方学习的途径，对以后的官派留学教育影响深远；另一方面这些幼童的影响是潜移默化、逐步深入的，受到当时西方先进思想、科技影响最早的这批留学生最终大多成为中国的制造、火器、电报、铁路、矿物及海防工程等方面的第一批科技专门人才，是晚清近代化建设的重要力量，其中著名的有詹天佑、唐绍仪、唐国安等人。

二　船政留欧教育活动（1877—1886年）

随着洋务运动的开展和官派留学教育的开始，为了适应洋务运动中军事工业和海防建设的需要，特别是海防建设中驾驶和造船人才的需要，清政府在筹建海防、创办水师的过程中，开始创办水师学堂，培养海军专门人才。同时，也越来越感觉到先进的造船、驾驶技术人才的重要性，在官派幼童留美活动的影响下，他们希望通过向当时世界上造船技术先进的法国以及驾驶技术先进的英国等国家派遣留学生或实践生，进一步学习先进的造船和驾驶技术，从而达到富国强兵、增强海防实力的目的。因此，为适应洋务运动的需要，清政府开始选派学生出国学习造船、驾驶等军事技术，最早的军事留学开始于1876年，当年，李鸿章从淮军营队中精心挑选了卞长胜等7个人，到德国进行留学，学习军事技术。随后，1877年1月，沈葆桢联合李鸿章向朝廷奏请挑选派遣福建船政学堂的前学堂学生14人加上艺徒7人去法国学习造船技术；挑选派遣船政学堂的后学堂学生12人去英国学习驾驶技术，时间期限初步定为3年。同时，为了管理方便，派三品衔候选道李凤苞充当华人监督，派一品衔大员原福建造船厂的监督日意格充当洋监督，还派遣了随员马建忠、文案陈季同、翻译罗丰禄等，共38人，在1877年3月31日分赴英、法两国。前学堂的学生到了法国以后，主要学习造船技术，同时还学习了格致、各国史籍、各国律例、交涉公法、矿物、化学和制造枪炮等科目。后学堂的学生到了英国以后，主要是在海上进行实习实践，他们先后游历了美国、西班牙等国家。1881年，为了培养人才，满足海军建设发展的需要，沈葆桢再一次奏请朝廷，要求继续派遣福建船政学堂的学生出洋留学，在沈葆桢的奏请下，福建船政学堂继续派遣了10名学生到英国、法国和德国等国进行深造。1886年，福建船政学堂又继续派遣了33名学生出国学习。这样，1877—1886年，清政府陆续向英、法、德等国派遣了三届福建船政学堂的学生留学，前后共计81人。1897年，当时的船政大臣裕禄在整顿船政的过程中，会同洋监督杜业尔，又挑选了福建船政学堂的第四批学生林福桢等6人到法国学习造船技术，但是这批学生最后因为经费问题没有着落，没等毕业就全部提前回国。

  与留美幼童相比，赴欧留学生年龄大，大多已近成人，在出国前已经具有一定的专业和英语知识，学习实习目标明确，因而大多取得了优异的成绩，学成回国后在当时的中国海军建设以及日后的科技创新、经济发展、军事建设、思想启蒙等方面发挥了重要作用，成为推动中国近代化发展的重要力量，其中最杰出的代表有严复、马建忠等人。

三　20世纪初留日热潮

1894—1895年的甲午中日战争，中国战败，北洋舰队全军覆灭，清政府苦心经营30多年的洋务运动破产，全国上下各界受到很大震动，中国人也开始重新认识日本并采取各种方式向日本学习。20世纪初，随着科举制度的废除和清末新政的进行，中国国内逐渐掀起去日本留学的热潮，同时国内也出现了专门为出国留学而创办的预备学校；日本也适应中国留学的热情，创办了一些接收留学生的特殊学校。当时中国人去日本留学大多学习师范、法政、军事等专业，这也是适应当时国内就业的需求。中国近代官派留学日本活动开始于1896年6月，当年，清政府首次向日本派遣了13名留学生。自此，留学日本活动逐步进入高潮。1896—1899年，是中国官派留日学生的起步阶段。到了1905年，由于废除了科举考试制度，国内的士子文人失去向上晋级的途径，出国留学更为兴盛，加上清政府为适应新政需要，颁布法令，进行留学归国毕业生考试，给予归国留学生工作、晋级等优厚待遇，赴日留学掀起高潮，1901—1906年可以说是留学日本的第一次高潮。20世纪初的几年，留日学生的规模以几倍、几十倍的速度迅速增长，据日本学者实藤惠秀统计，1905—1906年每年留日人数都达到6000—8000人，1896—1911年有四五万人赴日本留学。

清政府覆灭、中华民国成立以后，除了官派，当时的自费留日学生数量剧增，但是自费学生良莠不齐，很多到日本并没有学到真正的本领。为了规范对留日学生特别是自费留日学生的管理，中华民国政府陆续制定了《管理留学日本自费生暂行规程》《经理留学日本学生事务暂行规程》《管理留日学生事务规程》等一系列的制度，加强对留日学生的管理。但同时期，留日学生继续增长，到 1914 年，达到了第二次高潮。1915 年前后，日本加紧侵华，提出了旨在灭亡中国的"二十一条"，袁世凯为了复辟帝制，几乎全部承认，并与日本签订《中日共同防敌军事协定》，激起全国人民的愤怒，加上这一时期民国政府进一步加强了对留日学生的管理，留日学生大批回国，留学日本活动出现低谷。

留日生成分复杂，所学内容十分广泛，以师范科、法政科、军事科为多，许多学生到日本后直接进入各种速成学校、中等学校，留学时间大都不长，他们回国后直接成为推动中国近代化的有生力量和变革社会的主力军。

四　庚款留美教育活动（1909—1928 年）

1901 年，八国联军侵华战争以后，清政府被迫与美、英、德、法等国签订辛丑条约，各国获得大量赔款，即庚子赔款。为了扩大在华利益，更有利于支配中国，1908 年，美国宣布将自己所得的庚子赔款的半数退还中国，用这部分钱资助中国学生赴美留学，是为庚款留美。1909 年，庚款留美活动全面启动。1909 年 9 月、1910 年 8 月、1911 年 8 月，清政府先后派出三批庚款留美生 180 人赴美留学。以后的民国政府又陆续派遣学生赴美庚款留学，据统计，从 1909 年开始，到 1928 年结束，庚款留美学生再加上这期间自费留美的学生总数达到 5000 余人。1928 年 8 月，清华学堂改为清华大学后，庚款留美教育结束。庚款留学生虽然人数不多，但整体素质较高，他们大多出自当时中国国内质量较高的新式学校，又是通过严格考试选出来的精英人才，并且在清华学堂经过留学前的学习准备，素质好、质量高、基础知识学习扎实，到美国后许多人直接进入美国的大学攻读，受过完整的高等教育，所学知识大都是当时比较先进的自然科学知识，同时接受了西方民主思想，回国后很快就得到重用。更多的留美生在民国时期归国，在教育、政治、科技、文化等方面很快就崭露头角，成为各领域的风云人物，对推进中国的近代化进程发挥着重要作用。

中国近代官派留学教育贯穿整个中国近代史，其间，中国经历了地主阶级自强求富的洋务运动，资产阶级维新派发动的戊戌变法运动，资产阶级革命派领导的辛亥革命运动，新文化运动等大事，留学教育与这些事件有千丝万缕的联系，很多事件关乎留学教育的起因、成败及影响，而留学教育又对这些事件发挥着重要的作用，潜移默化地影响着这些事件的进程。加深对中国近代留学教育的研究，反过来会使我们更加深刻地理解中国近代史上的重大事件以及各种社会思潮。

中国近代留学教育对近代中国产生了极为深远的影响，无论是作为一个群体，还是作为个体，从人力资本投资的角度分析，留学教育为国家的政治、经济、文化、军事、科技、教育等多方面作出了突出的贡献，在一定程度上加速了中国近代化的进程，为中国走向近代化造就了各种新式专业人才，同时也为中国近代化提供了许多宝贵的经验和教训。

第二节　中国近代留学教育研究现状

从严格的学术研究的角度看，对近代留学真正进行探索和分析，从 20 世纪初开始，迄今已一个多世纪，在这百年的过程中，中国近代留学教育研究是螺旋式向纵深发展的。

一　关于近代留学教育的研究

根据留学研究阶段和研究内容的变化，我们可以把中国近代留学研究，大致分为三个时期。

（一）兴起时期：20 世纪初至 60 年代

20 世纪初，随着清末民初留学运动的兴起与高涨，有关留学教育特别是留学教育史的研究也开始缓慢起步。早在1909年,"中国留学之父"容闳就在美国纽约出版了英文自传,当时的书名为"*My Life In China And America*",书中详细叙述了他留学美国时的背景,他留学的志向,留学的经历以及留学归国后选派幼童留美艰苦曲折的历程。书中较为详细地记载了幼童出国派遣的艰难以及幼童在美国的学习和生活情况,对留美幼童的结局等也进行了评说。1915年,该自传翻译成中文,书名叫《西学东渐记》,由商务印书馆出版发行,直到今天,该书依然是研究容闳"西学东渐"思想的重要依据和研究中国近代早期留学史特别是幼童留美史的重要资料。20世纪20年代,留学生在自己所办的刊物上发表了名录、统计表、对留学问题的评论等,当时的一些刊物如《教育杂志》《中华教育界》上也发表了一些关于留学生历史和现状的文章,并在20—30年代开展了留学问题的大讨论。当时系统论述中国近代留学历史的是著名学者舒新城,他在1926年写作《近代中国留学史》,这是中国第一部较为系统地研究中国近代留学史的专著,书中通过较为扎实的史料,介绍了从洋务运动到20世纪初五四运动前后中国留学教育发展的历史轨迹,并且探讨了留学教育活动中的诸多问题,如留学生的选拔、留学资格的认定、留学经费的筹措、留学生的管理以及留学思想的变迁等,这些都为后来的留学教育研究特别是中国近代留学史的研究奠定了基础。1928年,舒新城根据所收集的教育史料编成《中国近代教育史料》(4册),[①] 为中国近代教育史研究提供了很多有价值的资料,其中留学史料占有重要比重,成为研究中国近代留学史的基本素材。

这个时期日本、美国一些学者也开始关注中国留学生的研究,在日本,较早进行中国留学生研究的是松本龟次郎。1931年,他根据史料,写作了《中华留学生教育小史》,自此,日本学者开始了对中国留学的研究与讨论。1939年,日本日华学会出版了日本著名学者

---

① 舒新城:《中国近代教育史料》(4册),中华书局1928年版。

实藤惠秀的博士论文《中国人留学日本史稿》。该论文收集了中国留学生在1896—1937年留学日本的大量第一手史料，较为详尽地论述了这段时间中国人留学日本的情况，并且探讨了中国留日学生回国后在中国的各个历史阶段对当时中国社会的政治、经济、文化等方面的影响和贡献。1960年，实藤惠秀对这本书进行了修订和增改，命名为《中国人留学日本史》。该书在1984年被翻译成中文，[①]成为研究中国人留学日本的一部重要参考资料，给中国的研究者以巨大的启迪和帮助。

对留美幼童的研究，开始于中国港台地区及美国的学者，1942年，美国学者勒法格（Thomas La Fargue）出版了自己的《中国首百名留学生》（*China's First Hundred*），这是第一部研究官派留美教育活动的专著。后来，中国台湾学者高宗鲁将其翻译成中文，书名《中国幼童留美史——现代化的初探》。[②]该书以早期的幼童留美为视角，通过留美幼童来研究中国的留学问题，全书共分10章，前4章主要讲幼童留美的过程，后6章主要讲幼童留美归国后对当时中国社会的贡献，涉及政治、经济、军事、文化以及中国革命等各个方面，该书主要参考大量留美幼童的书信集等原始的资料，因此也具有重要的史料价值。

总的来看，当时我国的留学教育还处于低谷，再加上受到当时政治环境的制约和束缚，留美教育的研究也刚刚起步。

（二）展开时期：20世纪七八十年代

中国近代留学教育的研究在20世纪70年代之前一度处于低谷，从70年代开始逐渐兴盛起来，20世纪80年代中国近代留学教育的研究得到进一步的发展。

这一时期的研究呈现出如下特点。

---

① ［日］实藤惠秀：《中国人留学日本史》，谭汝谦、林启彦译，生活·读书·新知三联书店1984年版。

② ［美］勒法格：《中国幼童留美史——现代化的初探》，高宗鲁编译，台北：华欣文化事业中心1982年版。

第一，从研究地区来看，中国港澳台地区对留学教育的研究取得了丰厚的成果，出现了一批有代表性的研究著作，其中主要的有黄福庆所著的《清末留日学生》，林子勋所著的《中国留学教育史（1847—1975年）》。以这两部著作为起点，又陆续出现一批留学教育的著作，主要有瞿立鹤所著的《清末留学教育》，陶龙生所著的《留学生与中国社会》，汪一驹著、梅寅生译的《中国知识分子与西方——留学生与近代中国（1872—1949）》[①]等。其中，黄福庆的《清末留日学生》利用日本的档案与资料，比较详细地论述了清末留日学生在日本的学习、生活情况。林子勋所著的《中国留学教育史（1847—1975年）》按照留学地区将近代的留学教育分为留美、留日和留欧三个部分，按照时间的顺序，将留学教育又分为晚清、1912—1926年、1927—1949年、1949—1975年四个阶段，然后对各个时期、各个国家留学的情况进行叙述，史料较为充实，论据充分，并对我国留学教育的成效和经验进行总结，是研究留学教育较为完整的专著。《中国知识分子与西方——留学生与近代中国（1872—1949）》也较为详尽地叙述了留学生在现代中国政治、社会生活、科技工艺等方面所产生的影响。

第二，从研究内容来看，主要仍关注于留学史的研究。改革开放后，随着学术环境的宽松和留学热的出现，留学教育的研究也出现了新局面，专著、资料汇编、学术论文等纷纷出版，内容涉及留学教育思想、留学的历史进程、留学历史人物、留学生的历史贡献等各个方面，但这一时期重要的研究仍然是对中国近代留学史的研究。如李喜所所著的《近代中国的留学生》，颖之所著的《中国近代留学简史》，黄新宪所著的《中国留学教育的历史反思》，董守义所著

[①] 黄福庆：《清末留日学生》，台北："中研院"近代史研究所1975年版；林子勋：《中国留学教育史（1847—1975年）》，台北：台湾华冈出版有限公司1976年版；瞿立鹤：《清末留学教育》，台北：三民书局1973年版；陶龙生：《留学生与中国社会》，台北：台湾学生书局1978年版；汪一驹：《中国知识分子与西方——留学生与近代中国（1872—1949）》，梅寅生译，台北：枫城出版社1987年版。

绪　论

的《清代留学运动史》①等。这些著作一是重视历史史料的筛选与利用，二是较为真实地论述了中国近代留学的发展历程，三是结合一些重要的留学事件和代表性的留学人物进行论述，四是都充分肯定了近代留学对当时的社会发展所起的作用。这其中，李喜所所著的《近代中国的留学生》是代表性的著作，书中充分利用留学史料，并且按照时间的顺序，同时根据留学国家的不同，将中国近代留学史具体地分为留美时期、留欧时期、留日时期、留法时期四个阶段，简明扼要，突出重点，评述了近代中国的留学教育活动。由于受当时整体研究水平的制约，这些著作在新史料的挖掘、新领域的开拓以及对留学的多方面评价上还没有深入下去。此外，国外学者特别是日本学者在这一时期对中国近代留学教育的研究也有新的发展，如上垣外宪一所著的《日本留学与革命运动》，书中介绍了中国人留学日本的活动，其中重点研究了在日本留学的学生与当时中国革命政治运动的关系；小岛淑男所著的《留日学生与辛亥革命》，则是重点研究了中国的留日学生与辛亥革命的关系，其中重点研究了辛亥革命时期中国留日学生在中国和在日本的系列革命活动。②

　　第三，从史料的收集和整理来看，这一时期也有了大的发展。中国台湾学者刘真、王焕琛主编了《留学教育：中国留学教育史料》，③作者通过广泛收集，保存了大量中国近代有关留学教育的史料，尤其是收集了大量中国近代留学毕业生归国后的政策，包括一些奖励的章程、规则、办法等；同时，书中列有详细的条目，记录了有关晚清留学毕业生的年龄、籍贯、留学国家、所学专业等，是最早的专门整理清末留学毕业生的资料集。与此同时，也出现了比较系统和完整地收

---

　　①　李喜所：《近代中国的留学生》，人民出版社1987年版；颖之：《中国近代留学简史》，上海教育出版社1980年版；黄新宪：《中国留学教育的历史反思》，四川教育出版社1989年版；董守义：《清代留学运动史》，辽宁人民出版社1984年版。
　　②　[日]上垣外宪一：《日本留学与革命运动》，东京：东京大学出版会1982年版；[日]小岛淑男：《留日学生与辛亥革命》，东京：青木书店1989年版。
　　③　刘真、王焕琛主编：《留学教育：中国留学教育史料》，台北："国立"编译馆1980年版。

集留学教育史资料的著作，主要有陈学恂、田正平主编的《中国近代教育史资料汇编——留学教育》。《中国近代教育史资料汇编》一共有十卷，20世纪八九十年代，学者们耗费十几年的时间才汇编完成，20世纪80年代成立编委会，第一卷于1990年6月出版，最后一卷于1997年5月出版。该教育史资料汇编内容翔实，资料丰富，成为研究中国近代教育史完整、重要的原始资料。《中国近代教育史资料汇编——留学教育》是其中的一部分册，主要收集了从1872年清政府派遣幼童留美到1922年庚款留学等有关中国近代历次重要的留学教育史料，直到今天，仍然是研究近代留学教育的重要资料。作为补充，陈学恂主编的另一本《中国近代教育史参考资料》，书中也有大量的有关中国近代留学教育的参考资料。① 日本著名学者多贺秋五郎编辑出版了《近代中国教育史资料》，也是中国近代教育史的重要资料汇编，该资料汇编分为很多篇幅，其中很多也涉及中国近代留学史的资料，是前面资料汇编的一个重要补充，如书中收录了有关留学教育的诏谕、奏议、法令、规程等资料。②

第四，这个时期的研究论文也呈现出丰富多彩的特性，内容涉及留学的各个方面。

首先，关注留学生的选拔、留学政策以及留学生贡献的研究。如中国台湾学者姚崧龄所著的《清末出洋游学毕业考试》一文，主要对晚清有关留学生的留学毕业考试以及奖励制度进行了介绍，具有一定的史料价值。③ 冯开文所著的《论晚清的留学政策》一文，对晚清有关留学的各种政策进行了介绍，具体包括清政府的一些制度规定、留学生毕业考试、留学生的录用等，文章还对留学生考试的特点与问

---

① 陈学恂、田正平主编：《中国近代教育史资料汇编——留学教育》（以下简称《留学教育》），上海教育出版社1991年版；陈学恂主编：《中国近代教育史参考资料》，人民教育出版社1986年版。
② [日]多贺秋五郎：《近代中国教育史资料》，台北：文海出版社有限公司1979年版。
③ 姚崧龄：《清末出洋游学毕业考试》，《传记文学》（台北）1970年第17卷第4期。

题进行了评述。① 李喜所早期写的《近代留学生对祖国的贡献》一文,② 运用史料,主要从宏观上介绍了中国近代留学生对近代中国的政治、经济、文化、军事等方面所做的贡献。

其次,对留美、留日、留欧进行专门论述。对于留美,主要侧重于幼童留美和庚款留美。专门对幼童留美进行研究,开始于国外学者和中国台湾学者。高宗鲁根据自己长期收集编成了《中国留美幼童书信集》,③ 这本书信集是研究留美幼童很珍贵的资料。中国台湾学者研究幼童留美的论文也不少,这些论文有以下特点:比较注意利用幼童在美国的一些原始资料,进行简单的介绍、分析,如宋晞的《中国早期留美学生史略》,傅维宁的《一百年前的中国少年棒球队》,胡光麃的《早期出洋的游学生》等。④ 同时,加强了对容闳的研究,如梁伯华的《容闳的西学与洋务》、高宗鲁的《容闳与中国幼童留美》等。⑤ 注重研究留美幼童在美国的教育和遭遇,如顾敦鍒的《百年留美教育的回顾与前瞻》。⑥ 另外,围绕留美幼童也进行过个案研究,重要的有:高宗鲁、凌鸿勋合著的《詹天佑与中国铁路》、罗香林的《梁诚的出使美国》等。⑦

对于庚款留美教育的研究,重要的有李喜所所写的《清末民初的留美学生》,对清末民初中国庚款留美活动进行了介绍;黄新宪所写的《退还庚子赔款与清末留学生的派遣》一文,主要围绕美国退还

---

① 冯开文:《论晚清的留学政策》,《近代史研究》1993年第2期。
② 李喜所:《近代留学生对祖国的贡献》,《人民日报》1987年6月8日。
③ 高宗鲁译注:《中国留美幼童书信集》,台北:传记文学出版社1986年版;另见《传记文学》(台北)1979年第34卷第2、3、6期,1980年第36卷第2期,1980年第37卷第3期,1983年第42卷第6期,1983年第43卷第5期。
④ 宋晞:《中国早期留美学生史略》,《教育与文化》(台北)第6卷第18期;傅维宁:《一百年前的中国少年棒球队》,《传记文学》(台北)1972年第20卷第6期;胡光麃:《早期出洋的游学生》,《传记文学》(台北)1979年第34卷第2期。
⑤ 梁伯华:《容闳的西学与洋务》,《香港中文大学中国文化研究院学报》1985年第16卷;高宗鲁:《容闳与中国幼童留美》,载《容闳与中国近代化》,珠海出版社1999年版。
⑥ 顾敦鍒:《百年留美教育的回顾与前瞻》,载《中国近代史论丛》第2辑,第6册,台北:正中书局1979年版。
⑦ 高宗鲁、凌鸿勋:《詹天佑与中国铁路》,台北:"中研院"近代史研究所1977年版;罗香林:《梁诚的出使美国》,香港:香港复兴印务图书文具有限公司1977年版。

庚子赔款用于留美学生的派遣等前后的情况展开了论述；李守郡所写的《第一批庚款留美生的选派》一文，主要考察了第一批庚款留美学生的选派过程；黄知正所写的《五四时期留美生对科学的传播》一文，主要论述了五四运动时期留美学生对科学的传播情况等。[1]

对清末留日教育的研究，不论中国还是日本学术界都有不少成果出现，研究的重点包括清末留日学生与辛亥革命的关系，如丁焕章所写的《试论留日学生运动》一文，冯玉荣所写的《留日学生运动与辛亥革命》一文；另外就是研究留日学生与中国和日本的关系、留日学生与近代中国的社会变革等问题，如黄新宪的《留日学生与近代社会的变革》一文。[2] 日本著名学者阿部洋主要从中日两国教育文化交流的角度对中国近代留日学生进行了研究，取得了丰硕的成果，其主要著作有《亚洲教育交流——亚洲人留学日本的历史与现状》《日中关系与摩擦》《中国的近代教育与明治日本》等。[3] 此外，日本学者细野浩二所写的《清末留日极盛期的形成及其理论构造——关于西太后新政的指导思想和"保全中国论"的反响》一文，从清政府留学政策着手，重点研究清末留日高涨的原因；荫山雅博所写的《宏文学院的中国人留学生教育》一文，运用宏文学院保存的史料，探讨了中国留学生在日本受教育的情况。[4]

专门对留欧教育进行研究，应首推法国学者巴斯蒂（M. Bastid-Bruguiere），她利用法国外交部档案材料，研究清末留法学生，得出

---

[1] 李喜所：《清末民初的留美学生》，《史学月刊》1982年第2期；黄新宪：《退还庚子赔款与清末留学生的派遣》，《教育科学》1984年第4期；李守郡：《第一批庚款留美生的选派》，《历史档案》1989年第3期；黄知正：《五四时期留美生对科学的传播》，《近代史研究》1989年第2期。

[2] 丁焕章：《试论留日学生运动》，《历史教学》1982年第9期；冯玉荣：《留日学生运动与辛亥革命》，《重庆社会科学》1986年第4期；黄新宪：《留日学生与近代社会的变革》，《福建论坛》1989年第2期。

[3] ［日］阿部洋：《亚洲教育交流——亚洲人留学日本的历史与现状》，日本国立教育研究所1979年版；［日］阿部洋：《日中关系与摩擦》，严南堂书店1982年版；［日］阿部洋：《中国的近代教育与明治日本》，福村出版社1990年版。

[4] ［日］荫山雅博：《宏文学院的中国人留学生教育》，《日本教育史学纪要》1980年第23期。

了很有见地的认识，但她主要是从留学对中国近代世界观的形成这一角度进行探讨。中国台湾学者王家俭利用英国外交部所存中文档研究清末海军留英学生的派遣，给我们很多启发，但较简略。另外，李喜所也运用史料，对早期的官派留欧生进行了研究，写作《中国近代第一批留欧学生》一文，对近代早期洋务运动时期第一批留欧学生的派遣进行了具体而全面的论述；徐彻的《中国第一届赴欧海军留学生述略》一文，侧重点不同，主要对中国近代第一批留欧生回国以后所做的贡献特别是在海军建设中的作用进行了论述。① 相对来说，对早期留欧教育的研究还是一个薄弱环节，即使是研究洋务运动的专著也很少对早期官派留欧教育进行专门研究，这其中原因主要是资料的不足。

此外，关注留学生与中外文化交流的研究，如周德昌的《近代中国与日本的文化教育交流》主要从近代中日文化交流的角度，吴廷嘉的《近代留学教育与中西学术交流》主要从中国近代中西文化交流的角度，探讨了留学生的作用。②

（三）进一步深化时期：20 世纪 90 年代至今

进入 20 世纪 90 年代，随着国内学术气氛的浓厚，中国近代留学教育的研究无论是在广度上还是在深度上都有了极大的发展，留学教育研究也逐渐出现了热潮。主要表现在以下几个方面。

第一，大量论著与论文出现。

专门研究近代留学教育的论著就有十余部，这其中代表性的著作当属李喜所的《近代留学生与中外文化》，③ 该书主要研究晚清和民初的留学史，在叙述留学现象的同时，穿插了对人物个案的研究，从而改变了过去只是从政治史和教育史的角度去研究近代留学生的格

---

① 李喜所：《中国近代第一批留欧学生》，《南开学报》1981 年第 2 期；徐彻：《中国第一届赴欧海军留学生述略》，《社会科学辑刊》1986 年第 5 期。
② 周德昌：《近代中国与日本的文化教育交流》，《华南师范大学学报》1986 年第 1 期；吴廷嘉：《近代留学教育与中西学术交流》，《大自然探索》1984 年第 3 期。
③ 李喜所：《近代留学生与中外文化》，天津人民出版社 1992 年版。

局，偏重于从文化史和文化学的角度去研究，把留学生作为中外文化交流的产物，历史地评述近代留学生运动的发展变化。

王奇生的《中国留学生的历史轨迹》，① 叙述了幼童留美、船政留欧、留日的历史及留学制度的演变以及留学生归国后对中国近代化的贡献，是一部中国近代留学史通论性著作。安宇、周棉主编的《留学生与中外文化交流》，② 以留学生为中心，评述了留学生群体在近代中外文化交流过程中的作用和影响。书中认为，在留学过程中，由于中外文化的交流以及留学生的派遣，中国传统的文化形态和社会形态在不知不觉中发生了巨大的变革，从而在一定程度上加速了中国近代化的进程。李喜所、刘集林等所著的《近代中国的留美教育》，③ 时间跨度大，系统地研究了从容闳赴美留学到1949年中华人民共和国成立前约一百年间的近代中国留美教育，包括幼童留美、庚款留美、民间留美等一系列事件，是第一部比较系统、全面地研究近代中国留美教育的学术专著。此外，丁晓禾所著的《中国百年留学全纪录》（四册）④ 介绍了一百年来留学生特别是一些著名的留学生在国外的留学经历，在全面介绍留学情况的基础上，概括总结中国近代留学教育在不同时期、不同发展阶段的特点，论述了中国近代留学生在中国政治、军事、经济、文化、教育等方面的贡献。李滔主编的《中华留学教育史录：1840—1949》，⑤ 主要记载了从鸦片战争到中华人民共和国成立前的一百年间，中国学生留学的历史资料。就收集的资料来看，中、日两国学者对清末留日的研究成果较多。此外，日本学者阿部洋的《日中文化教育交流与摩擦》主要探讨了中日文化教育交流的情况，王晓秋的《近代中日文化交流史》对近代中日文化教育交流情况进行了系统的说明，王桂的《中日教育交流史》主要从

---

① 王奇生：《中国留学生的历史轨迹》，湖北教育出版社1992年版。
② 安宇、周棉主编：《留学生与中外文化交流》，南京大学出版社2000年版。
③ 李喜所、刘集林等：《近代中国的留美教育》，天津古籍出版社2000年版。
④ 丁晓禾：《中国百年留学全纪录》（四册），珠海出版社1998年版。
⑤ 李滔主编：《中华留学教育史录：1840—1949》，高等教育出版社2005年版。

教育交流方面对中日文化交流进行了论述，梁容若的《中日文化交流史论》主要是对中日文化交流进行了系统的评论。沈殿成的《中国人留学日本百年史》系统介绍了中国近代百年来中国人留学日本的情况。

这时期探讨中国近代留学教育的论文也达到了几百篇。

首先，是对留学政策与制度的研究。这主要指的是清末的留学政策，涉及留学生的选派、考试、管理等各个方面。杨学萍的《试论清末留学制度》一文，系统论述了清末留学制度的建立过程以及留学制度的中断、恢复，对清末留学制度进行了系统的、全面的评价。[①] 邓绍辉的《论清政府对回国留学生的奖励政策》探讨了清政府对回国留学生所进行的各种考试和奖励政策，揭示了这种奖励政策对清末留学政策以及留学教育的发展所产生的巨大作用。[②] 姜新的《评清末民初的留学生归国考试》，以清末民初的留学生归国考试为中心，探讨了这一历史现象对当时的留学教育以及社会发展所起的作用。[③]

其次，对清末留日、庚款留美的研究成为主流。

随着史料的不断挖掘与更新，史学界对清末留日学生的研究在深度和广度上也不断扩展。有些研究者从一个侧面来研究留日学生对当时中国社会的影响，如李本义的《清末留日学生运动对辛亥革命的推动》论述了留日学生对辛亥革命的影响，尚小明的《清末留日学生与新政》论述了留日学生与清末新政的关系，孙燕的《留日学生与清末立宪运动研究》着重探讨了留日学生与立宪运动的关系，李喜所的《清末留日学生与拒俄运动》探讨了留日学生与拒俄运动千丝万缕的联系，[④] 等等。有些研究者从近代化的角度研究留日学生对中国

---

① 杨学萍：《试论清末留学制度》，《辽宁大学学报》1994年第4期。
② 邓绍辉：《论清政府对回国留学生的奖励政策》，《历史教学问题》1993年第5期。
③ 姜新：《评清末民初的留学生归国考试》，《史学月刊》2005年第12期。
④ 李本义：《清末留日学生运动对辛亥革命的推动》，《湖北大学学报》1992年第4期；尚小明：《清末留日学生与新政》，江西教育出版社2007年版；孙燕：《留日学生与清末立宪运动研究》，硕士学位论文，南京师范大学，2005年；李喜所：《清末留日学生与拒俄运动》，载《中国留学史稿》，中华书局2007年版。

近代化的贡献,以及中日两国人民的相互认识与看法,如牛亚华的《清末留日医学生及其对近代医学事业的贡献》以清末留日学医学生为研究对象,考察留医学生在日本留学经历以及归国后对中国医学发展的贡献;杨真珍的《清末留日学生与中国教育近代化》主要论述了清末留日学生对中国教育发展的贡献;李喜所的《甲午战后50年间留日学生的日本观》论述了甲午战争后留日学生日本观的变化[1]等。

庚款留美的研究集中在庚款留美的原因、经过,庚款留美与中国教育近代化,庚款留美与中美文化交流等方面。朱卫斌的《试论美国"庚款兴学"——以西奥多·罗斯福与柔克义为中心》认为美国退还部分庚子赔款,让中国学生留学,是为美国在华长远利益服务。[2]谢长法的《借鉴与融合——留美学生抗战前教育活动研究》认为,应客观评价留美学生对近代中国教育的发展与变革所产生的影响和作用,留美学生为中国教育的近代化进程作出了较大贡献。[3]刘秀英在《"庚款留美"与中国高等教育现代化》中阐述了庚款退还的始末、动因、过程及特点,以"庚款留美生"郭秉文、梅贻琦、竺可桢等为个案说明庚款留美加速了中国教育观念、学校教育制度的现代化进程。[4]

第二,一批研究中心与研究课题初步形成规模。

国内形成了以南开大学李喜所"中国留学教育研究中心"、浙江大学田正平"中外教育交流"课题组、徐州师范大学周棉"留美学生与近代中国社会"课题组等为主的中国近代留学教育研究团队,他们

---

[1] 牛亚华:《清末留日医学生及其对近代医学事业的贡献》,《中国近代史》2004年第2期;杨真珍:《清末留日学生与中国教育近代化》,硕士学位论文,西南大学,2007年;李喜所:《甲午战后50年间留日学生的日本观》,《社会科学研究》1997年第1期。

[2] 朱卫斌:《试论美国"庚款兴学"——以西奥多·罗斯福与柔克义为中心》,《社会科学研究》2005年第5期。

[3] 谢长法:《借鉴与融合——留美学生抗战前教育活动研究》,河北教育出版社2000年版。

[4] 刘秀英:《"庚款留美"与中国高等教育现代化》,硕士学位论文,西南师范大学,2004年。

的研究既有继承性,又各具特色,重点突出,取得了可喜的成就。

南开大学李喜所的"中国留学教育研究中心"长期致力于中国留学史的研究,他们先后出版了《容闳——中国留学生之父》《近代中国的留学生》《近代留学生与中外文化》《近代中国的留美教育》《五千年中外文化交流史(全五卷)》① 等著作,对中国近代留学进行了全面研究。在长期进行留学史研究的基础上,2010年他们出版了《中国留学通史》,② 该书分为三卷,分别为晚清、民国、中华人民共和国时期的留学史,共280余万字。该书是我国留学史研究的标志性成果,其中新中国留学史部分填补了国内相关研究的空白。

浙江大学田正平的"中外教育交流"课题组,收集整理了大量留学史料,发表了系列留学教育的论文、专著,如《留学生与中国教育近代化》一书,分析了中国近代留学教育兴起的原因,概述了留学教育的几个重要发展阶段及其特点。该书在广泛收集各种史料的基础上,大量运用社会学研究中的定量分析方法,初步探讨了留学生在中国教育走向近代化的过程中的地位与作用,认为他们引进了近代西方的教育思想和教育体制,培养了中国近代化教育的师资,加速了中国教育走向近代化的进程。③ 田正平主编的《中外教育交流史》从历史与现实相结合的角度,认真地梳理了近四百年来中外教育交流的经验和教训,概括了中外教育交流的规律,总结了中外教育交流的"四个时期""三大高潮"等,是到目前为止国内最具权威性的中外教育交流著作之一。④

徐州师范大学留学生与近代中国研究中心进行了"留美学生与近代中国社会"的研究,以周棉为首的学者出版了一系列专著,如周棉

---

① 李喜所:《容闳——中国留学生之父》,河北教育出版社1985年版;李喜所主编:《近代中国的留学生》,人民出版社1987年版;李喜所主编:《近代留学生与中外文化》,天津人民出版社1992年版;李喜所主编:《五千年中外文化交流史(全五卷)》,世界知识出版社2003年版;李喜所、刘集林等:《近代中国的留美教育》,天津古籍出版社2000年版。
② 李喜所主编:《中国留学通史》,广东教育出版社2010年版。
③ 田正平:《留学生与中国教育近代化》,广东教育出版社1996年版。
④ 田正平主编:《中外教育交流史》,广东教育出版社2004年版。

的《留学生与中国的社会发展》《中国留学生大辞典》《中国留学生论》，安宇、周棉的《留学生与中外文化交流》，石霓的《观念与悲剧——留美幼童悲剧分析》，姜新的《江苏留学史稿（1840—1949）》《中国近代留学生研究》等。① 其中《留学生与中国的社会发展》，对晚清以来中国留学生群体的形成、发展与未来的趋势作了历史的回顾与科学的分析和预测，具体地论述了留学生群体的贡献，从宏观和微观两个方面分别论述了留学生在中国近代社会发展中的作用，从而对近代以来中国社会的发展作出了新的总结和概括。《中国留学生论》分为四辑，从中国的留学教育落笔，论述与留学教育发生、发展有重要关联的人和事。《中国留学生大辞典》共230万字，用10年时间完成，记载了中国近现代主要留学生。

以高校为中心的研究团体的出现为专题会议的定期召开创造了条件，随着研究中心的成立和研究课题的兴盛，留学教育的大型学术会议也陆续召开，将留学教育研究推向一个又一个的高潮。1999年在珠海召开了容闳研究国际研讨会，出版了《容闳与中国近代化》② 一书。美国圣约翰大学的李又宁教授主编了《华族留美史：150年的学习与成就》，③ 书中收录的论文对容闳、幼童留美、留学生对中国社会政治、经济、文化等的贡献等都进行了深刻的论述。2003年10月，徐州师范大学发起主办全国性的"留学生与中国的社会发展"研讨会。同年12月，香港康乐及文化事务署香港历史博物馆、中国国家博物馆、香港浸会大学近代史研究中心及香港中国近代史学会联合主办了"近代中国留学生国际学术研讨会"，来自美国、日本、中

---

① 周棉：《留学生与中国的社会发展》（一），中国矿业大学出版社1997年版；周棉：《留学生与中国的社会发展》（二），吉林人民出版社2008年版；周棉：《中国留学生大辞典》，南京大学出版社1999年版；周棉：《中国留学生论》，南京大学出版社2012年版；安宇、周棉：《留学生与中外文化交流》，南京大学出版社2000年版；石霓：《观念与悲剧——留美幼童悲剧分析》，上海人民出版社2000年版；姜新：《江苏留学史稿（1840—1949）》，吉林人民出版社2006年版；姜新：《中国近代留学生研究》，吉林人民出版社2013年版。

② 吴文莱主编：《容闳与中国近代化》，珠海出版社1999年版。

③ 李又宁主编：《华族留美史：150年的学习与成就》，纽约天外出版社1999年版。

国的专家学者总结了百年的留学历程，并发表了一批重要的研究成果。2004年，南开大学和徐州师范大学联合东京旅日华人史学会先后在天津和徐州两地举办了"留学生与中外文化"国际学术研讨会，来自美国、法国、日本、韩国、中国等国家的一百多位学者就"留学生与中外文化"问题提交了各自的最新研究成果。会后以《留学生与中外文化》①为名出版了论文选集，分国别专门论述清末和民国时期的留美生、留日生、留俄生和留法生等。

第三，研究的范围与层次进一步扩大与加深，加强了留学生与中国近代化的研究。

进入20世纪90年代，留学教育的研究越来越多元化。林辉的《我国近代留美学生群体研究》②对我国近代留美学生的主要构成、文化背景、留学概况和归国服务等方面进行了研究，总结出留美学生构成的特点，指出留美学生群体对中美文化交流以及中国现代化进程起到重要推动作用。徐曼的《近代留美生留学特点考》，③考察了近代留美生专业分布和学业成就，探讨了近代留美学生的规律与特点。黄新宪的《近代中国留欧教育的发展轨迹及其审视》④研究了近代中国留欧教育的发展轨迹，对近代留学教育进行了反思。杨学富的《清末留学运动的反思》⑤对清末留学运动的勃兴和发展的原因进行了研讨和反思。屈春海的《晚清海军留学英法述析》，⑥对晚清政府派遣海军留学生赴英法留学的历史背景、留学章程、派遣历程等问题作了综述与分析。周棉的《留学生与中国美术教育的现代转型》⑦对留学

---

① 李喜所主编：《留学生与中外文化》，南开大学出版社2005年版。
② 林辉：《我国近代留美学生群体研究》，《华东师范大学学报》（教育科学版）2004年第2期。
③ 徐曼：《近代留美生留学特点考》，《内蒙古大学学报》（人文社会科学版）2003年第2期。
④ 黄新宪：《近代中国留欧教育的发展轨迹及其审视》，《华东师范大学学报》1991年第1期。
⑤ 杨学富：《清末留学运动的反思》，《四川师范大学学报》1993年第3期。
⑥ 屈春海：《晚清海军留学英法述析》，《历史档案》2004年第3期。
⑦ 周棉：《留学生与中国美术教育的现代转型》，《史学月刊》2005年第11期。

生为中国传统美术教育过渡到现代美术教育的重要贡献作了探讨。在学术与科技研究方面，元青的《民国时期的留英学生与中英科技交流》①叙述了留英学生在不同学科领域所作出的贡献。蒋国杰的《留学生与西方科学管理思想在中国的传播》②主要从留学生翻译出版西方的管理著作、成立协会培训人员、创办实业三个方面来论述其在华如何传播西方科学管理思想。刘洪英的《留学生与社会学在中国的传播与发展》从整体的角度论述了留学生在引进西方社会学并使之中国化的艰难历程中所做的贡献。谢长法的《留美学生与近代西方自然科学在中国的传播》③从创设新系科、编写教材、组织学术团体来论述留美学生在20世纪初至抗战前传播西方自然科学所做的贡献。

近代化理论为留学史研究的兴盛提供了契机，许多学者开始从近代化的角度对中国近代留学问题进行研究。中国留学生的教育活动主要活跃在高等教育的讲坛上，多数近代著名大学的校长以及大学教授都是留学生，且对中国各学科的创设作出了很大贡献。田正平的专著《留学生与中国教育近代化》探讨留学生与中国近代教育科学、教育改革、近代高等教育等方面的关系，从教育史的角度来研究中国近代留学生。江沛的《留日学生、东游官绅与直隶省的近代化进程（1900—1928）》④探讨了1900—1928年留日学生与东游官绅这一群体在制度更新、技术引进和人才培养等方面对直隶省近代化进程产生的影响。麦劲生的《德国大学与蔡元培的大学理念》，以蔡元培为个案，探讨了德国大学如何孕育蔡元培的大学理念，并进而研究蔡元培将德国大学的精神用于中国的成败。区志坚、魏城璧的《吴宓的留美生活：留学生强化近代中国保守主义思想》，通过分析吴宓的留美学

---

① 元青：《民国时期的留英学生与中英科技交流》，《历史教学》1997年第8期。
② 蒋国杰：《留学生与西方科学管理思想在中国的传播》，《徐州师范大学学报》（哲学社会科学版）2007年第3期。
③ 谢长法：《留美学生与近代西方自然科学在中国的传播》，《徐州师范大学学报》（哲学社会科学版）2001年第1期。
④ 江沛：《留日学生、东游官绅与直隶省的近代化进程（1900—1928）》，《史学月刊》2005年第5期。

习和生活，对吴宓的"保守主义"思想的形成作了探讨。

这一时期，留学史料收集也有了新的发展，刘真、王焕琛在《留学教育：中国留学教育史料》[①] 中，收录20世纪前半叶留学美国的史料。陈学恂、田正平编著的《中国近代教育史资料汇编——留学教育》，[②] 从留学教育的角度出发，主要收集了1872年清政府准备派遣留学开始到庚款留学中国历次重要的留学教育运动史料，系统全面。

第四，出现了一批以近代留学教育为主题的硕博论文。

王运来的《江苏高等教育近代化》（博士学位论文，南京大学，1998年）涉及区域留学教育以及留学对本区域的影响，加深了留学教育的研究。

张宁的《留学与中国现代化进程关系》（博士学位论文，中国人民大学，1998年）从社会学的角度探讨留学与中国现代化进程的关系，分析留学教育这一社会现象与其他社会现象如政治（制度）、经济、文化、科技、教育、军事之间的关系。作者从社会学的角度建立了留学指标体系，把留学动力、目标、群体、质量、回归以及效益等一系列问题用量化尺度加以衡量，对清末留学情况进行评估，给人全新的启示，开拓了留学领域的新视角。

刘晓琴的《中国近代留英教育史》（博士学位论文，南开大学，2002年）把整个近代留英教育分为晚清、北洋、国民政府三个时期，详细论述了近百年留英教育的发展历程，史料丰富翔实。

陈健的《留学教育与20世纪初中国知识分子的宪政体制构想》（博士学位论文，南开大学，2013年）以日本法政大学速成科教育影响为中心，认为20世纪初中国知识分子的宪政思想与他们留学日本期间所接受的教育有着非常密切的关联。

邵宝的《清末留日学生与日本社会》（博士学位论文，苏州大

---

① 刘真、王焕琛：《留学教育：中国留学教育史料》，台北："国立"编译馆1980年版。
② 陈学恂、田正平主编：《留学教育》，上海教育出版社1991年版。

学，2013年）认为在中国近代留学史上，清末的留日学生人数最多、涉及面最广，留日学生运动与中日两国关系最为密切、对近代中国影响最大。中、日两国社会对留学生及留学教育学校的态度，留学生与留学生教育学校的对立关系等因素，对清末留学生运动的终结起到了推波助澜的作用。

刘红的《近代中国留学生教育翻译研究（1895—1937）》（博士学位论文，华中师范大学，2014年）研究近代中国留学生的翻译教育，从翻译这个侧面探讨近代留学生对中国近代教育改革以及翻译教育体系的创建产生的影响。

刘丽洁的《论近代留学生对中国高等教育的作用及影响》中总结了物理学、数学、生物学、化学、气象学、农学、建筑学等领域内为中国学科的创设和发展作出了重要开拓性贡献的科学家，以及为哲学、教育学、史学等人文社会科学学科作出突出贡献的留学生。

第五，随着研究的深入，出现了以留学为主题的通史。

丁晓禾著的《中国百年留学全纪录》中专门总结了留学教育的发展变化。卫道治的《中外教育交流史》①和田正平主编的《中外教育交流史》②都专章论述了留学教育的发展。李滔主编的《中华留学教育史录：1840—1949》，③侧重介绍20世纪早期的留学教育的情况。进入21世纪，出现了两部真正意义上的留学通史，一是李喜所、刘集林等编著的《中国留学通史》，④分晚清卷、民国卷、中华人民共和国卷，详细记录了自近代以来中国的留学情况，并进行了详尽的论述，是李喜所带领南开大学留学教育研究中心人员长期进行留学教育研究成果的总结。一是章开沅、余子侠主编的《中国人留学史》（上、下），⑤概括论述了中国人特别是近代以来留学的历史。

---

① 卫道治：《中外教育交流史》，河南教育出版社1998年版。
② 田正平主编：《中外教育交流史》，广东教育出版社2004年版。
③ 李滔主编：《中华留学教育史录：1840—1949》，高等教育出版社2005年版。
④ 李喜所、刘集林等编著：《中国留学通史》，广东教育出版社2010年版。
⑤ 章开沅、余子侠主编：《中国人留学史》（上、下），社会科学文献出版社2013年版。

二 一些概念的界定

关于中国近代的界定。史学界一般认为，中国近代是指从1840年英国发动对中国的鸦片战争中国开始沦为半殖民地半封建社会开始，到1949年中华人民共和国成立。为研究方便，本书中的中国近代留学教育，具体指1872年幼童留美开始到1928年庚款留美结束。

关于近代化的含义。"近代"是个时间概念，中国和世界对近代的认识不同，中国的"近代"特指中国历史上的一个特殊时期，世界历史上的近代是和工业革命联系在一起的，是和近代化密切相关的，是指世界发展到近代，政治、经济、文化都有了一种历史形态。在经济上主要表现为走向工业化道路，在政治上主要表现各国通过革命和改革，实行民主化，在思想文化上主要表现文明开化、思想启蒙。中国的近代化主要指19世纪中期到20世纪上半期，随着西方政治、经济、文化的不断侵入，中国人开始学习西方先进的科学、技术以及思想与制度，通过改革、革命等方式，对传统的中国社会进行改革，从而使中国走向文明、富强的历史进程。

关于"留学"与"留学生"。"留学"一词由来已久，字面意思是留下来继续学习之意，源于7世纪开始的日本对中国隋唐文化的全面学习，当时日本派遣的学生与僧人就有"留学生""留学僧"之称。但直到明治维新时期，日本开始全面学习西方先进的科技文化，同时派遣大批学生到西方去学习，"留学""留学生"一词才又重新出现。在清末，随着洋务运动时期留学教育活动的展开，对当时的留学生的称呼也是五花八门，一般称早期赴美留学的120名幼童为"出洋幼童"，称当时留学欧洲的船政学堂生为"出洋生""出洋生徒"。19世纪末20世纪初，中国国内对出国留学生的正式称呼是"游学生"，"留学"被称为"游学"，这在官方档案与文件中大量出现。一直到民国成立以后，无论政府官方还是民间，均都采用"留学"一词，"留学""留学生"从此以后成为正式专用的名词。

词典对"留学"一词的解释是留在某处求学、留居他国学习研究。①"留学生"指的是在国外学习深造的学生。关于官派留学，指国家和政府组织和资助的留学，现在称公派留学，是指某国根据国家发展的需要，选拔本国优秀的人才出国深造。清末有大批公派留学生被派往美国、欧洲、日本留学，一般研究文献中称为"官派留学"。

第三节 比较研究方法的应用与创新

比较研究的方法是历史学常用的一种研究方法。研究历史，必然要进行比较，古今中外都可以进行，因此，历史的比较研究是历史研究的一个重要领域。比较研究方法，就是在广泛研读历史史料的基础上，通过两种或两种以上的历史事件、历史现象、历史发展的比较，探索出历史事件、历史现象等的相同点和不同点，从而深化、验证历史认识、历史规律的一种方法。通过各方面、各层次的比较，发现和探索出各种社会历史现象、历史事件发生、发展的相同点和不同点，进而得出对整个历史发展过程的认识。从时间上看，涉及较长时段的历史活动，王朝的更迭，国家的复兴与衰落等；从空间上看，同一时段，不同国家、地区有不同的发展景象、发展特色和发展规律都可以用来比较；同一个较大的历史事件或具有较大社会影响的历史现象也可以通过比较研究的方法对其概念、成果等进行验证。

在历史研究中，初始工作是发现史料，对第一手史料进行整理、描述等极为重要，但历史研究的最终目的还是要从历史史料中找到规律及一般性的结论，要对纷繁复杂的历史资料、历史现象进行归纳和整理，这其中就要用到历史比较研究的方法。

在西方，历史比较研究从史学诞生的那天起就已经出现了，一些古典史学家如希罗多德、塔西陀等在他们的著作中就多次运用历史比较研究的方法，所以可以说，有历史研究，就会涉及比较研究。在近

---

① 罗竹风主编：《汉语大词典》中卷，汉语大词典出版社1997年版，第4631页。

代，历史学家大多会在不同程度上，对历史上不同的民族、种族、体系加以纵横比较，通过比较，得出规律性认识。

19世纪中期到现在，史学界普遍认为，在世界史的研究中，历史比较研究方法的发展大体经历了两个阶段：在19世纪后半叶，有关社会和文明的宏观方面的比较研究逐步成熟并得到发展；"二战"以后，更加注重实证性的比较研究。

吴承明曾指出："任何社会经济都是在一定的机制下运行的，否则不能持久。各种社会形态的机制不同，但是都有再生产的问题，都有增长（或负增长）模式的问题和发展周期的问题，都有主权者干预的问题等。在其中，有些运行规律是共同的，有些可以互相参照。"

历史的比较研究并不单单是通过比较，找出历史事件、历史现象的相同点和不同点，更重要的是，通过对历史事件、历史现象的比较，探索出隐含在历史事件、历史现象中的历史本质特征，进而挖掘出历史现象中蕴含的历史发展规律，得出历史发展的普遍规律和特殊规律。这就要求要在历史比较中将历史现象、历史事件、历史人物等放在特定的历史时期，与当时的世界形势相统一，与历史事件、历史现象、历史人物所处的时代紧密联系在一起，才能得出普遍的、规律性的东西，才能得出有价值的结论。

用比较史学的研究方法研究中国历史，和研究世界史的方法是一致的。这首先要从宏观和微观两个方面进行比较。从宏观方面讲，整个中国历史是世界历史的一部分，要把中国历史纳入世界历史的研究之中，从全球的角度、从人类历史的共同发展规律的角度来研究中国历史。只有这样，才能将中国与世界上其他国家历史的发展以及整个世界历史的发展相比较，从现象、特点、规律、影响等多方面进行比较，把中国的历史发展放在人类历史发展的长河中，通过纵横等方面的历史比较研究，探索出规律性的认识以及中国的特殊性，从而认识全面、真正的中国，认识中国在世界历史中的地位和作用。从微观方面看，中国的历史发展深深根植于中国的土壤，根植于五千年的灿烂文明，中国历史具有独有的特殊性，中国历史上不同时期甚至同一时期发生的相互关联甚至看似关联甚少的历史事件、历史现象都可以进行比较，通过比较，探索中国历史发展的独特规律，深刻揭示历史事件的本质。

对于历史比较研究方法，大体上可以归纳为以下几种。

第一，从数量方面看，可分为单一历史比较研究和综合历史比较研究。

单一历史比较研究是对历史现象、历史事件的一个方面进行比较，主要是对它们的同一属性进行比较。综合历史比较研究是对历史现象、历史事件的多个方面进行比较，其中主要是对它们的多种属性进行比较。从这两种比较研究的方法我们也可以看出，单一历史比较研究是综合历史比较研究的基础。没有单一历史比较研究，就不会有综合历史比较研究；综合历史比较研究是单一历史比较研究的归宿，只有在单一历史比较研究的基础上，进行全面、综合比较，才能找到事物发展的共同规律，才能达到真正把握事物本质的目的。这类比较比比皆是，如对历史上改革、革命等的比较；对各类社会阶层，如地主与农民、资产阶级与无产阶级的比较；对历史上的各种社会制度，如奴隶社会、封建制度等的比较。

第二，从时间、空间方面看，可分为横向历史比较研究与纵向历史比较研究。

横向历史比较研究就是对在同一时间、同一时期空间上同时并存的历史现象、历史事件进行比较。如同一时期不同国家所走的历史道路的比较。纵向历史比较研究是指在不同时间、不同时期同类历史现象、历史事件的比较。如中国历史发展过程中历次改革的不同等。纵、横历史比较的研究方法也是历史研究中最常用的方法，对历史现象、历史事件，史学家们总是想通过纵、横方面的比较，认识事物的发展变化过程，揭示事物发展的规律。在历史研究中，既要用到横向历史比较，又要用到纵向历史比较，通过纵、横方面的比较，全面、准确地把握事物的本质及发展规律。

第三，从事物发展的目标看，可分为求同历史比较研究和求异历史比较研究。

求同历史比较研究就是通过对历史现象、历史事件相同、相似方面的比较，找出历史现象、事件发展的共同特点和共同规律。求异历史比较研究就是对历史现象、历史事件不同、相对立方面等的比较，找出历史现象、事件的不同属性，说明历史现象、事件发生、发展的特殊性。历史发展处处充满了不确定性和不平衡性，通过对历史现象、历史事件各方面"求同""求异"的比较分析，我们更能够认识历史发展的多样性，认识历史发展多样性与统一性的规律。

第四，按事物的性质分，可分为定性比较研究和定量比较研究。

唯物辩证法认为，任何事物都是质与量的统一，质反映的是事物的本质属性，量反映的是事物的自然属性，坚持质与量的统一，既要抓住事物存在的普遍规律，又要抓住事物的特殊性。量变是质变的前提和必要准备，质变是量变的结局和归宿。在历史比较研究中，也要坚持质与量的统一。定性比较研究是对历史现象、历史事件本质规律、特殊性进行比较，从而在根本上把握历史发展的规律和趋势。定量比较研究是对历史现象、历史事件量的发展、变化进行分析、比较，来确定历史现象、历史事件的变化及其发展规律。随着现代史学的发展，量化历史研究越来越成为历史研究的一个重要研究方法，特别是应用于经济史的研究。量化史学研究中很多就用到定性、定量比较研究，通过大量的数据分析，通过比较，通过复杂的数据找出事物发展的规律和认识。

第五，从比较的范围看，可分为宏观比较研究和微观比较研究。

对历史现象、历史事件的认识，我们不仅要从宏观上认识，也要从微观上认识。对历史现象、历史事件从大的趋势上、从宏观上把握事物的本质，然后对历史现象、历史事件的异同点或不同属性、规律进行比较，是宏观比较。对历史现象、历史事件从细微处、微观上把握事物的本质，然后对历史现象、历史事件的异同点或不同属性、基本规律进行比较，则是微观比较，这也是常用的比较研究的方法。

在比较研究方法发展的过程中，加州学派作出了巨大贡献。长期以来，西方的史学研究一直坚持欧洲中心论，甚至认为欧洲以外的国家和地区没有历史。加州学派抛弃了传统的欧洲中心论，他们将欧洲和中国进行了比较。认为，"欧洲中心论"以欧洲为中心，将欧洲以外的国家和地区抛在一边，忽视欧洲以外的国家和地区对人类文明的贡献，对欧洲以外的国家和地区提出了错误的观点。他们通过历史比较的方法，以欧洲为参照系，具体研究和观察中国，认为由于英法等欧洲国家率先完成了工业革命，促进科学技术和经济大发展，而欧洲以外的国家和地区例如中国，没有进行工业革命，所以导致了落后和被动。他们采取双向比较的研究方法，对欧洲和中国进行研究，一方面，他们以欧洲为参照系，把欧洲作为比较的参照来考察中国；另一方面，他们又以中国为参照系，把中国作为比较的对象来研究欧洲。通过这种交互比较的研究方法，力图找到欧洲经济高速发展和中国经济落后的原因。通过比较，他们发现，英国由于进行了工业革命，急需原料产地、市场、劳动力和资源，于是通过殖民扩张等手段全力开拓美洲市场，获得了劳动力、资源，建立了以英国为主体的世界贸易体系。但是，19世纪以来的中国社会，则没有以上发展条件。这样通过对欧洲和中国的全方位比较，得出了一些创新的见解。

历史比较研究的方法，要遵循一定的原则，首先，要有可比性，并且比较要有相对性，按照一般的做法，都是历史事件与历史事件进行比较，历史人物和历史人物进行比较，历史发展规律与历史发展规律进行比较。在同一个历史发展时期，性质相同或不同的事物、现象，不同国家发展的进程以及规律等都可以进行比较，在不同历史时期，同一个事件、人物的发展过程、结局等也都可以比较。比较可以涉及方方面面，但事件、人物的比较，一定要具有可比性，通过比较，可以更加深刻地认识到历史现象、历史事件的共性或个性特征。其次，进行比较的历史现象、历史事件等必须有相应的对比点，也就是可比项，包括时间、事件的性质、原因、结果等，要有重点、非重点，有重要相比项、次要相比项。从这些比较项中，发现历史发展的规律，寻找共同点与不同点。最后，历史的发展是复杂的、不平衡的，对于复杂的历史事件和历史人物，可以从时间、空间等不同的方面，多方位、多层次地进行比较，但在比较的过程中，切忌以偏概全，不择要领，而是要抓住事件、人物的本质特征有重点地进行比较，通过比较，从复杂的历史事件中，找到事物发展的本质和规律。

近现代以来，伴随着世界政治、经济一体化进程，许多国家发展迅速，整个世界越来越连成一个整体，各国间的政治、经济、文化交流频繁。历史学家越来越认识到一个国家内部、不同国家之间比较的重要性，比较史学进入一个新的发展阶段。随着史料的增加，研究方法的多样化，历史视野的扩大，各学科的融合，特别是历史学科与其他人文学科、社会学科的融合发展，比较史学的研究越来越受到史学家的重视，历史比较研究的时间从当代扩大到人类整个历史，历史比较研究的空间从欧洲扩大到全世界。哈佛大学斯哥克波尔教授在其著作《历史比较在宏观社会研究中的运用》中概括出美国比较研究史学的三种主要形式：一是用确定的历史事实、历史实例，来进行对比，从而得出或证明一种理论的正确性；二是通过历史比较的方式，发现历史上具体历史现象、历史事件的特性和影响；三是通过历史比较的方式，对历史现象、事件进行宏观的因果分析。随着历史比较研究方法的发展，历史学家对比较的范式、范畴、方式、方法也有很多争论，出现了许多分歧。比如，有的史学家认为比较历史的研究方法只是史学的一种研究方法，就是通过对一种历史现象、历史事件与另一种历史现象、历史事件进行比较，找到隐含在历史现象、历史事件中的相同点与不同点，找到历史发展的规律，同时，反过来再对历史现象和历史事件做出解释。有的历史学家认为，比较史学的应用范围非常广泛，涉及历史比较的方方面面，同一个国家之间、不同国家之间、同一个历史发展阶段、不同历史发展阶段等都可以进行比较，通过比较，得出一定的历史结论、历史经验。有的人认为比较史学缺乏深度和广度，主要表现为在历史比较研究中，有些学者总是根据自己熟悉的一些历史现象、历史事件来选择比较对象，从而导致主观性比较强，在方法上和比较的内容上过于简单，很多研究都是先陈述一个历史事实，再陈述另一个事实，没有进行深层次的比较，最后只能得出一个简单的结论。有的历史学家认为，随着研究方法的深入和融合，比较史学与其他社会科学的研究方法等综合运用，扩大了研究的范畴，如量化史学的应用，从而使历史研究得出了许多新颖的观点。

随着社会科学研究方法在史学研究中的应用，比较史学具有强烈的社会科学倾向，比较史学的一个主要发展趋势是历史比较更为谨慎，历史学家往往选择历史事件的特定时间、特定范围，对一些核心观点、观念加以比较研究，发现不同事件、不同社会间历史发展的差异性。有人认为，历史比较研究的一个重要目的就是先从历史现象、历史事件发生的不同原因上进行理论概括，然后用历史比较研究的方法，从比较的角度通过分析解释历史现象、历史事件的因果关系，从而避免以前单纯地叙述历史现象，单纯地讲历史故事。比较史学赖以开展的一个重要原则是：在进行比较研究时，不应当对具体的历史现象、历史事件进行过分的关注，而应该从具体的历史现象、历史事件中通过历史比较，抽象出规律性的认识。这也使比较史学与量化史学的研究方法能够有机地结合在一起，对某一具体历史事件、历史现象等从特殊的一些角度来研究，得出普遍性的认识。

当代世界历史发展新动向和研究方法的创新给我们提出了重新审视近代以来世界不同区域和不同国家历史发展的任务，比较史学在这方面是大有作为的。中国近代官派留学时间长，经历几个发展阶段，又处于中西交流、大变革时期，有许多方面可以比较，通过比较，更能加深我们对官派留学与近代化的认识。

第一章　中国近代留学教育思想的演变

第一节　开眼看世界、向西方学习思潮的初现

鸦片战争爆发之前和之后，清政府内部一些开明的地主阶级知识分子初步了解到西方的一些风土人情，看到了西方的坚船利炮，他们从了解西方、学习西方、爱国御侮的角度出发，对西方世界采取开放的态度，开眼看世界，提倡经世致用，提出"师夷长技以制夷"的主张，学习西方先进的军事技术，来抵抗外国的侵略，这些人以林则徐、徐继畲、魏源、姚莹、龚自珍、包世臣、沈垚等为代表，他们的主张主要有以下几个方面。

第一，批判理学，提倡经世致用，主张进行社会改革。清朝从乾嘉时期就开始盛行的理学以及依然实行的科举制度，对士子、人才都是巨大的摧残，严重抑制了人才的发展。沈垚就对这一社会现象进行了批判："乾隆中叶后，士人习气，考证于不必考之地，上下务为相蒙，学术衰而人才坏。"龚自珍更是将批判的矛头直接对准了封建科举制度，"左无才相，右无才史，阃无才将，庠序无才士，陇无才民，廛无才工，衢无才商"。他认为，封建统治、科举制度导致的"万马齐喑"的社会局面，使得整个社会死气沉沉，他提出"天公重抖擞，

不拘一格降人才""更法改制"①。

第二，了解西方、认识西方、介绍西方，开眼看世界。通过著述等方式对西方的风土人情、历史、地理、科学技术等进行介绍。林则徐被称为近代中国开眼看世界的第一人。早在广东禁烟的过程中，为了禁烟需要、了解西方，林则徐"日日使人刺探西事，翻译西书，又购其新闻纸"②，他召集、组织一批人在英国商人办的《广州周报》《广州纪事报》《新加坡自由报》以及美国传教士办的《中国丛报》等报纸杂志中收集、摘取资料，编译成《澳门新闻纸》。他组织人员根据英国人慕瑞写作的《世界地理大全》，编成一部介绍世界地理的著作《四洲志》，将当时世界上三十多个国家和地区的历史、地理等方面的状况编辑成书，介绍到国内。徐继畬编写的《瀛寰志略》图文并茂，内容丰富，详略得当，介绍了当时世界各洲的疆域、种族、人口、沿革、建置、物产、生活、风俗、宗教、盛衰等情况。姚莹说明自己写作《康𬨎纪行》的目的时"欲吾中国童叟皆习见习闻，知彼虚实，然后徐筹制夷之策，是诚喋血饮恨而为此书，冀雪中国之耻，重边海之防，免胥沦于鬼域"③。

第三，师夷长技以制夷。学习西方先进技术，用来抵抗外国的侵略。这可以说是当时先进的中国人学习西方最重要的特点，其中代表性的当属魏源。魏源在写《圣武记》的时候就提出"以彼长技、御彼长技"的理论思想，在写《道光洋艘征抚记》中又进一步提出"尽转外国之长技，为中国之长技"的思想。他整理了自己的思想，在《海国图志》中明确提出了自己的主张，即"为以夷攻夷而作，为以夷款夷而作，为师夷长技以制夷而作"。他同时提出："武备之当振，不系乎夷之款与不款。……既款之后，则宜师夷长技以制夷。夷之长技三：一、战舰，二、火器，三、养兵、练兵之法。"④ 在

---

① 龚自珍：《龚自珍全集》，上海人民出版社1975年版，第6页。
② 魏源：《魏源集》，中华书局1976年版，第174页。
③ 姚莹：《康𬨎纪行》，中华书局2014年版。
④ 魏源：《海国图志》，岳麓书社1998年版，第26页。

《海国图志》中，魏源主张学习西方先进的战舰和新式枪炮技术，学习西方的练兵之法，创办中国轮船、枪炮等军事工业，装备中国新式军队，改变中国以前旧式军队的选兵、练兵的办法。在经济上，他主张商民兴办民用工业，提出"凡有益民用者，皆可于此造之"。在文化上，提出"立译馆翻夷书"，改革科举考试制度，"增设水师一科"① 等。

第四，早期思想家们都有选择地介绍了西方国家实行的先进的政治制度。如林则徐在编译《四洲志》的过程中，接触到英国的议会民主制度以及美国的共和政体，他在书中进行了介绍。魏源的《海国图志》、徐继畬的《瀛寰志略》书中也都有对西方政治制度的介绍，包括西方的总统选举制度、三权分立制度、议会制度等。其中，魏源尤其对西方政治制度进行了充分的介绍和推荐，并对西方民主政治制度进行了客观评价："二十七部酋分东西二路，而公举一大酋总摄之，匪惟不世及，且不四载即受代，一变古今官家之局，而人心翕然，可不谓公乎！议事听讼，选官举贤，皆自下始，众可可之，众否否之，众好好之，众恶恶之，三占从二，舍独洵同，即在下预议之人亦先由公举，可不谓周乎！"② 徐继畬在《瀛寰志略》中也对美国的民主共和制进行了推荐，指出美国"推举之法，几于天下为公，骏乎三代之遗意"，认为美国民主共和制"不设王侯之号，不循世及之归，公器付之公论"，因此可以称为"创古今未有之局"③。

鸦片战争前后西学东传思潮丰富了中国人的知识，拓展了西学的传播空间，扩大了国人视野，是近代中国学习西方的社会基础与思想基础，对中国近代社会产生了极为重要的影响。

---

① 魏源：《海国图志》，岳麓书社1998年版，第26页。
② 魏源：《海国图志》，岳麓书社1998年版，第1611页。
③ 徐继畬：《瀛寰志略》，上海书店出版社2001年版，第277、291页。

第二节 容闳的留学教育观

"西学东传"推动了留学教育的开展，近代最先去国外留学的是容闳等人。1854年容闳从美国耶鲁大学毕业后回国，由于他从小接触的是西方文化和西式教育，西方的社会制度、生活方式、文化思想对他影响很大："予既远涉重洋，身受文明之教育，且以辛勤刻苦，俾遂予求学之志……既自命为已受教育之人，则当日夕图维，以冀生平所学，得以见诸实用。此种观念，予无时不耿耿于心。"① 因此，在他看来，当时中国的贫穷落后，主要在于当时中国的文明、文化落后于西方，因此只有引进"西学"，借西方文明之学术灌输中国，才是中国自强自救的根本出路。在《西学东渐记》中，他也一再说明自己的留学主张："予意以为予之一身，既受此文明之教育，则当使后予之人，亦享此同等之利益。以西方之学术，灌输于中国，使中国日趋于文明富强之境。"② 而当时学习西方的先进文化，最好的方式就是派遣学生到美国留学，那样，中国文明程度就会越来越高，中国逐渐就会像美国一样繁荣富强。"然使予之教育计划果得实行，藉西方文明之学术以改良东方之文化，必可使此老大帝国，一变而为少年新中国。"③ 1863年，容闳被曾国藩邀请到安庆帮办洋务，并结识了江南制造总局督办丁日昌。1868年，容闳通过丁日昌向朝廷上了一个"条陈四则"，"条陈之一、三、四特假以陪衬，眼光所注而望其必成者，自在第二条"，即"政府宜选派颖秀青年，送之出洋留学，以为国家储备人才"，同时将派遣留学生的人数、方法、管理、经费等问题作了一个构想："派遣之法，初次可先定一百二十名学额以试行之。此百二十人中，又可分为四批，按年递派，每年派送三十人。留学期限为十五年。学生年龄，须以十二岁至十四岁为度。视第一、

---

① 容闳：《西学东渐记》，湖南人民出版社1981年版，第23页。
② 容闳：《西学东渐记》，湖南人民出版社1981年版，第23页。
③ 容闳：《西学东渐记》，湖南人民出版社1981年版，第88页。

二批学生出洋留学卓有成效,则以后即永定为例,每年派出此数。派出时并须以汉文教习同往,庶幼年学生在美仍可兼习汉文。"[1] 总的来看,容闳的留学教育思想就是"西学东渐",培养完全"西化"人才。正是容闳的一次次努力,最终促成了早期幼童留美活动。

第三节　洋务时期的留学教育思想

早期幼童留美活动,除了容闳等人的努力外,和曾国藩、李鸿章等洋务派官员的支持和推动也密不可分,正是由于曾国藩、李鸿章、左宗棠、沈葆桢等人的努力,直接推动了船政学堂的留欧活动。综合这些洋务派官员的留学言论及行动,他们的留学教育人才思想主要包含以下几个方面。

其一,培养翻译、外交人才。第二次鸦片战争后,随着公使进京、总理衙门设立及洋务运动的展开,清政府与西方国家交涉事务日益增多,急需一批和外国打交道的外交人才,当时奕䜣等人就深感:"欲悉各国情形,必先谙其语言文字,方不受人欺蒙,各国均以重赀聘请中国人讲解文义,而中国迄无熟悉外国语言文字之人,恐无以悉其底蕴。"[2] 刚开始时,清政府聘用洋人,但聘用洋人有很多弊端,如耗资巨大,常遭洋人蒙骗等:"遇中外大臣会商之事,皆凭外国翻译官传述,亦难保无偏袒捏架情弊,中国能通洋语者仅事恃通事。凡关局营交涉事务,无非雇觅通事往来传话,而其人遂为洋务之大害。"[3] 为培养自己的翻译、外交人才,清政府先后在北京设立了京师同文馆,在上海设立了广方言馆,在广州也设有同文馆,但仍不能适应日益增多、错综复杂的外交事务,所以派学生去外国学习语言文字,就成为解决外交人员短缺的一个应急措施。

---

[1] 容闳:《西学东渐记》,湖南人民出版社1981年版,第87页。
[2] (清)宝鋆等修:《筹办夷务始末》(同治朝)卷8,故宫博物院影印本1930年刊,第30页。
[3] 中国史学会主编:《洋务运动》(二),上海人民出版社1961年版,第139页。

其二，培养科技人才。随着洋务各项事业的兴办，曾国藩、李鸿章等洋务官员急需一批掌握先进科学技术的科技人才。在洋务运动初期，洋务派"自强"的主要方式是购买、仿造西洋枪炮和船舰，但这不是根本之法，因为"中国欲取其长，一旦遽图尽购其器，不惟力有不逮，且此中奥窔，苟非遍览久习，则本源无由洞澈，而曲折无以自明"①。要真正掌握西方科技，保证人才的需求，根本的途径还是派人到西方去学习，"今日讲求制造，亦不出两途：一则派人前往从学，一则开局延请教师"，出国留学"为将来必有之举"②。"开馆教习，所以图振奋之基也；远适肄业，集思广益，所以收远大之效也。"③ 在19世纪中期以后，清政府就考虑到"外国情形，中国未能周知，于办理交涉事件，终虞隔膜。……同文馆学生……亦可增广见闻，又俾学业"④，在当时的情况下，清政府就派遣了斌椿等人两次进行出国游历。通过游历，他们初步得出结论："凡游学他邦得有长技者，归即延入书院，分科传授，精益求精，其于军政船舰直视为身心性命之学。"⑤ 西方强大主要是军事力量的强大，而军事力量的强大又和算法、造船、制器等专业密切相关。1871年曾国藩、李鸿章在上奏中更是明确指出了留学的主要目的："拟选聪颖幼童，送赴泰西各国书院，学习军政、职政、步算、制造诸学，约计十余年业成而归，使西人擅长之技，中国皆能谙悉，然后可以渐图自强。"⑥

其三，加强海防建设。两次鸦片战争，西方列强都是从海上破门而入，朝野人士逐渐认识到建设海军、加强海防的重要性。随着洋务运动的进行，清政府开始了海防建设，由于面临人才短缺和技术问题难以解决，洋务派官员只得用重金雇用洋人，充当技术顾问，但是用

---

① 中国史学会主编：《洋务运动》（二），上海人民出版社1961年版，第154页。
② 《海防档，机器局》（二），台北：中国近代史资料汇编1957年版，第18页。
③ 中国史学会主编：《洋务运动》（二），上海人民出版社1961年版，第154页。
④ 陈学恂、田正平：《留学教育》，上海教育出版社1991年版，第87页。
⑤ 陈学恂、田正平：《留学教育》，上海教育出版社1991年版，第87页。
⑥ 中国史学会主编：《洋务运动》（二），上海人民出版社1957年版，第153—157页。

外国人指导造船、驾船，中国人"虽日习其器，究不明乎用器和制器之所以然"，"倘洋匠西归，中国匠徒仍复茫然，就令如数成船，究于中国何益？"① 种种因素使洋务派官员进一步认识到强化海防的根本良策，是要尽快培养出一批中国自身的驾驶和制造船舰的专门海防人才，1873 年，沈葆桢正式奏请选派学生出洋留学："窃以为欲日起而有功，在循序而渐进，将窥其精微之奥，宜置之庄岳之间。前学堂，习法国语言文字也，当选其学生之天资颖悟、学有根柢者，仍赴法国，深究其造船之方，乃其推陈出新之理。后学堂，习英国语言文字者也，当选其学生之天资颖悟、学有根柢者，仍赴英国，深究其驾驶之方，及其练兵制胜之理。速则三年，迟则五年，必事半而功倍，盖以升堂者，求其入室，异于不得其门者矣。其学生中，有学问优长而身体荏弱，不胜入厂上船之任者，应令在学堂接充教习，俾指授后进天文、地舆、算学等书。三年、五年后，有由外国学成而归者，则以学堂后进之可造者补之，斯人才源源而来，朝廷不乏于用。"② 到欧洲各国留学主张也得到了船厂创办人、当时的陕甘总督左宗棠的支持和赞同，他在同年上总理衙门的折中也指出："今幸闽厂工匠自能制造，学生日能精进，兹事可望有成，再议遣人赴泰西游历各处，借资学习，互相考证，精益求精，不致废弃，则彼之聪明有尽，我之神智日开，以防外侮，以利民用，绰有余裕矣。"③ 总的来看，洋务时期的留学思想的核心就是"中体西用"，培养富国强兵的军事、民用人才，这和洋务运动的宗旨是一致的，也指导了洋务时期两次官派留学教育。

第四节　维新时期的留学教育思想

1895 年，甲午战败和丧权辱国的现实给晚清士人以很大的震动。许多改良派人士为救亡图存，疾呼变法图强，他们认为日本自明治维

---

① 中国史学会主编：《洋务运动》（五），上海人民出版社 1957 年版，第 138 页。
② 《海防档》乙，载《福州船厂》（二），台北：艺文印书馆 1957 年版，第 473 页。
③ 高时良编：《洋务运动时期教育》，上海教育出版社 1992 年版，第 903 页。

新而后，学习西方卓有成效。日本强盛的原因就在于"普及教育和实行法制有成所致"①。在这样的情况下，他们主张中国应该向日本学习，一来不但简洁便利，二来通过学习日本来间接学习欧美比直接学习欧美更有利："望中国之日新，必不能不望留学生之日众""当今日之世界所谓老大之国，欲一线生机而立将来之基础者，非留学注其谁与哉"②。康有为、梁启超充当了主张向日本学习的急先锋。康有为在其《进呈日本明治变政考序》中就曾指出："大抵欧美以三百年而造成治体，日本效欧、美，以三十年而摹成治体。若以中国之广大众民，近采日本，三年而宏规成，五年而条理备，八年而成效举，十年而霸图定矣。"③梁启超向来重视对人才的培养，他强调"中西兼举，政艺并进"④，并认为不仅要学习西方的自然科学，还要重视研究西方的政治、法律制度及其他社会科学。在维新变法运动中，光绪帝两次谕令军机大臣和地方督抚要派遣学生到日本留学。维新变法失败后，梁启超流亡日本，他在《新民丛报》上明确出了一个崭新的教育现代化的方针："本着培养资产阶级'新民'的宗旨，实行德育智育并举，采合中学与西学，兼行政法和艺学两科教育。"⑤梁启超看到，要彻底改变中国现状，实现中国的近代化，必须把变革的希望转而寄托在社会中下层，希望通过创办教育和讲学，培养现代新民，提高全民素质。因此，维新时期的留学教育思想和维新变法的宗旨是一致的，那就是"变法图强"，培养救国救民、挽救民族危亡的人才。

第五节　新政时期的留学教育思想

19世纪末，清政府面临着内忧外患的严重形势，内部——义和团

---

① ［日］实藤惠秀：《中国人留学日本史》，谭汝谦、林启彦译，生活·读书·新知三联书店1984年版，第16页。
② 李喜所：《近代中国留学生》，人民出版社1987年版，第119页。
③ 陈学恂、田正平编：《留学教育》，上海教育出版社1991年版，第320页。
④ 梁启超：《与林迪臣太守书》，载《饮冰室合集·文集之三》，中华书局1989年版，第3页。
⑤ 宋仁主编：《梁启超教育思想研究》，辽宁教育出版社1993年版，第109页。

运动风起云涌,外部——随着八国联军入侵、《辛丑条约》的签订以及"门户开放"政策的推行,帝国主义各国掀起了瓜分中国的狂潮,不仅清政府的统治摇摇欲坠,而且中国面临被瓜分的严重危机。为维护自己的统治,1901年1月29日,清政府不得不颁布"变法上谕",决定实行"新政",要求清政府朝内朝外各类官员"各就现在情形参酌中西政要……各举所知,各抒所见"①。1901年6月,当时担任湖广总督的张之洞和担任两江总督的刘坤一一起向朝廷上奏"筹议变通政治人才为先折",在奏折中主要提到"奖劝游学",提出全国各地应该在各处快速设立学堂。但在当时的情况下,学堂设立过多面临很大困难:"经费巨,一也;教习少,二也。"其中老师缺少是最困难的事情:"求师之难尤甚于筹费","天下州县皆立学堂,数必逾万,无论大学小学断无许多之师;是则唯有赴外国留学一法"。解决教师少的主要办法就是去国外留学培养老师,当时的师范"教法尤以日本为最善,文字较近,课程较速;其盼望学生成就之心,至为恳切"。日本除了教法最好外,到日本留学"传习易,经费省,回华速,较之学于欧洲各国者其经费可省三分之二,其学成及往返日期可速一倍"②。因此,在当时"各省分遣学生出洋留学,文武两途及农工商等专门之学,均须分门肄习;但须择其志定文通者乃可派往"。并宜"专派若干人入其师范学堂专学师范,以备回华充各小学中学普通教习尤为要著"③。对于学成归国后的留学生,张之洞等也是非常重视,如果这些人拿到毕业证书回国,清廷对这些人进行复试,复试后如果"学业与凭照相符,即按其等第作为进士举贡以辅各省学堂之不足"。如果"自备资斧出洋游学得有优等凭照者,回华后复试相符,亦按其等第作为进士举贡"④。

---

① 朱有瓛主编:《中国近代学制史料》第1辑下册,华东师范大学出版社1986年版,第117页。
② 陈学恂、田正平编:《留学教育》,上海教育出版社1991年版,第12页。
③ 陈学恂、田正平编:《留学教育》,上海教育出版社1991年版,第13页。
④ 陈学恂、田正平编:《留学教育》,上海教育出版社1991年版,第13页。

与"新政"之前留学教育所不同的是，此时留学教育的国家及目的更加明确，更具有针对性，不仅倡导鼓励"游学"，而且从"人才"培养的角度，鼓励留学生积极进取，学有所成，取得"凭照"，回国后成为国家急需有用人才，而清政府对出国留学，特别是学成归来的"人才"给予各种奖励，其中最重要的就是"按其等第作为进士举贡"。1901年9月17日，清政府颁布"广派游学谕"，提出"造就人才，实系当今急务"，因此，各省督抚一定要选择"心术端正文理明通之士，遣往学习"，学成领有凭照回国，由各省"督抚学政，按其所学，分门考验"。如果学有成效，各省"即行出具切实考语"，然后送到外务部"覆加考验，据实奏请奖励"。如果是自费出国留学，学成得优等凭照回华，那么准许他们"一体考验奖励，候旨分别赏给进士举人各项出身，以备任用以资鼓舞"①。自此，从中央到地方，各种形式的留学生被陆续派出，留日活动逐步开展起来。但留日刚开始时，由于两国间法律、习俗等诸多不同，"流弊甚多"，一方面一些学生出国后没有了约束，游玩而荒废了学业，使一些"有志之士，不复敢远游就学"；另一方面对于留学成绩突出的人，不能给予足够的奖励，起不到很好的示范作用。为规范留日学生的派出与管理，1903年10月6日，张之洞给朝廷上奏："计拟定约束章程十款，鼓励章程十款，又另拟自行酌办立案章程七款，凡所以严防范考察之方，广鼓舞裁成之道，纲领粗具于是。"对于"妄发议论""干预政治""不安本分""品行不端"的人进行严格约束。随后清政府对留学生的管理越来越严："中国游学生在日本各学堂毕业者，视所学等差，给以奖励。在普通中学堂五年毕业得有优等文凭者，给以拔贡出身，分别录用；在文部省直辖高等各学堂暨程度相等之各项实业学堂三年毕业得有优等文凭者（在学前后通计八年），给以举人出身，分别录用；在大学堂专学某一科或数科，毕业后得有选科及变通选科毕业文凭者，给以进士出身，分别录用。在日本大学堂暨程度相当之官

---

① 陈学恂、田正平编：《留学教育》，上海教育出版社1991年版，第4页。

设学堂，三年毕业，得有学士文凭者，给以翰林出身。在日本国家大学院五年毕业，得有博士文凭者，除给以翰林出身外，并予以翰林升阶。"① "凡毕业学生，首以品行为贵，应请各学堂注重学生品行，与各学科一律比较分数，必所定品行分数满足乃为及格。"毕业年限"应与日本学堂原定本科毕业年限毫无短减"。在此基础上，"非在照办约束游学生章程之日本学堂毕业者，概不给本章程所定奖励"②。张之洞提出的对留学生的约束和奖励办法，从留学人力资本管理的角度看，成为当时清廷制定各种归国留学生考核录用的蓝本。总的来看，新政时期留学的指导思想就是"奖励游学""以日为师"，培养新政所急需的新式人才。

  清末留学教育是在近代列强侵略逐步加深，中国一步步沦为半殖民地半封建社会的情况下被动进行的，是中国近代社会的产物，也是先进的中国人探索救国救民道路的重要组成部分。其间，既有有识之士的觉醒、启蒙，也有统治者为了维护自己的统治而采取的权宜之计，还有普通民众的热情和盲从。但不管从哪一方面说，这都是当时中国了解世界、走向世界迈出的坚实的一步，是中国近代化的重要一环。围绕着出国留学而进行的各种议论、纷争，构成了丰富多彩的清末留学教育思想，这些又深深打上了各个阶段的烙印，体现着中国近代向西方学习的思潮从简单的器物、技术到后来的制度、政策，进而过渡到更深刻的思想、观念的转变，体现着人们对西学认知和接受程度的加深。这其中，虽然清政府为了维护自己的统治对留学教育进行了种种限制、控制，甚至阻扰，但培养适应当时世界发展趋势的、具有新技术、新知识、新观念的人才一直是清末留学教育的主题，这些都为近代中国注入了新鲜的血液。

---

① 陈学恂、田正平编：《留学教育》，上海教育出版社1991年版，第54—61页。
② 陈学恂、田正平编：《留学教育》，上海教育出版社1991年版，第54—61页。

第二章 中国近代早期两种官派留学教育的比较

中国近代官派留学教育最早是从洋务运动时期开始的，这具体指的是1872—1881年的四批幼童留美教育[①]和先后于1877年、1882年、1886年、1897年进行的四批船政留欧教育。[②] 作为中国近代早期官派留学，它们有着极大的研究价值，所以长期以来也一直是留学史研究的重要内容。对这两种官派留学教育进行比较，能够更深刻地理解中国近代早期向西方学习道路的艰辛和曲折。

第一节 留学教育派遣方式的比较

一 留美计划的提出及成行

留美幼童的派遣，一方面是向西方学习思潮的延续，另一方面是

[①] 1872年8月11日，第一批幼童30名由陈兰彬率领从上海赴美；1873年6月12日，第二批幼童30名由黄胜率领赴美；1874年9月19日，第三批幼童30名由祁兆熙率领赴美；1875年10月14日，第四批幼童30名由邝其昭率领赴美。四批幼童名单，见［美］勒法格《中国幼童留美史——现代化的初探》，高宗鲁译编，附《中国遣送留美学生名单》；徐润：《徐愚斋自叙年谱》，载四批学生中文名单；容尚谦：《中国近代早期留美学生小传》，李喜所译，《南开史学》1984年第1期。

[②] 1877年3月31日，第一批留欧学生及随员38名开赴香港，4月5日由香港赴欧；1882年1月，第二批留欧学生10名赴欧；1886年4月6日，第三批留欧学生33名由香港赴欧；1897年，第四批留欧学生6名赴欧。四批留欧学生名单，见李喜所《中国近代第一批留欧学生》，《南开学报》1981年第2期；林庆元《福建船政局史稿》，福建人民出版社1999年版。

当时中国洋务运动发展的客观要求，当然和容闳①等人的推动也有很大的关系。

第二次鸦片战争以及不平等条约签订以后，外国公使进京，总理衙门设立，清政府与西方各国交涉的事务日益增多，特别是随着洋务运动的开展，清政府急需一批懂得外语、了解外国以便能够和外国打交道的专门人才。由于人员缺乏等原因，清政府在与西方列强交往的初期，不得不聘用洋人，但是聘用洋人有很多弊端，如耗资巨大，常遭洋人蒙骗等。而清政府自己设立的京师同文馆、广方言馆又远远不能适应当时日益增多的外交事务。所以派学生去外国学习，特别是学习语言，成为当时解决外交人员短缺的一个应急措施。并且，从19世纪60年代开始的洋务运动，不仅需要翻译、外交人才，更需要一批掌握先进外国科学技术的科技人才，在洋务运动初期，洋务派"自强"的主要方式是购买、仿造西洋枪炮和船舰，但这不是根本之法，因为"中国欲取其长，一旦遽图尽购其器，不惟力有不逮，且此中奥窔，苟非遍览久习，则本源无由洞澈，而曲折无以自明"②，要真正掌握西方科技，保证人才的需求，根本的途径还是派人到西方去学习，"开馆教习，所以图振奋之基也；远适肄业，集思广益，所以收远大之效也"③。于是，洋务派官员们逐渐就有了派遣学生去外国学习的想法。早在1863年，拣选知县桂文灿就提出了留学的想法，他上奏道："闻日本近遣幼童分往俄、美两国，学习制造枪炮、铅药及一切军器之法，期以是年而回，此事如确，日本必强，有明倭患，可

---

① 容闳：（1828—1912），字达萌，号纯甫，广东香山人，1835—1840年就读于澳门教会小学，1841—1847年就读于美国传教士布朗（Rev. S. R. Brown）主持的马礼逊学校。1847年与黄宽、黄胜随布朗赴美留学，先入麻省孟松学校（Monson Academy）。1850年夏，经佐治亚州的萨伐那妇女会（The Ladies Association in Savannah, Ca.）资助，进入耶鲁大学，1854年毕业，各门功课成绩优秀，获文学学士学位。同年11月13日由纽约乘船回国。1876年，耶鲁大学又授予他法学博士学位，成为中国受过美国系统高等教育的第一人，被称为"中国留学生之父"。

② 中国史学会主编：《洋务运动》（二），上海人民出版社1961年版，第154页。

③ 中国史学会主编：《洋务运动》（二），上海人民出版社1961年版，第154页。

为预虑；学习制造船炮等法，我国家亦宜引之。"① 该想法很快得到了奕䜣的赞同："伏思购买外国船炮，由外国派员前来教习，若各省督抚处置不当，流弊原多，诚不若派员分往外国学习之便。"② 曾国藩、李鸿章对于出国留学也非常赞同，但当时留学条件还不成熟，主要是"流弊太多"，因此，派遣学生到国外留学"为将来必有之举"。恰在此时，从美国留学归国的容闳，直接推动了这次留学。1868年，容闳通过当时的江南制造总局督办丁日昌向朝廷上"条陈四则"，提出了选派颖秀青年，出洋留学的建议。1870年，曾国藩、丁日昌等四名钦差大臣奉旨赴天津办理"天津教案"，容闳为翻译，他趁这些洋务官员们聚集的机会，催促丁日昌向曾国藩重提留学计划，最终获得曾国藩的同意。于是，曾国藩和李鸿章联衔上奏，请求清政府派学生出洋留学。到了1870年的冬天，清政府正式下令批准了派遣学生出国留学。得到清廷旨准后，曾国藩、李鸿章联合于1871年8月再次上奏，指出了留学的主要目的，"拟选聪颖幼童，送赴泰西各国书院，学习军政、职政、步算、制造诸学，约计十余年业成而归，使西人擅长之技，中国皆能谙悉，然后可以渐图自强"，并分析了出洋留学的好处及困难，制定了章程12条。③ 由于是第一次派遣留学，没有多少经验可以借鉴，当时的留学设计并不十分明确、具体，章程的制定也较仓促。1872年年初，对于派遣学生出洋留学的具体事宜，曾国藩、李鸿章再一次上奏，将幼童的选派及驻洋应办事宜进一步明确。④ 1872年5月，总理衙门最终复议通过了这些奏议，幼童留美计划最终才得以成行。

---

① 《筹办夷务始末》，同治朝卷15，故宫博物院影印本1930年刊，第32—33页。
② 《筹办夷务始末》，同治朝卷15，故宫博物院影印本1930年刊，第32—33页。
③ 中国史学会主编：《洋务运动》（二），上海人民出版社1961年版，第153—157页。
④ 中国史学会主编：《洋务运动》（二），上海人民出版社1961年版，第157—159页。

二 留欧计划的提出及成行

留欧生的派遣更多的是出于近代海防意识的增强及海防建设的需要。

两次鸦片战争，西方列强都是从海上破门而入，朝廷上下逐渐认识到海防空虚、海疆不保的危害性，进而认识到建设海军、加强海防的重要性。左宗棠就曾认为："欲防海之害而收其利，非整理水师不可；欲整理水师，非设局监造轮船不可。"① 随着洋务运动的进行，清政府开始了海防建设，由于面临人才短缺和技术问题难以解决的局面，洋务派官员一方面重金雇用洋人，充当技术顾问；另一方面开办了一些制造厂、船厂，如1865年创办了江南制造总局，1866年创办了福建船政局。这些军工厂陆续制造了一些新式船舰，但由于技术水平低下，制造船舰不仅耗时长、数量少、造价高，而且质量也很一般，不少船舰"系西洋旧式，只可作无事巡防，有事时载兵运粮之用，实不宜于洋面交仗"②，并且"大宗物价无非购自外洋，制造工作亦系洋匠主持，与购买外洋船只略同"③。对此，洋务派官员又采取了直接向西方购买船舰的便捷之策，但所购置的船只大多是西方国家改造维修后转手而来的旧船，"徒糜巨款"④。并且用外国人指导造船、驾船，中国人"虽日习其器，究不明乎用器和制器之所以然"，"倘洋匠西归，中国匠徒仍复茫然，就令如数成船，究于中国何益？"⑤ 种种因素使洋务派官员进一步认识到强化海防的根本良策，是要尽快培养出一批中国自身的驾驶和制造船舰的专门海防人才。左宗棠在创立福建船政局时，就认为"创始之意不重在造而在学"⑥。

---

① 高时良编：《洋务运动时期教育》，上海教育出版社1992年版，第280页。
② 中国史学会主编：《洋务运动》（二），上海人民出版社1961年版，第421页。
③ 《李鸿章全集》奏稿卷24，时代文艺出版社1998年版，第1068页。
④ 《李鸿章全集》奏稿卷24，时代文艺出版社1998年版，第1068页。
⑤ 中国史学会主编：《洋务运动》（五），上海人民出版社1961年版，第138页。
⑥ 中国史学会主编：《洋务运动》（五），上海人民出版社1961年版，第138页。

所以，随着福建船政局的设立，船政学堂也随之建立起来。"船厂根本在于学堂"，"选少年颖悟子弟习其语言、文字，诵其书，通其算学，而后西法可衍于中国"①。随着船政学堂的发展，派遣学生出洋留学逐渐成为可能。

早在 1872 年，在留美幼童赴美成行后，当时的福建船政大臣沈葆桢就有派遣船政学堂学生出洋留学的设想。当时，福建船政局与延聘的洋教习所定合同的期限只剩一年，沈葆桢主张在洋员合同期满后，选派学生出洋留学，"以中国已成之技求外国益精之学，较诸平地为山者又事半功倍矣"②。一年之后，洋员期满返国，沈葆桢正式奏请选派学生出洋留学。总理衙门很快复奏，同意了沈葆桢的主张，同时建议参照幼童留美的一些做法，沈葆桢和左宗棠能够"会商熟筹，期于有利无弊，功效渐臻，以仰副我皇上有备无患之至意"③。左宗棠认为："今幸闽厂工匠自能制造，学生日能精进，兹事可望有成，再议遣人赴泰西游历各处，借资学习，互相考证，精益求精，不致废弃，则彼之聪明有尽，我之神智日开，以防外侮，以利民用，绰有余裕矣。"④ 李鸿章也赞成船厂学生留学："至闽厂选派学生赴英法学习造船驶船，洵属探本之论。"⑤ 收到了总理衙门的提议，得到了朝廷大员的赞同和支持，沈葆桢就同船厂监督日意格制定留学章程。可当时由于"无巨款可筹，遂难如愿"，而且，1874 年发生了日军侵台事件，"旋因台湾有事，倥偬未及定议"⑥，派遣留学生出洋之事耽搁下来。但日本侵台事件使朝野震惊不已，并由此引发了晚清海防的第一次大讨论。通过讨论，更坚定了洋务派加强海防，创设近代海军，推动留学的决心。1875 年，日意格回国采购，沈葆桢趁机选拔出魏瀚、陈兆翱、陈季同、刘步蟾、林泰曾五人随同日意格到国外考

---

① 中国史学会主编：《洋务运动》（五），上海人民出版社 1961 年版，第 28 页。
② 中国史学会主编：《洋务运动》（五），上海人民出版社 1961 年版，第 117 页。
③ 高时良编：《洋务运动时期教育》，上海教育出版社 1992 年版，第 905 页。
④ 高时良编：《洋务运动时期教育》，上海教育出版社 1992 年版，第 903 页。
⑤ 高时良编：《洋务运动时期教育》，上海教育出版社 1992 年版，第 905 页。
⑥ 中国史学会主编：《洋务运动》（五），上海人民出版社 1961 年版，第 186 页。

察。这五个人到达欧洲后,刘步蟾、林泰曾到英国进入高士堡学堂学习驾驶技术,魏瀚、陈兆翱、陈季同到法国学习造船技术。一年以后刘步蟾、林泰曾、陈季同三人回国;魏瀚、陈兆翱继续留在法国学习造船技术。[1] 1876年,德国教习李劢协期满回国,李鸿章趁机派武弁卞长胜等七人跟随李劢协到德国武学院学习军事技术,[2] 这些短期考察和留学既可作为赴欧留学的先导,也为后来的大规模留学提供了经验。台湾事件结束后,沈葆桢调离船政局,先后接任的丁日昌、吴赞诚也极力推动派遣学生出洋学习,并且和李鸿章、沈葆桢多次函商"筹议海防折内,于出洋学习一事,焉不谋同辞"[3]。1877年1月13日,李鸿章等人上"奏闽厂学生出洋学习折",指出:"察看前、后学堂学生内秀杰之士,于西人造、驶诸法多能悉心研究,亟应遣令出洋学习,以期精益求精。"[4] 因为"西洋制造之精,实源本于测算、格致之学,奇才迭出,月异日新。即如造船一事,近时轮机、铁胁一变前模,船身愈坚,用煤愈省,而行使愈速。中国仿造皆其初时旧式,良由师资不广,见闻不多,官厂艺徒虽已放手自制,止能循规蹈矩,不能继长增高。即使仿询新式,孜孜效法,数年而后,西人别出新奇,中国又成故步,故谓随人作计,终后人也"[5]。"至如驾驶之法,近日华员亦能自行管驾,涉历风涛;惟测量天文、沙线、遇风保险等事,仍未得其深际。其驾驶铁甲兵船于大洋狂风巨浪中,布阵应敌,离合变化之奇,华员皆未经见,自非目接身亲,断难窥其密钥"[6]。这样,派遣学生分赴英、法两国学习,"从此中国端绪渐引,风气渐开,虽未必人人能成,亦可拨十得五,实于海防自强之基不无裨益"[7]。该奏折很快得到清廷的旨准,留欧最终成行。

---

[1] 陈学恂、田正平编:《留学教育》,上海教育出版社1991年版,第229页。
[2] 中国史学会主编:《洋务运动》(五),上海人民出版社1961年版,第189页。
[3] 《李鸿章全集》奏稿卷28,时代文艺出版社1998年版,第1211页。
[4] 《李鸿章全集》奏稿卷28,第1211—1213页。
[5] 《李鸿章全集》奏稿卷28,第1211—1213页。
[6] 《李鸿章全集》奏稿卷28,第1211—1213页。
[7] 《李鸿章全集》奏稿卷28,第1211—1213页。

可见，幼童和船政学堂学生出洋留学计划的最终成行都不是一帆风顺的，其间经历了反复和曲折，甚至一度被搁置。在动机上，和留美幼童的派遣一样，船政学堂派遣学生出洋留学也是出于办洋务事业的需要，只是目的更加具体，而且明确地和近代海防建设联系在一起。

三 留美成行对留欧派遣的影响

当时，留美的成行，对后来留欧的派遣影响也是很大的，这主要表现在两个方面，其一是开风气之先，其二是留美对留欧有很大的导向和借鉴。因为在当时，派遣幼童出国留学，"固属中华创始之举，抑亦古来未有之事"①，这对以后的官派留学必然要产生巨大的影响。早在1872年，沈葆桢有留学的想法时就提道："御侮有道，循已成之法而益精之耳。洋人来中国教习未必非上上之技，去年曾国藩募幼童赴英国学艺之举，闽中欲踵而行之，以艰于筹费而止。"②所以总理衙门在开始指导留欧时，也是建议借鉴留美的一些做法，在1874年1月6日曾指出："至该大臣所称分遣学生赴英法两国学习一节，查同治十年七月间，原任两江督臣曾国藩等奏遴选聪颖子弟前赴泰西各国肄习技艺，业终奉旨准行，由该督等派员在沪设局，分批遣令出洋在案。此次沈葆桢等拟遣前学堂学生分赴英法两国，探求造船、驶船之精奥，与原任督臣曾国藩等遴选学生赴美国学习技艺意思相同，一切章程，应否仿照沪局办理，抑或有变通之处，应请一并饬下南北洋通商大臣。"③幼童留美在招生办法、经费投入、监督选派、留学年限、在外教育等方面积累了一些经验，可供留欧借鉴。

---

① 中国史学会主编：《洋务运动》（二），上海人民出版社1957年版，第157页。
② 《海防档》乙，载《福州船厂》（一），台北：艺文印书馆1957年版，第189页。
③ 高时良编：《洋务运动时期教育》，上海教育出版社1992年版，第904—905页。

第二节 留学前教育方式的比较

留美幼童和留欧学生在留学前，都经历了一段时期的学习和训练，他们分别在沪局和福建船政学堂学习。但是，由于招生年龄、地域等方面的不同，以及学习期限、课程、方法、程度等方面的不同，造成了学习效果的不同。出国前准备的不同，对后来的留学以及留学生的一生都产生了很深的影响。

一 两所学校的设立和培训

（一）沪局的设立和培训

沪局，也称上海预备学校，是为幼童留学而临时设立的专门性学校，目的是使招收的幼童在这里受短暂的英文、中文的强化训练。在筹划幼童留美时，曾国藩、李鸿章就提出："至挑选幼童，应在上海先行设局，头批出洋后，即挑选次年之第二批，又挑选第三、第四批，与出洋之员呼吸相通，查有盐运市使衔分发候补知府刘翰清，渊雅纯笃，熟悉洋务，业经檄令总理沪局事宜。"[①] 所以，"1871年，一所能容学生一百名之学校开办于上海山东路外国公墓之对面，第一批教职员为校长刘开生，副校长吴子石，中文教员三名：容、陈、黄三君，和英文教员三名：曾兰生与其两子子睦和子安"[②]。计划设定后，奕䜣、曾国藩、李鸿章等人首先关注的一个问题就是生源，因为"盖聪颖子弟不可多得，必其志趣远大，品质朴实，不牵于家累，不役于纷华者，方能远游异国，安心学习"，因此要求"派员在沪设局，访遍沿海各省聪颖幼童"，"人选之初，慎之又慎"[③]。并严格规定，挑选聪慧幼童，必须"曾经读中国书数年，其亲属情愿送往西国肄业

---

① 中国史学会主编：《洋务运动》（二），上海人民出版社1961年版，第158页。
② 陈学恂、田正平：《留学教育》，上海教育出版社1991年版，第122页。
③ 中国史学会主编：《洋务运动》（二），上海人民出版社1961年版，第154页。

者，即会同地方官取具亲属甘结，并开明年貌籍贯存案，携至上海公局考试，如资性聪慧，并稍通中国文理者，即在公局暂住，听候齐集出洋，否即撤退，以节縻费"①。"幼童选定后，取具年貌、籍贯暨亲属甘结，收局注册。在沪局肄习，以六个月为率，察看可以造就，方准资送出洋，仍由沪局造册报明通商大臣转咨总理衙门查考。"② 在当时的历史条件下，即便是东南沿海，也还远远没有开放，所以招生非常困难，因此开始很少有人报名。被逼无奈，容闳只得一方面回广东香山老家，以自己的亲身经历动员家乡亲友，另一方面前往香港西式学堂设法招揽才凑足。招收的学生主要有两类，一类是为生活所迫的贫穷子弟，"在当时社会风气十分闭塞的情况下，大家子弟不肯远适异国，应募者多为衣食生计而来，被认为是'漂泊无赖、荒陋不学之人'"；另一类是与洋务有关的家庭，这些幼童的父母亲友由于对外国了解比较多，愿意将子弟送往外国学习。总之，大多出身于非传统士大夫家庭。出现这些情况的原因概括起来有以下几点。

第一，当时大部分人对外面的世界了解很少，长期的中西文化隔阂，大多数中国人对国外知之甚少，害怕派自己的孩子出国学习。当时甚至有的人谣传外国都是蛮夷之地，孩子送去以后，他们将孩子的皮剥掉再披上狗皮，使人变成四不像的动物，③ 这影响了人们的报考。

第二，那时科举制度在人们心目中仍然是正途，有权有势有钱的人依然是让孩子读四书五经，通过科举考试来光宗耀祖，对于出国读洋书，稍有体面的家庭是不屑为之的。

第三，由于当时信息传播范围有限，不能使各地人们普遍知晓这一消息，也给招生工作带来了困难。

第四，幼童的年龄，后定为12—16岁，年龄小，父母舍不得，

---

① 中国史学会主编：《洋务运动》（二），上海人民出版社1961年版，第155—156页。
② 中国史学会主编：《洋务运动》（二），上海人民出版社1961年版，第158页。
③ 陈学恂、田正平编：《留学教育》，上海教育出版社1991年版，第136页。

再加上出国前要具结,规定 15 年不能回国,"生死各安天命"①,更增加了做父母的恐惧心理。

幼童在沪局学习,要求也极为严格。一位幼童回忆当时的情景时说:"当时他们没有网球、足球及篮球,也没有这么多假日。那时只有中国阴历年、五月端午节及八月中秋节放假。故在学校读书时间多,而游戏时间少。学校监督是一位'暴君',他力主体罚,而且严格执行。"②也就是说沪局虽为出国而临时设立的,但从管理、教学方法等方面看,还基本上是封建官学。

（二）船政学堂的设立和培训

船政学堂是随着福建船政局的建立而设立的,是为了培养驾驶和造船人才,一开始并非为出国而设,称其是堂艺局,由左宗棠于 1866 年 12 月创办。1867 年春,堂艺局迁到马尾,改名为船政学堂,并按学科分班,分法文班和英文班（即前学堂和后学堂,以法国人精于制造,英国人精于驾驶,所以前学堂多聘用法国教习,教授制造专业;后学堂多聘用英国教习,教授驾驶专业）。出于办洋务工业的需要,主张"挑选本地资性聪颖,粗通文义子弟入局肄习"③。并认为"艺局为造就人才之地,非厚给月禀不能严定课程,非优予登进则秀良者无由进用"④,因此规定:"各子弟到局后饮食及患病医药之费均由局中给发,每名月给银四两,俾赡其家"⑤,"各子弟之学成监造者学成船主者,即令作监工作船主,每月薪水照外国监工、船主、辛工

---

① 徐启恒、李希泌:《詹天佑和中国铁路》,上海人民出版社 1978 年版,第 8 页。载詹天佑的具结:"具结人詹兴洪今与具结事。兹有子詹天佑情愿送赴宪局带往花旗国肄业;学习技艺回来之日,听从中国差遣,不得在外国逗留生理;倘有疾病生死,各安天命。此结是实。童男,詹天佑,年十二岁,身中、面圆白,徽州府婺源县人氏。曾祖父贤,祖世鸾,父兴洪,同治十一年三月十五日。詹兴洪（亲笔画押）。"
② 高宗鲁译注:《中国留美幼童书信集》,《传记文学》（台北）1980 年第 37 卷第 3 期,第 107 页。
③ 《船政奏议汇编》卷 2,台北:文海出版社 1974 年影印版,第 2 页。
④ 《船政奏议汇编》卷 2,第 5 页。
⑤ 《船政奏议汇编》卷 2,第 9 页。

银数发给,仍特加优擢以奖异能"①,并且"凡学成船主及能按图监造者,准授水师官职,如系文职文生入局学习者,仍准保举文职官阶"②。采取这些优惠条件一方面是为了打破当时知识分子通过读四书五经猎取科举功名的传统观念,发展近代海军事业;另一方面也减轻了人们因恐惧这种教育会导致低劣的职业的倾向。所以,从一开始创办,报考就非常踊跃,但船政学堂在办学之初,就制定了《求是堂艺局章程》,"学规极为整肃"③,"入局肄业,总以五年为限,于入局时取具其父兄本人甘结,限内不得请长假,不得改习别业,以取专精"④。只是在"每逢端午、中秋给假三月,度岁时于封印月回家,开印月到局。凡遇外国礼拜日不给假"⑤。并且制定了严格的考试制度,奖惩分明:"开艺局之日起每三个月考试一次,由教习洋员分别等第,其学有进境,考列一等者,赏洋银十元,二等者无赏无罚,三等者记惰一次,两次连考三等者,戒责。三次连考三等者斥出,其三次连考一等者,于照章奖赏外,另赏衣料以示鼓励"⑥。所以学堂竞争激烈、规定严格,淘汰率也很高。

总之,从沪局和船政学堂的设立和学习来看,有许多相同点:开办时都制定了严格的章程,规定招收学生须身家清白,有殷实保证。但在实际招生中,由于满族子弟不愿报考,大部分汉族地主子弟不会报考,仇恨洋务的甚至对外国不了解的守旧儒生也不会报考,所以学生大多为家境贫寒之士、洋务家庭子弟、华侨子弟以及西式学堂的学生,他们或为生活所迫,或对外国有一定的了解或有联系,目的是养家糊口或走"洋翰林"之路。学堂的教育既和洋务有联系,如学外文、学技术,又保留大量封建官学性质,尤为注重封建传统教育,学

---

① 《船政奏议汇编》卷2,第10页。
② 《船政奏议汇编》卷2,第5页。
③ 中国史学会主编:《洋务运动》(五),上海人民出版社1961年版,第305页。
④ 《船政奏议汇编》卷2,第9、10页。
⑤ 《船政奏议汇编》卷2,第9页。
⑥ 《船政奏议汇编》卷2,第9页。

生入学学习，都要具结。①但两所学校又有诸多不同：沪局是专为出国而设，由于种种原因，报考并不踊跃，招生并不顺利，入学考试并不严格；而堂艺局并非为出国留学而招，招生时竞争非常激烈，并进行了严格的考试。尤为不同的是，幼童年龄小，并且出国前在沪局只是进行简单的培训，时间也特别短，培训的内容也只是学习了一些简单的中文、英文和基本知识，传统观念在他们身上也没有留下多少印记。船政学堂的学生经过五六年的学习、训练，打下了坚实的中英文基础，特别是专业知识更有一定的积累和深度，并且他们也非常重视专业知识和实践的结合。②可见船政学堂的学生经过长期的传统儒家教育，思想逐渐成熟，至于后来留欧生的挑选，竞争更为强烈，要求更为严格。因此，早期赴欧船政留学生在出洋学习前，大多在船政学堂里打下了较为坚实的基础，而且都是从毕业生中择优选派具备一定的外语水平和专业技术水平的人才，在人数上也有严格的限制。福建船政学堂的初期教育为后来选派船政生赴欧学习奠定了必要的基础，使他们出洋后得以直接进入英、法两国的海军及其他军工院校，他们与早期的幼童留学相比，取得成效也较快。

二 关于年龄和地域的比较

（一）年龄

前后四批出国留学的幼童一共118名，年龄都比较小，其中最大的16岁，最小的10岁，平均年龄是12岁半（见表2-1）。

---

① 参见前面詹天佑的具结；严复"取其父兄和本人甘结"必须将"三代名讳职业"和保举人"功名经历照填保结"。

② 1873年，船政局以一万两向德国购买了夹板船一艘，名为"建威"，作为练船，并聘请英国海军教官逊顺等为教师，后建威毁坏，又改派扬威为练船。并规定驾驶专业取其18岁以上25岁、26岁以下者，赴船肄业，严定课程，稽核日记，同时定出一个远航的实习计划："由近及远，东则日本、高丽各洋，南则新加坡、槟榔屿各埠，北则旅顺大连环海参崴，西则印度洋、红海、地中海，每年春出秋归，冬出夏归"，"三年为期，与学堂轮番更换"。参见《船政奏议汇编》卷27，第11、13页。

表 2-1　　　　　　　　留美幼童年龄人数统计　　　　　　　单位：人

年龄	第一批（1872年）	第二批（1873年）	第三批（1874年）	第四批（1875年）
10 岁	2		4	1
11 岁	4	3	3	2
12 岁	3	3	15	11
13 岁	7	12	6	11
14 岁	10	10	2	4
15 岁	3			1
16 岁	1			
抵美时平均年龄（岁）	13	13	12	12
返国时平均年龄（岁）	23	22	20	16.5

资料来源：陈学恂、田正平编：《留学教育》上海教育出版社 1991 年版，第 110—113 页。

其实，关于出洋学生的年龄，曾有过长期的讨论。在"条陈四则"中容闳就认为："学生年龄须以十二岁至十四岁为度。"[①] 他考虑主要有两点：一是年龄小，到美国后容易过语言关，并且"庶幼年学生在美，仍可兼习汉文"[②]；二是留学回国后，父母仍健在。在开始时，李鸿章主张派遣年龄大一点的，他认为派 15 岁左右的幼童出国花费多而没有多大的好处。他认为派 20 岁左右的最好，因为"二十岁内外通习中国文义者，到洋后专习洋学，乃易会通，十年可成，若华洋书兼肄，恐致两误"[③]。后来曾国藩、李鸿章经过多次商议，提出"挑选幼童不分满汉子弟，俱以年十二岁至二十岁为率，收录入局"[④]，采取了一个折中的年龄。最后，总理衙门奕䜣对此又作了更改，出国留学学生的年龄最后定在了 12—16 岁。他说："臣等查所选学生以十二岁计算，至十五年艺成后，回至中国时已二十七八岁，若以二十岁计算，则肄业十五年回至中国将及三十六七岁，其家中父母

---

① 容闳：《西学东渐记》，湖南人民出版社 1981 年版，第 87 页。
② 容闳：《西学东渐记》，湖南人民出版社 1981 年版，第 87 页。
③ 《李鸿章全集》朋僚函稿卷 11，时代文艺出版社 1998 年版，第 3470 页。
④ 中国史学会主编：《洋务运动》（二），上海人民出版社 1961 年版，第 158 页。

难保必无事故,且年近二十,再行出洋肄业,未免时过后学,难望有成,应请酌定,自十二岁至十六岁为率,并剔除亲老丁单之学生。"①奕䜣更多的是从封建孝道考虑,而在实际招生中,年龄基本上偏小,平均年龄为12岁半。1872年8月5日《申报》曾刊登评论文章,就留学章程提出几处修改意见,其一就是指出幼童年龄还应再小一些,以八九岁至11岁为宜,其好处在于"虽年幼无知,实属精神完固,智虑专一,声音改变,字书描画,童而习之,最易为力,使教者有事半功倍之效"②。

单从学习角度,特别是从学习语言角度,年龄小有很大的优势,从儒家孝悌观考虑,年龄小,留学回国后,可以继续尽孝道;但年龄小,中学基础差,思想自由易于变化,背离正统,这显然又是洋务派官员所不愿看到的。

而留欧生派遣时,他们的年龄大多在23岁左右(见表2-2)。

表2-2　　部分驾驶班留欧学生籍贯和年龄统计

姓名	籍贯	考入船政局时间、年龄	出国时间年龄	学习经历
刘步蟾	福建侯官	1867年15岁首届驾驶班学生	1877年25岁	第一批船政留学生
林泰曾	福建侯官	1867年15岁首届驾驶班学生	1877年25岁	第一批船政留学生
黄建勋	福建永福	1867年14岁首届驾驶班学生	1877年24岁	第一批船政留学生
林颖启	福建侯官	1869年17岁二届驾驶班学生	1877年25岁	第一批船政留学生
林永升	福建侯官	1867年14岁首届驾驶班学生	1877年24岁	第一批船政留学生
萨镇冰	福建侯官	1869年10岁二届驾驶班学生	1877年18岁	第一批船政留学生
叶祖珪	福建侯官	1867年14岁首届驾驶班学生	1877年24岁	第一批船政留学生
方伯谦	福建侯官	1867年15岁首届驾驶班学生	1877年25岁	第一批船政留学生
严宗光	福建侯官	1867年13岁首届驾驶班学生	1877年23岁	第一批船政留学生
刘冠雄	福建侯官	1875年14岁四届驾驶班学生	1886年25岁	第三批船政留学生
黄鸣球	福建侯官	1878年14岁六届驾驶班学生	1886年22岁	第三批船政留学生

资料来源:《清末海军史料》《海军大事记》《海军实纪》。

---

① 中国史学会主编:《洋务运动》(二),上海人民出版社1961年版,第160页。
② 《申报》1872年8月5日。

相比而言，进入船政学堂时，艺童的年龄就已经比出洋时的幼童要大一些，并且大多经过船政学堂5—10年的专业、中外文训练和一定的实践训练，到留学时，大多已是23岁左右的青年。这是吸取了留美幼童的经验教训，但更重要的是当时的形势使然，并且由洋务派此次船政留学的目的所决定。相比留美幼童，留欧生更能理解洋务派留学的动机，更加珍惜来之不易的学习机会，年龄大，思想也较为稳定、成熟、务实，能够结合中国现实思考一些问题，在异国他乡肯吃苦，能经受各种实践锻炼，留学的短期效果好，也符合当时洋务派急功近利的心理，但他们西学基础相对较弱，思想开放创新性不强，从而也限制了他们的发展。

（二）地域

留美幼童、留欧生都具有地域集中的特点，只不过幼童主要集中于广东，留欧生主要集中于福建，所以又有"粤童"与"闽生"之别。

在挑选幼童的时候，曾国藩、李鸿章充分考虑到当时中国社会的实际情况，尤其是沿海和内地的不同，所以当时明确规定在广东、福建、上海等地进行挑选，[①] 但四届留美幼童，大部分是广东籍学生，特别是香山籍学生有40人，占总人数1/3（见表2-3）。

表2-3　　　　　　　留美幼童籍贯统计　　　　　　单位：人

籍贯	第一批 1872年	第二批 1873年	第三批 1874年	第四批 1875年	合计
广东	24	24	17	19	84
江苏	3	2	7	8	20
安徽	1		1		2
浙江		4	3	2	9
山东	1				1

资料来源：高宗鲁编译：《中国幼童留美史》，台北：华欣文化事业中心1982年版，第31页。

---

① 中国史学会主编：《洋务运动》（二），上海人民出版社1961年版，第154页。

针对幼童地域集中这一情况，当时就有人提出疑问。如《申报》就曾撰文，对选中幼童多是广东人，而江南一带人报名者不多一事提出质疑与责备，指出江南人之所以不愿送子弟出洋，大约有四种疑虑："兹查此次出洋各童类皆粤产居多，而江南绝少，是岂有疑于归期之太远耶，岂有疑于水土之不宜耶？学之成否未可料也？子之年命未可必耶？"① 认为江南人的疑虑主要在于不舍得让子女远行，这种解释显然不能说明事情的全部，幼童集中于广东概括起来还有以下几点主要原因：一是容闳就是广东香山人，他很早留学美国，留学回国后也得到清政府的重用，又亲自在家乡招生，以自己的经历为乡民树立了榜样；二是由于当时交通、信息、传播不便；三是香山所处的地理位置好，风气较开放，人们的思想较开通。因此，幼童地域集中的这一特点主要还是当时中国客观环境决定的。

留欧学生从一开始就是为了加强海防的需要，从福建船政学堂里进行选拔，福建船政学堂的学生中福建人居多，所以留欧生主要集中于福建，特别是福建侯官人占有一定的比例（见表2-2），出现这种情况本来也是东南沿海海防建设的实际需要。但围绕海防以及派遣留欧学生，清政府内部一直存在争论。第一届留欧学生回国后，当时朝廷很多人就认为福建人一直以来都比较文弱，"文秀有余、威武不足"②，因此很难有优秀的造船和驾驶人员。当时的驻英公使曾纪泽就认为，对于整个清朝水师的建设来说，只派遣福建船政学堂的学生到欧洲进行留学"此举无大益处"③。一些督抚大员更是从自身的利益出发，对于福建人对海军的垄断，本来就有意见，这次又派学生到欧洲留学，更会增强福建水师的力量，所以也反对从福建船政学堂中选拔留欧生。因此第三届留欧生的选派，就打破了由福建船政学堂单独派遣的惯例，而由福建船政学堂派遣学生24人，北洋水师派遣学生10人。但是到第四届留欧生派遣时，北洋海军经过甲午海战，已

---

① 《申报》1872年8月5日。
② 《李鸿章全集》朋僚函稿卷19，时代文艺出版社1998年版，第3803页。
③ 《李鸿章全集》朋僚函稿卷18，时代文艺出版社1998年版，第3759页。

经无力再派留学生，所以又只能由福建船政学堂派遣。这就自然而然导致四届留欧学生大部分是福建人。

留美幼童和留欧生这种地域相对集中的特点，是由当时中国的特殊形势决定的，但由此也说明了南方各地区特别是在中国近代发展过程中具有重要地位的广东、福建两地人们中西观、文化观、择业观的诸多不同，并对以后中国近代化进程、近代海军建设及海防发展带来了一定的影响。

第三节 留学经费、监督的比较

一 经费问题

经费问题在整个出洋留学过程中占重要地位，因为是长期的大规模的官派留学，学生来回川资，委员、教习等人的薪水以及房租、行装、膏火、医药、书籍、实习游历各种学费等，无不需要筹款解决。在某种程度上，可以说留学教育（特别是官派）是受国家经济状况决定的，而当时清政府由于战争，平定太平天国、赔款等事，财政已出现严重困难，再加上各省地区观念特别重，往往互相推脱，所以经费问题是最先筹划的问题，但也是争论最大、最难确定的问题。

在筹备幼童出洋时，曾国藩、李鸿章就认为试办此举有两个重大问题，其一就是筹款，因为"国家帑项岁有常额，增此派人出洋肄习之款，更须措办，则筹费又难"，并且通计费用"首尾二十年需银百二十万两，诚属巨款"①。但同时又认为"出于此款不必一时凑拨，分析计之，每年接济六万，尚不觉其过难"，"除初年盘川发给委员携带外，其余指有定款，按年定拨，交与银号陆续汇寄，事亦易办"。并且严格规定："所需经费，均蒙谕旨准拨，亦以志在必成，虽难

---

① 中国史学会主编：《洋务运动》（二），上海人民出版社1961年版，第154页。

第二章 中国近代早期两种官派留学教育的比较

惮，虽费不惜……更不可以经费偶乏，浅尝中辍"①。具体经费见下。

（1）正副委员（二人），薪水每员每月银450两。（2）翻译（一人），薪水每员每月银250两。（3）教习（二人），薪水每员每月银160两。（4）公费（包括医药、信资、文册、纸笔）每年600两。（5）正副委员、翻译、教习来回川费，每员银750两。（6）幼童来回川费及衣物等，每名银790两。（7）幼童驻洋束修、膏火、房租、衣服、食用等项，每名每年计银400两。（8）每年驻洋薪水膏火等费约计库银6万两。（9）20年为期，约需库平银120万两。②

关于筹措和运用经费的具体途径，也有详细规定："每年需用经费，查照奏定章程，于江海关洋税项下指拨。洋局用款，下年应用之项，于上年六月前由上海道筹拨银两，眼同税务司汇寄外洋，交驻洋之员验收。其沪局用款，即交沪局总办支销。惟原奏系二十年内共用一百二十万金，约计每年须六万两，而细加推算，分年应用之款，参差不齐，不能适符六万之数。如首数年，沪上设局，幼童齐往，用款较巨，第四年竟至八万九千六百余两；未数年幼童已归，用款较减，第十九年仅需二万三千四百余两。此外各年递推，亦皆多寡悬殊。"③（由于幼童不是一年派往，一年撤回，所以每年调拨的费用也不一样）在幼童第一次留美时，由于政府的重视，关于经费问题争论还较轻，经费的筹措也较为顺利，但不考虑国内、国外形势的发展等诸多因素，而将经费简单地推算、机械地固定，这也反映了洋务派初期留学经验的不足。所以幼童出国后，《申报》在"拟西学生赴美国肄业事宜议"中就曾提出："美国中繁富奢丽，凡住宅之赁费，饮食之厚

---

① 中国史学会主编：《洋务运动》（二），上海人民出版社1961年版，第155页。
② 中国史学会主编：《洋务运动》（二），上海人民出版社1961年版，第156、157页。
③ 中国史学会主编：《洋务运动》（二），上海人民出版社1961年版，第159页。

资,中朝度支之糜耗于其中者颇巨。……美国南北战争后,元气未复,税项频加,物价昂贵,束修、膏火、屋租、衣食各费,倍于从前。"① 并且,幼童初到美国时,或入小书馆,或附入学馆,用费尚省,"三四年后,渐次考入中大书院及技艺院、军政院、船政院,而每院又有班次等,逐年循序而进,学有深浅,馆有大小,馆与年而俱异,费亦与年而俱增"②。所以幼童初期每名每年四百两,"殊不敷用"。特别是后来留欧生派遣时,四批幼童已全部成行在美读书,正是用费高的时候,先前计划的费用显然不能满足幼童留学的需要,出洋肄业局请求增加用费,而当时清政府再从江海税收下调拨也困难重重,因此,有人提议终止幼童留学或缩短期限,但李鸿章认为"此举为造就人才,渐图自强之计,关系甚大,断无惜费中止之理"③,最后决定:"每批学生第一至第六年尚在中小书院,应仍照原奏,每年每名银四百两,到第七、八两年每名每年添银二百两,第九、十两年,每名每年三百两,第十一至十五年由于学成游历,用费较广,所以每名每年应添银四百两。"④ 后来由于因事故撤回了九名幼童和翻译,可以腾出一部分费用,最后统计除"原拨经费一百二十万两外,先后九年共应再添拨银二十八万九千八百两",当然每年添拨的不一样,又由于"江海关六成洋税解支不敷,原拨出洋经费已巨",势难再令筹添,所以"此项添拨银二十八万九千余两,自应于江海关四成洋税内之二成奏提南北洋海防经费内就近按年均拨,分批搭汇"⑤,经费问题暂时得到了解决。

对船政留学来说,经费问题一开始就非常困难,1874 年 3 月 11 日,南洋大臣李宗义对比船政留学和先前的幼童留美,提出了筹款的一些意见:"学堂生徒前赴英法学习制造驾驶之法,较诸前赴美国学

---

① 《申报》1872 年 8 月 5 日。
② 《申报》1872 年 8 月 5 日。
③ 中国史学会主编:《洋务运动》(二),上海人民出版社 1961 年版,第 163 页。
④ 中国史学会主编:《洋务运动》(二),上海人民出版社 1961 年版,第 163 页。
⑤ 中国史学会主编:《洋务运动》(二),上海人民出版社 1961 年版,第 163 页。

童仅学语言文字者，所费自必更巨。盖蒙童不过分派书馆，教习生徒，则须入其机器房，登其轮船，相与群居，方能探其窾要，在皆有所费，其数目非悬揣可得，亦非美国学童前案所能备其参校。"① 1874年4月5日，沈葆桢也认为："窃船政各童拟赴西洋分习，其情形较沪局不同，沪局入学伊始，层累而上，除束修日用，别无他端，故估费特省。闽局如前学堂及绘事院之艺童，数年来已学有根柢，且兼谙手艺，即各厂之艺徒，已习手艺亦兼读过洋书。此次议赴泰西，固应变通沪局章程而求其精善，今拟法学办法，半日肄业工厂，每年复以两个月游历各国各船厂铁厂，以增长其见识，庶四、五年间可炼出全才，惟获效速则需费必增。"对于经费，沈葆桢作了进一步对比分析："经费有难于沪上一律者，用洋人宜养其廉，且英法两国，以一人兼顾，故日意格拟仍以船政薪水与之，员绅以读书起家，义当为国宣力，但行者、居者，俱有资粮，万里长征便无难色，故薪水只居沪上之半，沪上生徒发蒙伊始，故川资、用费外，无赡家银两。闽局生徒艺成之后，日或十余两，或八九两，其家籍以举火者，历有年所，今长行数万里，不能不酌加赡银。其从师之费，笔墨书籍之费，游历观光之费，亦与初发蒙者迥异，然沪局欲以十五年，将前之有余，补后之不足，闽局欲以五年计功，亦相埒耳。"② 相较幼童，闽局艺童需要增加养家的费用、拜师学习费用、游历考察的费用等。具体经费如下。

（1）华监督一员并翻译一员，共薪水每年7600两。杂费每年3000两。

（2）洋监督一员薪水每年7200两，洋帮办兼文案一员每年2400两。华文案每年1200两。洋员并华文案房、饭、杂费每年4800两。

---

① 高时良编：《洋务运动时期教育》，上海教育出版社1992年版，第906页。
② 《海防档》乙，载《福州船厂》（二），台北：艺文印书馆1957年版。第503页。

(3) 以上各项，俱按照船政向例支发七一七洋平银（洋银元一元折合平银 0.717 两）。

(4) 制造学生经费，每名每年房租并学堂修、膳费约银120镑，第二、第三年每名每年游历费60镑，各种杂费40镑。另延教习兼教所添修金，每年约以800镑为限。

(5) 驾驶学生经费，各项费用同制造学生，等上兵船时，给兵官衣资并海图器具等费150镑，每名每年应增饭食费24镑。

(6) 路费。

至于经费的筹措，沈葆桢认为："查船政岁入六十万两，每年造兵船二只，约需四十万两，学生经费、修厂经费、各员绅薪水、各书差工食、水师口粮及一切杂费，约需十万，以十万为出洋经费，甚足敷用。"① 但在实际运作中，情况要复杂得多。船政一方面除了支付每年用于造船、修船、养船等各项费用外，还要支付水师工资等各项开支，实在无力节省十多万两，因此希望能在清政府每年给南北洋海防的经费中给予解决；另一方面其他各省又拒绝负担，因为他们认为留学是船政所派，又多是福建人，学成回国后，又是为福建船政局服务，所以这笔费用理应由福建单独负担。直到1876年，第一届船政学生将要派出时，当时的预算经费仍然没有着落。李鸿章从海军建设的实际，考虑到南北洋经费已经非常紧张，学生出洋已征得英法公使的同意，势在必行，目前唯一的办法就是将出洋人数再加削减。② 至于经费，还是应由"闽省额拨南北洋海防项下酌提动用，先尽厘金拨解，厘金不敷，即在闽海关四成洋税项下就近凑拨"③。最后经过丁日昌、李鸿章等再三讨论，再由李凤苞、日意格切实核减。将学生人数由原来的四十九人减为三十人，将五年期限缩为三年，同时又将三年后回华路费缓汇，命学生艺徒改坐二等舱，这一问题才告解决。最

---

① 《海防档》乙，载《福州船厂》（二），台北：艺文印书馆1957年版，第504页。
② 《李鸿章全集》朋僚函稿卷17，时代文艺出版社1998年版，第3672页。
③ 《李鸿章全集》奏稿卷28，时代文艺出版社1998年版，第1217页。

后章程中规定："学生员数三十名为度,约需银二十万两。""议定由闽省厘金项下筹银十万两,闽海关四成洋税项下筹银五万两,船政经费项下拨银五万两。"经费分年汇解,经详细核算,约计"第一年总共领银七万三千五百六十三两七钱八分","第二年总共应领银六万五百一十九两二钱五厘","第三年总共应领银五万八千五百六十七两七钱一分"三年"统共七一七洋平银一十九万二千六百五十两七钱一分","外尚有第一年酌带学生出外量绘、游历费及三年内华文案并随员学习交涉、公法应支修金等费未算在内"①。第一届留欧生经费问题勉强解决,具体经费（见表2-4）。

表2-4　　　　　　　　第一届留欧经费统计

项目	华洋人员经费（两）	制造学生膳宿费（两）	外国教师（镑）	驾驶学生膳宿费（镑）	外国教师工资（镑）	船上实习费用（镑）	路费（两）	游历费（镑）	小计（两）	总计（两）
第一年	26200	3890	800	2520	400	2208	9930		73563	
第二年	26200	3040	2208	2208	400		4965	1740	60519	192649
第三年	26200	3040	1920	1920			1920		58567	

资料来源:据林庆元《福建船政局史稿》数据统计。

但在整个船政学生留欧过程中,经费一直十分紧张。第一届留欧学生在经费没有着落的时候成行,第二届留欧学生因为经费问题向后拖了两年半,后来是在刘坤一、李鸿章多方努力和一再推动下,才得以解决。第三届留欧生好一些,因为当时派遣的学生既有南洋水师的学生,也有北洋水师的学生,加上当时清政府又特别重视水师建设,不但派遣的学生人数增加,而且经费也增加到三十万两,经费由南北洋共同负担。② 第四届留欧生派遣时,在留学方案里,原来定的学习

---

① 《李鸿章全集》奏稿卷28,时代文艺出版社1998年版,第1216—1219页。
② 陈学恂、田正平编:《留学教育》,上海教育出版社1991年版,第242页。

期限是6年，留学经费一共为107000余两，① 但这批学生仅仅留学了3年，就因为经费不足而回国。

可见洋务初期，清政府对海防建设极为重视，对留学也极为重视，在财政困难的情况下，也想方设法筹措经费，保证留学的成行，说明洋务初期对留学的重视。可以说，不论是留美幼童还是留欧生，在国外学习、生活的费用基本上是有可靠保证的，这也表明洋务派确实想将留学作为洋务运动中一项崭新的事业去搞好。

从经费的预算制定、筹划、使用等方面看，由幼童留美初期的简单、公式化到后来留欧时的详细、具体、严格规范，说明留学制度的进步和逐步成熟。

在一定程度上，留学是受国家经济状况制约的。幼童留美时，由于经费筹措快而及时，所以四批幼童都能顺利成行。当时还花巨资在美国修建了出洋肄业局大楼，便于对留学的管理。而留欧时，由于种种原因，经费筹措曲折、反复，给留欧生的派遣也带来了一定影响。第四届留欧生的学业未成在一定程度上也和经费有关。

由于幼童年龄小，到美国后只进收费不高的中小学，所以他们除了旅费、生活学习费用外，并没有多少其他特殊之费，也不需要赡家的费用。而留欧生年龄大，大多成家，需要赡家的银两，并且他们入大学、进船厂、营舰上实习，从师、游历等，所用费用要比幼童高，但在实际预算和运用上，留欧生的经费却比留美生的经费拮据得多，经费的投入和留学的效果从当时的情况看显然不成正比。

二　监督问题

派遣监督的主要目的是加强对官派留学生的管理。留美与留欧均派有人员对留学生进行管理。幼童留美时称委员，船政留欧时称监督。李鸿章在后来留欧生出洋时对为何派遣监督做了说明：一是赴欧

---

① 陈学恂、田正平编：《留学教育》，上海教育出版社1991年版，第243页。

留学路途较远，又是较大规模的团体派出，人数较多，"非遴选贤员派充监督，不足以统驭而重责成"①；二是赴欧留学生对英法等国的情况不了解，"不论访询各国官厂官学，安插、延请洋师，均须情形熟悉之官员联络维持，方无隔阂"②。还有重要一点，就是联络外国，特别是幼童的委员，不论是容闳还是陈兰彬，和美国联系都较密切，陈兰彬后来还充当了驻美公使。留欧时，中国已有驻外公使（郭嵩焘等），所以没有这个职责。留欧监督的主要职责是加强与外国政府、学校、工厂等的联系协调。

幼童的派遣主要是由容闳促成，所以幼童由容闳率领，选容闳为委员，当时朝廷上下基本一致。当李鸿章"奉谕饬令保荐"留学委员、出使外国的人员时，他认为选派的人员应该"必须博学多识，知大体，而尤以通知西洋语言文字为第一要义，但目中所见，实无此项人材……美使宜添派容纯甫，为其熟悉洋情"③。对此曾国藩深表同意，认为容闳："前在花旗居处最久，而志趣深远，不为习俗所囿，同治二年曾派令出洋购买机器，该员练习外洋风土人情，美国尤熟游之地，足以联外交而窥秘钥。"④ 但仅仅派容闳为委员，曾国藩、李鸿章等人并不放心，因此，曾国藩又推荐在自己手下任事的翰林陈兰彬，认为"四品衔刑部主事陈兰彬……实心孤诣，智深勇沈，历练既久，敛抑才气，而精悍坚单，不避险艰，实有任重致远之志"⑤。并且"陈兰彬素有远志，每与议及此事，辄复雄心激发，乐与有成。该员系奉旨交臣差遣之员，此次仍拟带至江南，于目前操练轮船，将来肄业西洋各事，必能实力讲求，悉心规画"⑥。在后来的上奏中，曾国藩、李鸿章就共同确定了陈兰彬、容闳。具体安排上，陈兰彬为正，容闳为副，两人的职责也有分工，对此，容闳曾回忆说："二人

---

① 《李鸿章全集》奏稿卷28，时代文艺出版社1998年版，第1213页。
② 《李鸿章全集》奏稿卷28，时代文艺出版社1998年版，第1213页。
③ 《李鸿章全集》朋僚函稿卷17，时代文艺出版社1998年版，第3696页。
④ 中国史学会主编：《洋务运动》（二），上海人民出版社1961年版，第157页。
⑤ 高时良编：《洋务运动时期教育》，上海教育出版社1992年版，第867页。
⑥ 高时良编：《洋务运动时期教育》，上海教育出版社1992年版，第867页。

之责任，亦复划清权限。陈君专司监视学生留美时汉文有无进步，予则监视学生之各种科学，并为学生预备宿舍等事。至关于经费之出纳，则由予二人共主之。"① 其实，不仅仅是简单的分工问题，当时让一个翰林出身的"旧学派人"，一个对留学教育知之甚少的人任正监督，朝廷显然有更深的意图，对此，李鸿章后来曾有说明："从前曾文正公创办之初，奏派陈荔秋（陈兰彬）、容纯甫（容闳）为正副总办，盖以纯甫熟谙西事，才干较优；荔秋老成端谨，中学较深，欲使相济为功也。"② 在当时的中国封建正统社会里，容闳是一个"西化之人"，任用这位"西化之人"来办理幼童留学，朝廷大员们十分不放心。在派遣留学委员上，李鸿章一方面保荐容闳，另一方面也深有顾虑，认为容闳"汉文未深，又不甚知大体，亦是一病"③。后来丁日昌也曾向容闳说明："君所主张，与中国旧学说显然反对。时政府又甚守旧，以个人身当其冲，恐不足以抵抗反动力，或竟事败于垂成。故欲利用陈之翰林资格，得旧学派人共事，可以稍杀阻力也。"④继陈兰彬之后，清政府又先后派了三人为正委员：区谔良、容增祥、吴嘉善。三人中，容增祥为汉文教习、五品主事，其他二人也为翰林出身。在人事安排上，容闳始终被放在次要位置，这种安排必然为以后留学事务中的矛盾和斗争埋下了祸根，影响了幼童的整个留学。

留欧派遣模仿幼童赴美的先例，只是将名称由"委员"变为"监督"，但监督的选派也经历了一番周折。幼童委员选了一旧一新两位中国人，并且在当时获得一致通过，在清政府官员看来，两人相互配合，是一对合适人选。但留欧似乎没有那么合适的人选，"非无曾到英法两国之华人，然品学不及荔秋，才具不及纯甫。既不为洋人所重，复不为华人所信"⑤。沈葆桢最初保荐福建船政局监督、法国

---

① 容闳：《西学东渐记》，湖南人民出版社1981年版，第91—92页。
② 中国史学会主编：《洋务运动》（二），上海人民出版社1961年版，第178页。
③ 《李鸿章全集》朋僚函稿卷17，时代文艺出版社1998年版，第3696页。
④ 容闳：《西学东渐记》，湖南人民出版社1981年版，第91页。
⑤ 《海防档》乙，载《福州船厂》（二），台北：艺文印书馆1957年版，第502—503页。

人日意格为留学监督,他认为洋人出任监督,对于外洋较为熟悉,并且日意格"心地明白,颇晓中国伦常义理风俗好恶,不致以不入耳之谈与员绅生徒纠纷龃龉"①。南洋大臣李宗义基本赞成沈葆桢的提议,②李鸿章则提出了一个两全其美的办法,一方面以幼童赴美为例,认为"陈主事等带学生赴美国,若无容闳为之先导必致迷于所往,寸步难行"③,所以这次派遣学生赴英法学习,应选一个与英法关系密切的人,而"日意格管厂多年,与学生言语性情相习,又熟悉外国情形,令其带往分派学习,呼应较灵,收效较速"④,所以只要沈葆桢与日意格"严定规条",就可以由我操纵。并且日意格与法国官厂、官学颇多联系,便于安插学生延请洋师,"以之派充洋监督,必能胜任"⑤。另一方面李鸿章等人也认为"以洋人充斯重任,究不如中国委员流弊较少",所以应慎重,可行的办法就是"应由闽厂内,筹派与日意格素习之华员管带同往,较为得力"⑥,这样,洋华监督可以互相配合,取长补短,互相牵制。关于华监督的任命,也费了一番周折,后来一直到1876年3月,丁日昌才推荐了福建船政的总考工、三品衔候选道李凤苞。李凤苞知识丰富,对外国情况比较熟悉,他早年曾在上海编译局工作,后又到格致书院,从事过大规模的研究译述工作,所以李鸿章、沈葆桢认为其"学识宏通,志量远大,于西洋舆图算术及各国兴衰源流,均能默讨潜搜,中外交涉要务尤为练达,实属不可多得之才,以之派充华监督,必能胜任"⑦。这样,两监督最终确定下来,华洋监督无正副之分,分别驻在英法两国(华驻英,洋驻法):"俟挈带生徒到英法两国时,两监督会同查看大学堂、大官厂应行学习之处,会同安插,订请精明教习指授。如应调赴别厂或更

---

① 《海防档》乙,载《福州船厂》(二),台北:艺文印书馆1957年版,第503页。
② 《海防档》乙,载《福州船厂》(二),台北:艺文印书馆1957年版,第498页。
③ 《李鸿章全集》奏稿卷28,时代文艺出版社1998年版,第1212页。
④ 《李鸿章全集》奏稿卷28,第1212页。
⑤ 《李鸿章全集》奏稿卷28,第1212页。
⑥ 《李鸿章全集》奏稿卷28,第1212页。
⑦ 《李鸿章全集》奏稿卷28,第1212页。

换教习，仍须会商办理。其督课约束等事，亦责成两监督，不分畛域。如遇两监督分驻英法之时，则应分投照顾，其华员及生徒经费，归华监督支发；洋员、洋教习及华文案经费，归洋监督支发；每年底由两监督将支发各数会衔造报。凡调度、督率每事必会同认真探讨，和衷商榷，期于有成。万一意见不合，许即据实呈明通商大臣、船政大臣察夺。"① "如一切办无成效，将监督议处。……两监督和衷会办，当互相觉察。万一华监督有敷衍塞责等情弊，而洋监督不行举发，或洋监督有敷衍塞责等情弊，而华监督不行举发者，咎各相等。查有挟同确据，即分别照会咨行随时撤换，不必俟三年期满。如果事事实际，生徒多优异者，将两监督专折奏请奖叙。"② 在监督的管理上，留欧时可以说奖惩分明，监督有职、有权、有责，实践证明，此二人确实是胜任的，由于分工明确，矛盾少，关系也较融洽。

　　从留美委员、留欧监督的选派和管理上，我们可以看出留欧比留美在监督的选拔上更加谨慎、严格，监督的职责更加明确，反映了清政府留学制度的逐渐成熟、进步。

　　留美时，设置正委员的一个主要职能就是控制学生，牵制容闳，不致西化，牢固旧学。在办理洋务和对外交涉方面，容闳的才能远强于翰林出身的正委员，但容闳始终被放在副职的位置上，处处受正委员的压制，所以在整个幼童留学期间，在出洋肄业局里，一直存在派系、新旧之间的矛盾和斗争，这也成为后来幼童中途撤回的一个重要原因。

　　留欧时，由于留欧生年龄大，期限短，传统教育深，在挑选监督时传统控制方面的考虑就少一些，再加上留欧只有三年，更需马上与英法政府、学校、工厂和船厂联络，这一切日意格无疑具有很大优势，所以选择日意格是洋务派综合考虑的结果。两监督有中外之分而无正副之别，其主要职能是催促学习技术，互相牵制，防止舞弊。从留欧的全过程来看，两监督各负其责，互相监督，互相配合，从而促

---

① 《李鸿章全集》奏稿卷28，第1214—1216页。
② 《李鸿章全集》奏稿卷28，第1214—1216页。

进了留欧的顺利进行。

三 留学国家的选择

关于留学国家的选择，包含有两个方面，一是中国通过各方面权衡利弊，选择留学的国家；二是英、法、美、德等国对中国留学生的接收，因为是官派，所以政府的作用很大。当然，由于整个留学和"中外和局"的大环境相关，所以比其他方面解决起来简单得多。对于英、法、美、德各国，愿意接收中国留学生甚至采取各种手段、优惠政策争取中国派遣留学，除了促进文化交流的一面外，更主要的仍是为了政府和商人的利益，通过接收留学生进一步结交中国，扩大在中国的利益。为了自强，洋务派学习外国"机器之利""富强之术"，取法列强，从当时情况看，取法的对象主要是英国和法国，并非美国，因此，在留学之初，商议的国家也包括英、法两国，并且当时英国"意颇欣许"[1]，法国也有此意。1867 年，法国外长曾对驻北京法国公使指示："中国人是富有远东民族的观察力的人民，对于他们中的那些善于思考的人们来说，在其头脑中树立我们法国观念和文明的优越地位的最好机会，不是徒劳地一再炫耀武力和商业方面的成就，而是让他们来这里进行实地的观察和研究。当他们走出国门，试图了解世界的时候，要把他们吸引到我们的国度。我们要鼓励中国政府，尽可能多地派遣人员来我国学习，学习专业，学习我们的语言，并把有关我国学校、学术机关以及产业设施等方面的情报亲自提供给他们的政府。我们方面则要为这些人员的学习提供必要的方便，以便使他们能把学到的成果很快带回自己的国家，这是我们最好的政策。"[2]且就学术而论，当时的美国也还赶不上西欧各国，在留美已经成行以后，《申报》1872 年 8 月 5 日的文章中仍坚持"因英国物价便宜"而

---

[1] 中国史学会主编：《洋务运动》（二），上海人民出版社1961年版，第153页。
[2] 陈学恂、田正平编：《留学教育》，上海教育出版社1991年版，第260页。

应先派生赴英留学的建议，但为何先选择了美国，综合原因主要有以下几点。

一是由于容闳自身的经历和他的推动：容闳自幼接受的就是美国式的教育，在香港上的是美国教会开办的马礼逊学堂（Morrison School），留学的国家也是美国，毕业的学校是美国的耶鲁大学，他一生可以说是深受美国文化的影响，留学时他当然首推的也是美国。

二是中国人美国观、欧洲观的变化，必然对早期留学产生很大影响，而留学又进一步推动了中国人美国观、欧洲观的变迁。19世纪六七十年代，随着"合作政策"的推行，洋务派对美国的建国、治国经验越来越关心，并且将目光放在美对中国的态度方面，他们认为"美以富为强"，不失为"泰西之雄国"[1]，在洋务派的观念中，美国和英、法、俄、德等国家一样，都是当时的强国。但是美国又和这些国家不同，因为美国是一个"自守之国"，对中国没有"狼吞虎噬之志"[2]，曾国藩、李鸿章等人都不止一次提出对美国人的好感，曾国藩认为美国人"性质醇厚，其于中国素称恭顺"[3]；李鸿章认为美国人不仅不贪占别国的领土，还是一个乐善好施的国家，"无贪人土地之欲……好排难解纷"[4]，基于对美国的好感，洋务派最先把留学目光投向了美国。

三是美国对此的态度。1844年《望厦条约》签订后，中、美两国之间算是建立起一种条约外交关系，但当时清政府忙于处理国内事务，对外主要应付英、法等国，所以对美一直没有派遣外交使节，可以说当时的中美关系是一种美国比较主动、中国相对被动地单向的不正常的关系，[5] 这不符合美国政府和商人的利益。南北战争以后，美

---

[1] 中国史学会主编：《洋务运动》（三），上海人民出版社1961年版，第565页。
[2] 中国史学会主编：《洋务运动》（一），上海人民出版社1961年版，第208、288页。
[3] 曾国藩：《曾文正公全集》奏稿卷12，载《近代中国史料丛刊续编》第1辑，台北：文海出版社1974年版，第58页。
[4] 苑书义：《李鸿章传》，人民出版社1991年版，第331页。
[5] 李定一：《中美早期外交史》，北京大学出版社1997年版，第142—145页。

国国内形势也相对稳定，中国政府、商人、民间等都对美国寄予莫大的希望，因此在美国政府和商人看来，通过留学这种文化交流的形式来加强两国之间的联系，符合他们改变中美之间的单向关系，进一步打开中国门户的愿望，所以对于幼童留美，美国从政府到民间都给予了热情的欢迎和积极的支持。早在1871年12月，幼童留美计划正在筹措时，西方一些媒体，特别是美国的在华媒体就对这一消息进行了报道。如当时的《北华捷报》就曾提出：幼童留美计划"尽管被一再拖延并长期讨论，但终于得到了皇上的批准"。此后，《北华捷报》对这一事件一直高度关注，并对此进行了评论，指出"士大夫闭关自守的原则已经被打破，这一行动以及随之而来的各种努力，将会在物质上有助于开放中国，并使其在对外交往中获利"。当时担任美国驻华公使的镂斐迪（F. P. Low）也曾对美国政府提出："如果我们人民能够给予幼童们慷慨及友善的接待，则我们在中国的利益将有更大的实惠，远比增派我们的军舰来此为佳。"① 第一批留美幼童派遣以后，他又进一步指出："这些学生（在美国）所受到的热情接待以及他们所得到的友善待遇，已使那些推动这项计划的人深感欣慰。"② 总之，无论是美国政府、商人，还是普通民众，对中国派遣留学生大多持接受、欢迎的态度。

四是斌椿与蒲安臣使团对幼童派遣的影响。随着对西方认识的深入，清政府也逐渐加强了对西方的了解，其中一项重要的工作就是派使臣出国考察。1866年3月26日，由斌椿带领的清政府第一个出国考察团正式出国考察，当时主要考察的还是欧洲各国。两年之后，1868年2月25日，第二个出国考察团组成，这次考察团由美国人蒲安臣带领，主要考察美、英、法、普、俄等国。通过这些考察活动，进一步加深了清朝一些官员特别是洋务派官员对欧美各国的认识。曾

---

① 《镂斐迪致费斯》，1872年7月12日，引自《美国外交文件》（1872），(Foreign Relations of the United States 1872), p. 135。
② 《镂斐迪致费斯》，1873年1月15日，引自《美国外交文件》（1873），(Foreign Relations of the United States 1873), pp. 140–141。

国藩、李鸿章指出出国考察"于海外情形亦已窥其要领,如舆图、算法、步天、测海、造船、制器等事,无一不与用兵相表里"①,而"中国欲仿效其意而精通其法,当此风气既开,似宜亟选聪颖子弟,携往外国肄业,实力讲求,以仰副我皇上徐图自强之至意"②。1868年7月,蒲安臣使团考察美国时,与美国签订了《中美续增条约》,又称《蒲安臣条约》,条约中的第四条规定:"美国人在中国,不得因美国人民异教,稍有欺侮凌虐,嗣后中国人在美国,亦不得因中国人民异教稍有屈抑苛待。"③第七条规定:"嗣后中国人欲入美国大小官学学习各等文艺,须照相待最优国之人民一体优待。美国人欲入中国大小官学学习各等文艺,亦照相待最优国之人民一体优待。"④这些规定都为留美学生的派遣提供了依据。

为了促进留学的及早成行,1871年春,美国公使到达天津,和李鸿章等人进行商议。李鸿章认为,留学美国,可以学习美国的长处"此固外国人所深愿,似与和好大局有益无损"⑤。通过蒲安臣使团考察,中国对美国的情况已经有了进一步的了解。当时的情况派学生去美国"计由太平洋乘轮船经达美国,月余可至,尚非甚难之事"⑥。美国公使对中国派遣学生先到美国留学也深表同意,并表示一定把此事办好,同时提出:"先赴美国学习,英国大书院极多,将来亦可随便派往。"⑦这样,美国就在争取中国留学方面取得了先机。最后,连法国人也不得不承认:"美国新教徒的影响处于优越地位。"⑧所以在随后的船政留学时,英法两国就极力争取。同时,由于福建船政局

---

① 中国史学会主编:《洋务运动》(二),上海人民出版社1961年版,第153页。
② 中国史学会主编:《洋务运动》(二),上海人民出版社1961年版,第153页。
③ 王铁崖编:《中外旧约章汇编》第1册,生活·读书·新知三联书店1957年版,第362页。
④ 王铁崖编:《中外旧约章汇编》第1册,生活·读书·新知三联书店1957年版,第363页。
⑤ 中国史学会主编:《洋务运动》(二),上海人民出版社1961年版,第153—154页。
⑥ 中国史学会主编:《洋务运动》(二),上海人民出版社1961年版,第154页。
⑦ 中国史学会主编:《洋务运动》(二),上海人民出版社1961年版,第154页。
⑧ 陈学恂、田正平编:《留学教育》,上海教育出版社1991年版,第260页。

和英法两国的密切联系，以及当时英国人长于驾驶、法国人长于制造的现实，船政学堂的学生留学英、法两国也就自然而然。

第四节 留学期间教育方式的比较

一 专业学习的比较

留美幼童到1881年召回时，学习时间6—9年，大多只完成基础教育或初级技术课程。在专业学习上，幼童从小学、中学，甚至后来几位上大学的，受的是正规而系统的美式文化教育，接受的是一些崭新的自然科学和社会科学知识，如英文、数学、天文、生物、化学、机械、土木工程、采矿等科目。在学习上，鼓励创新，在专业知识结构方面，大部分是基础的"西学"，当然，他们也初步学习了一些美国的哲学、法律知识及大量的文学知识。幼童这种西式的中小学基础教育，在中国国内当时的洋务派看来，并不能起到立竿见影的作用，不能立即和他们"富国强兵"的目的相一致，这也是导致幼童中途撤回的一个原因。但这种扎实的"西式"基础教育具有长效性，对以后的大学进修是十分必要的，当时在美国已经进入大学学习或者归国以后又去美国大学学习的留美生在选择大学里的专业时，许多人就选择了国家最急需的机械、铁路、矿冶、邮电、造船、法律（特别是国际法）等专业，但大多学业未竟。因此，留美生回国后，一些人因所学专业在国内尚无用处，被送入新式学校，改学国内急需的其他专业，如首批留美幼童詹天佑等16人，回国后又考进福建船政学堂的驾驶学堂，学习驾驶；一些人则继续在国内的其他新式学校里深造。但由于打下坚实的基础，他们进步很快，成就很大，这种长期的"西式"基础教育对幼童一生影响甚大。

留欧生大多是23岁左右的青年，通过学堂的学习，初步掌握了一些基础科学知识及航海、操作、制造等专业技能，在国内就已打下专业的扎实基础，英语、法语基本过关，出国考试对专业、外语要求也相当严格。如第一批留欧生招考时，当时中国驻英国公使郭嵩焘曾与李鸿章接触，想探听一下在这批留学生中可否增加十名湖南青年，李鸿章拒绝了郭嵩焘的请求，理由就是湖南的十名青年不懂任何外语，专业知识也差，他们要出去，就得像留美幼童一样，必须在国外滞留多年才能奏效。① 也就是说，船政学堂毕业生赴欧留学，是在已学的专业基础上深造提高，对他们的要求是"既宜另延学堂，教习课读，以培根柢，又宜赴厂习艺，以明理法，俾可兼程并进，得收速效"②，要求将"船身、轮机及一切军火、火陆机器，觅取图说，分别绘译"③，汇送国内。留欧学生主要是到英国学习驾驶，到法国学习造船。所以除了随员马建忠、陈季同以及其他9人可以学习法律、语言文字外，其他的留学生都学习了轮船驾驶、造船和武器制造。留学科目的狭窄与单调，和当时洋务派的认识有关，和海防建设的直接目标紧紧联系在一起。当时的驻英公使郭嵩焘认为，好不容易派遣学生到欧洲学习，不应该只是单纯地学习轮船驾驶和制造等军事，而应该像日本那样，还要学习西方当时先进的勘探煤铁、冶炼诸法、兴修铁路技术、电学。对此，李鸿章并不赞同，"弟与闽江各帅会奏定案，专指学习制造驾驶，拟未便遽改别图……鄙人职在主兵，亦不得不考求兵法"④。留欧学习目标明确，期限也只有三年，这种短期的、急功近利式的留学教育当时在一定程度上暂时达到了洋务派"富国强兵"的留学目标，但从个人看，不利于留欧生长期的全面发展。留美、留欧生专业学习上的这种差异，影响了他们归国后在近代化进程中的作用。

二　对传统文化的态度

幼童在国内沪局学习中文、英文不到一年，而且由于年龄小，中

---

① 陈学恂、田正平编：《留学教育》，上海教育出版社1991年版，第263页。
② 《李鸿章全集》奏稿卷28，时代文艺出版社1998年版，第1214页。
③ 《李鸿章全集》奏稿卷28，第1215页。
④ 《李鸿章全集》朋僚函稿卷17，时代文艺出版社1998年版，第3692页。

华传统文化对他们影响不深，到美国后很容易西化，这显然和洋务派出洋留学的初衷相违，所以在留学过程中自始至终对幼童限制极严，严格用儒家规范要求他们，在出洋章程中就明定幼童："将来出洋后，肄习西学仍兼讲中学，课以孝经、小学、五经及国朝律例等书，随资高下，循序渐进。每遇房、虚、昂、星等日，正副二委员传集各童宣讲圣谕广训，示以尊君亲上之义，庶不至囿于异学。"① 还规定："恭逢三大节以及朔望等日，由驻洋之员率同在事各官以及诸幼童，望阙行礼，俾娴仪节而昭诚敬。"② 后来，还发布了一则谕告："但要思出洋本意，是令尔等学外国功夫，不是令尔等忘本国规矩，是以功夫要上紧学习，规矩不可变更……"③ 幼童出洋后，要严格遵守朝廷的留学规则，首先要刻苦学习汉文，"以三个月来局习华文，每次12人，14日为满。逾期此12人复归，再换12人来，以次轮流，周而复始。每日卯时起身，亥正就寝，其读书、写字、讲解、作论，皆为一定课程"④。特别是留学后期吴子登任委员时，更是严格，在1880年4月1日，他印发了一份英文《规章》：

  第一条：自今日起，每值暑假，中国学生当全心全力研习中文，练习英翻中，或中翻英。此后，全体各生一分为二，分批进驻哈城本局住宿六周，期满以后，各生始可自由去他处度假。

  第二条：在学期间，凡能作文之各生，继续习作，其不能作文者，则需将英文课业，口译成中文后笔录之。但无论何种程度，每月均须将所作中文课业呈送本局查考。凡按时呈送且成绩优良者，必发奖金，凡迟送者，当处罚金。另外，各生每月有30页的中文功课，必须呈送本局，不得有误。

---

 ① 中国史学会主编：《洋务运动》（二），上海人民出版社1961年版，第158页。
 ② 中国史学会主编：《洋务运动》（二），上海人民出版社1961年版，第158、159页。
 ③ 顾敦鍒：《百年留美教育的回顾与前瞻》，转引自高时良编《洋务运动时期教育》，上海教育出版社1992年版，第895页。
 ④ 李圭：《环游地球新录》，湖南人民出版社1980年版，第69页。

……

　　第九条：暑假各生在本局研习中文时，当严格遵守课业进度，本局规章绝对严格执行。

　　第十条：凡住康州哈德福城各生，每值周六及周日，必须到局聆听宣讲《圣谕广训》。①

　　当然，这种越来越严格的传统教育也从另一个侧面反映了幼童越来越深的西化倾向。间隔的、强制性的传统教育比起长期的、潜移默化的开放的西化教育，影响显然是弱小的，所以，在整个幼童留学过程中就出现这样相逆的现象：一方面传统限制越来越严格，另一方面幼童西化的倾向越来越明显，这必然造成出洋肄业局里各种各样的矛盾，成为幼童中途撤回的主要原因。

　　而船政毕业生留欧时，都是23岁左右的青年，留学前，福建船政学堂的招生与学习就非常重视封建传统教育，在招收学生时要求应考学生具有较高的传统文化知识，在教学中，更是用传统士子的模式规范学生，要求他们每天都要读《圣谕广训》《孝经》等，学习封建伦理道德，防止他们在学习西方海军技术的同时思想也随之西化。这样，留学时，无论留学章程还是在以后实际的学习实习中，都没有对他们进行传统教育的严格限制，强调更多的是专业学习和实践。虽然他们在英法等国留学时必然也要接触到西方先进的科技、思想文化，但因为接受了牢固的封建传统教育，他们能在中西文化的碰撞中，一方面能够学习西方先进的科学技术，另一方面又不至于被西方文化所同化。正如法国学者巴斯蒂所说："这批年轻人身上不存在丧失中国传统伦理道德的危险。这是因为从年龄上看，赴欧的学生们要年长得多，而离开祖国的时间又短得多。"② 在中国传统文化与西方文化的关系上，留欧生表现出更多的稳定性。

――――――――――

　　① 高宗鲁：《容闳与中国幼童留美》，载《容闳与中国近代化》，珠海出版社1999年版，第443、444页。

　　② 陈学恂、田正平编：《留学教育》，上海教育出版社1991年版，第265页。

三 留学期间学习方式和学习效果的比较

（一）幼童的中外文化的融合

在国外留学，必然面临两种文化的冲突与对立，这种冲突与对立的过程，也就是两种文化相互影响、相互融合的过程。对国外文化的适应、吸收的程度，受各种各样条件的限制。

幼童留美时，接受的中国传统文化较少，再加上年龄小，到美国是寄居在美国家庭中，所以他们适应、接受西方文化较为迅速，在他们身上，也基本看不出中西文化的冲突与对立。对此，后来一个留美幼童曾回忆道："当时幼童平均年龄不及 15 岁，对新生活适应很快，迅速接受了美国的观念及理想（American Idea & Ideals）。"① 幼童刚到美国的时候，由于年龄小，国内学习语言的时间有限，大部分人英语不好，语言不过关，不能立即送到美国的学校里学习。后来经过容闳和美国一些朋友的商议，决定先将幼童分别送到美国愿意收留的家庭中，和他们同吃、同住，学习语言。当时很多美国家庭也非常愿意接受中国的学生到自己家中居住。1872 年，第一批幼童到达美国哈德福城时，康州就有 122 个美国家庭愿意接受幼童同住。② 因此，幼童最后挑选的家庭都是经济状况、文化背景很好的地方官员、牧师、教师和医生家庭。这些家庭大都对幼童非常友好，幼童语言进步也很快，这样语言到一定程度后，幼童就被分配到各个小学，进行学习。因此，幼童到美国后，实际上是和美国人一起生活、居住的，后来有的幼童上了小学和中学，也还是寄宿在美国家庭中，然后和美国当地的孩子一起上学、读书、进行体育和娱乐活动。除了每天规定必须做的礼教和一些中文教育外，幼童在美国各小学、中学的学习、生活还

---

① 温秉忠：《一个留美幼童的回忆》，《传记文学》（台北）1980 年第 37 卷第 3 期，第 109 页。
② ［美］勒法格（Thomas La Fargue）：《中国幼童留美史——现代化的初探》，高宗鲁译，台北：华欣文化事业中心 1982 年版，第 33 页。

是比较自由的,可以说他们的留学方式是"家庭式"的、"开放式"的,这有利于幼童很快适应美国社会和吸收美国文化。同时,在长期的学习和生活中,幼童和当地人也建立了深厚的感情,他们受到了美国人"家长式的爱护"(Parental Treatment)。① 对此,容闳当时也深感高兴:"此多数青年之学生,既至新英国省,日受新英国教育之陶熔,且习与美人交际,故学识乃随年龄而俱长。其一切言行举止,受美人之同化而渐改其故态,固有不期然而然者","况彼等既离去故国而来此,终日饱吸自由空气,其平日性灵上所受极重之压力,一旦排空而去,言论思想,悉与旧教育不侔,好为种种健身之运动,跳踯驰骋,不复安行矩步"②。也正是在这种潜移默化中,幼童不知不觉地吸收了美国的生活方式和价值观念,中美文化在幼童身上达到了交融。

(二) 留欧生教育与实践的结合

学习海船驾驶、制造,不仅应重视理论知识,更应注重实践,达到学以致用的目的。留欧生在留欧前,福建船政学堂里的教育就特别注重理论知识与实践的结合。留学时,对这方面的要求更高,1876年3月沈葆桢在致总理衙门的函中说:"缘该生等系水师人员,宜在船练习航海穿洋,方臻阅历,若久与船离,恐致旷荒,倘以为不必即归,则请咨商总理衙门照会英国驻京公使,准其入英国大战船一二年,续学驾驶。"③ 当时的船政大臣丁日昌也在致总理衙门的函中,表达了同样的意见。④

船政留学时,制定了严格的留学章程,其中重要的一条就是重视实践,要求留欧学生将所学知识与实际历练结合起来。留欧学生的学业,每三个月都要由监督或聘请的外国专家进行考察,合格的过关,

---

① 温秉忠:《一个留美幼童的回忆》,《传记文学》(台北)1980年第37卷第3期,第110页。
② 容闳:《西学东渐记》,湖南人民出版社1981年版,第102页。
③ 《海防档》乙,载《福州船厂》(二),台北:艺文印书馆1957年版,第663页。
④ 《海防档》乙,载《福州船厂》(二),台北:艺文印书馆1957年版,第663页。

不合格的要重学。留学期满,还要由监督对每一个学生进行全面的考验,成绩合格的才能回国,成绩不合格的,要申请延长学习和实习时间,一般是半年或一年。学生在留学期间,要养成记笔记和日记的习惯,所进行的一切学习和实践活动,都要用笔记或日记详细地记录下来,每半年都要汇集起来,并报送船政大臣考核,同时咨送南北洋大臣复核。学生留学期间,在海军学校和工程学院学习完理论知识和专业知识后,必须到工厂里和军舰上进行实习。到法国学习制造的留学生在第二、第三学年内,每年入工厂实习两个月,到英国学习驾驶的留学生从学校毕业后,到外国兵船上实习两年,"既上兵船,须以英国水师规制,除留辫发外,可暂改英兵官装束"。另外,在每个学期,监督都有权力随时带领学生赴工厂、炮台、军舰等地方参观、考察,通过这些参观、游历、实习活动,"务期学用结合"[①]。1877年,最早的一批留欧生到英国后,经过与驻英公使商量,决定先安排这些人到英国的一些海军基地游历、参观、考察。他们首先到达了朴茨茅斯,考察游历了朴茨茅斯的船坞、船厂、海港、炮台等处,并且参观了英国人练船教育的情形。考察游历结束以后,在首批留欧生中选派了刘步蟾、林泰曾、蒋超英三人直接到英国地中海舰队"马那杜号""勃来克伯林号""狄芬士号"铁甲舰上实习。余下的9个人参加了英国海军学院的入学考试,根据考试成绩情况分到不同的学校进行针对性的学习,其中方伯谦、何心川、林永升、萨镇冰、叶祖珪5人考入了格林威治皇家海军学院,主要学习驾驶理论以及有关的科学知识;严宗光先是考入了朴茨茅斯海军学院,后来也转入了格林威治皇家海军学院,但是他没有学习驾驶理论,主要攻读了数学和自然科学。余下的3个人,林颖启、汪懋祉到英国驻西班牙大西洋舰队"爱勤考特号"铁甲舰上直接进行实习,黄建勋到美国"伯利洛芬号"铁甲舰上直接实习。在格林威治皇家海军学院学习的6个人,于1878年6月毕业。在学校学习了先进的驾驶理论之后,方伯谦、何心川、林永

[①] 《李鸿章全集》奏稿卷28,时代文艺出版社1998年版,第1214页。

升、萨镇冰、叶祖珪5人分别到英国的铁甲舰上进行实习,其中方伯谦到英国的印度舰队旗舰"恩延甫号"上进行实习;何心川到英国的南非舰队"菩提西阿号"上进行实习;林永升到"马那杜号"铁甲舰上进行实习;叶祖珪到"勃来克伯林号"上进行实习,萨镇冰先是到"莫那克号"上进行实习,后来又到"恩延甫号"上进行实习。严宗光虽然没有学习驾驶理论,但是后来他也到"纽咯什尔号"铁甲舰上进行了实习。在实习过程中,他们将在学院里学习的理论知识和舰上的实践紧紧结合起来,反复练习设防、备战、用枪使炮、布置水雷、行船理法、使风、用帆等驾驶技术。在舰上实习的过程中,他们先后游历了大西洋、地中海、印度洋、非洲、美洲等地。在铁甲舰上的实习结束以后,李凤苞又延请了英国海军炮队教习苏萃和美国水雷军官马格斐分别为他们讲授了炮垒、军火、水雷、电气等理论知识,真正达到理论知识和实践相结合。和英国学习驾驶的学生一样,到法国学习制造的14名学生在留学过程中也主要是到造船工厂里进行实习,魏瀚、陈兆翱等人先在法国的马赛、蜡孙两厂具体学习制造船身轮机,后来又到法国的削浦官学,主要学习制造算理,学习结束后又考察了比利时和德国克虏伯各大兵工厂,将专业理论学习和实践结合在一起。①

  不论学驾驶,还是学制造,他们或是先学专业理论,后实习;或是先实习,后学理论;或是边学专业理论边实习。正是通过这种针对性、短时性的、急功近利式的学习,再加之原来已有的深厚基础,他们进步很快,成绩也非常优异,眼界也大为开阔,留学生吴德章曾谈了这样的心得:"闽厂数年,粗明格致算学,未睹厥奥也。验之施用,已属效不胜收。其微积编、新学、重学、运动诸法,皆素所未读,并得逐一推考,澈委知源,相与问难知新,视在闽时,不止事半功倍。"② 由于有第一批留欧的经验和成绩,所以第二、三、四批留欧

---

① 中国史学会主编:《洋务运动》(五),上海人民出版社1961年版,第206—207页。

② 郭嵩焘:《伦敦与巴黎日记》,岳麓书社1984年版,第607页。

生相继出洋后，也大都采取相同的教育方式，取得了突出的成绩。当然由于时间紧，课业重，要求高，① 留欧生的学习是极其刻苦、艰难的，出洋学生"深知自强之计，舍此无可他求，各怀奋发有为，期于穷求洋人秘奥，冀备国家将来驱策。虽七万里长途，均皆踊跃就道"②。他们利用有限时间，日夜苦读，他们没有时间去嬉戏、游玩，甚至连体育锻炼也没有，有的学生为了学有所成，抱病苦读，最后不幸客死他乡。

相对于留欧生来说，留美幼童由于年龄小，接受新事物快，相对空闲多，和美国人联系密切，采取的是"家庭式"的、寓教于乐的留学教育方式，吸收更多的是美国自由的思想，因此这种留学教育更多的是基础性、养成性的教育，表现出一种开放的、中美文化融合的趋势，具有一定的创新性。留欧生由于年龄大，学习目标明确，时间紧，任务繁重，传统教育影响深刻，采取的是专业理论与实际相结合的留学教育方式，他们吸收的更多的是英法先进的炮船技术，因此这种留学教育更多的是专业技术性、实践性的教育，表现出一定实效的、复制的功能，具有一定的急功近利性。这种特性也是当时的客观形势决定的。

从留学生留下的大量书信、笔记中也明显看出这种差别，留美生回国后，仍然和大批美国友人长期保持着亲密的联系，他们之间有大量的书信来往。这些书信，多是反映出对美国的向往，对留学生活的怀念，并流露出对中国现状、自己命运的不满，许多留美生后来把自己的子女送往美国留学，或者自己又回到美国，加入了美国籍。留欧生由于年龄大，他们留下的大多是学习和实习笔记。这些笔记，多是学习心得。如严宗光的《江舶纪经》，记述了其出国留学的时候对中

---

① 注：格林威治学院的课程是这样安排的："每日六点钟分赴各馆听课，礼拜一上午九点钟重学，十一点钟化学，下午三点钟画炮台图。礼拜二上午算学、格致学（电学赅包括其中），下午画海道图。礼拜三上午重学……礼拜四与礼拜一同。礼拜五与礼拜三同。礼拜六上午论铁甲船情形。"郭嵩焘：《伦敦与巴黎日记》，岳麓书社1984年版，第449页。

② 中国史学会主编：《洋务运动》（五），上海人民出版社1961年版，第199页。

国沿海陆地成因的观察；李寿田的《笔记》，主要记录了在法国留学期间法国水师学堂的情况；梁炳年的《西游日录》，主要记录了法国水师的设置和制度建设情况，以及在法国学习时关于法国蒸汽机、汽船的制造技术；罗臻禄的《西行课记》，主要记录了法国的有关兵役制度。这些笔记多是有关技术方面的学习记录和体会，对此，郭嵩焘曾感慨地说："观此足征出洋就学之为益多也。"①

第五节 留学教育结局与影响的比较

一 中途召回和学成回国

根据幼童出洋留学章程，幼童留学期限原定为 15 年，但在 1881 年，全体留美生却被勒令返华，早期留美教育中止，这样，原先 120 名幼童，除因病客死他乡、因病提前回国和少数抗命逃脱不归者外，余下的 94 名留美生，分三批于 1881 年 8 月 8 日、23 日、27 日被撤回国。从 1872 年到 1881 年，在美留学，最长的为九年，最短的才六年，远远没有达到原先留学的期限和目标。留美生的撤回有许多偶然因素，但就 19 世纪七八十年代的中国来说，就幼童留学的全过程来说，这一事件的发生，又是必然的，其中最主要的，还是当时中美文化的差异和冲突。关于留美生的撤回，中外许多人士对此非常痛心，直到今天，许多学者对这次幼童留学中途撤回的原因也进行了各种各样的分析和评价。② 不管怎样，留美生的中途撤回，对留学本身、对当时的洋务运动、对中国近代化都是一重大损失。

1881 年，留美幼童撤回时，当时的中国国内并不认可他们的能

---

① 郭嵩焘：《伦敦与巴黎日记》，岳麓书社 1984 年版，第 594—607 页。
② 高宗鲁将留美幼童撤回的原因归于以下五个方面：①肄业局人事不和；②留美时，幼童组成"中国归主团"倡导中华帝国基督化；③美国排华运动；④中国"和众"号轮在美加税之事；⑤中国国内守旧派的抗议。高宗鲁译注：《中国留美幼童书信集》，《传记文学》（台北）1979 年第 34 卷第 2 期，第 60 页。

力,也没有适合他们施展的舞台。所以,他们刚回国时的处境很不好,整个社会很少有人认可他们,甚至有人还把他们归于"有害于社会""无益于国家之人"①。撤回造成的效果也不好,由于是被中途撤回,因此有人就据此建议取消今后的留学活动,在国内广开私塾,以代替出洋留学。②还有人认为派遣幼童出国留学,是"舍本逐末",不能解决实际问题,应该派"四十以内"的成年人出国:"此等回华学徒大抵于各海口通商交涉处分派翻译之职,无异于用西人也。虽然幼者不必出洋,若能考选学校中诸生,年在四十以内、家道稍裕、其学能谙达时务、博贯古今,不拘于时文试贴者,优给其资,使之出洋学习,则其所成就者,岂可限量哉。"③ 1881年,第一批幼童回国后,其中的21人被送到了天津电报局,主要从事电报传送等简单的业务;第二批、第三批幼童回国后,除了23名被福州船政局、上海机器局留用外,其他50名幼童通过考核"分拨天津水师、机械、鱼雷、水雷、电报、医馆等处学习当差"④。这些幼童对当时分配给他们的工作极度不满,一方面没有得到足够的重视和任用,更主要的是工作和他们在美国学习的内容完全不一致:"完全不按个人志趣及在美所学,全由中国官员来决定。而他们的笨拙无知,使他们对这种事根本无法下判断。"⑤针对这一情况,当时的媒体也做了评论,1882年3月10日,《申报》曾发表《论学徒苦况》一文,就认为清政府分配给幼童的工作"用非所学,学非所用,完全是人才的浪费"⑥。相当长的一段时间内,幼童回国后的待遇非常低,开始时月薪只有四两银子,这

---

① 温秉忠:《一个留美幼童的回忆》,《传记文学》(台北)1963年第3卷第3期,第110页。
② 《申报》1881年9月29日。
③ 《申报》1881年10月14日。
④ 中国史学会主编:《洋务运动》(二),上海人民出版社1961年版,第167页。
⑤ 《黄开甲给巴塔拉夫人的信》,《传记文学》(台北)1980年第36卷第2期,第94页。
⑥ 《申报》1882年3月10日。

在当时仅能"免于冻饿"①。

　　留欧生在一定程度上达到了清政府船政留学的目的,他们大多完成学业,学有所成,回国后,受到了各种奖励和待遇。对第一批留欧生,李鸿章就给予了很高的评价:"臣等查李凤苞、日意格率领生徒出洋,能与英法海部互相款洽,使生徒得入官学、官厂并上各兵船练习考证,毕传其艺,洵属调度有方。各生徒均仰体国家作人之意,随地考求,底于成就。随员等在事三年,驰驱数国,尚能兼习各学,均属可嘉。除李凤苞、日意格据称受恩深重,不敢仰邀奖叙外,所有各生徒及华洋各员,合无仰恳天恩,俯准分别奖励,以资鼓舞而劝将来。"②"凡有传习,各生徒俱已竟功,虽天资不一,造就有深浅之殊,而按章督课,实与诸官学卒业之洋员无所轩轾。其制造者能放手造作新式船机及应需之物,驾驶者能管驾铁甲兵船,调度布阵,加之历练,应可不籍洋人。其制造如魏瀚、陈兆翱、郑清濂、林怡游,开采熔炼如罗臻禄、林庆生,驾驶如刘步蟾、林泰曾、蒋超英、方伯谦、萨镇冰颇为优异。其余加以陶熔,均可成器。"③ 由于洋务运动的需要,再加上这批人学有所成,所以回国后各处都有需要,"南北洋争先留用,得之惟恐或后"④,有的为各省机器局或船厂、学堂所调用,成为主管人员或教习。最终,学制造的赴法留学生回国后大部分回到福建船政局继续任职。福建船政局原先主要是由法国技术人员作为教官和技术指导负责造船,这批留学生回到船政局以后,教官和技术指导逐步被他们所代替。1879年11月,福建船政局将办公所改称工程处,工程处的总司由留学归国的留学生担任。并且在这一时期内,福建船政局船厂的造船技术突飞猛进,当时工程处负责船身制造的留学生主要有魏瀚、郑清濂、吴德章,负责轮机制造的留学生主要

---

① 《黄开甲给巴塔拉夫人的信》,《传记文学》(台北)1980年第36卷第2期,第94页。
② 中国史学会主编:《洋务运动》(五),上海人民出版社1961年版,第251—254页。
③ 《李鸿章全集》奏稿卷40,时代文艺出版社1998年版,第1572页。
④ 中国史学会主编:《洋务运动》(八),上海人民出版社1961年版,第483页。

是陈兆翱、李寿田、杨廉臣。他们一方面技术水平一流，另一方面结合船政局船厂的自身优势，精益求精，监督制造了当时比较先进的一批兵、商轮船和巡洋舰，如开济、横海、镜清、寰泰、广甲、龙威，"均能精益求精，创中华未有之奇，以付朝廷培植之意"①。同时，用这批留欧生代替洋人充当技术骨干，为朝廷节省了大量开支，"自派该学生等充当制造，而船政所省洋员薪水每岁不下数千金"②。

与赴法学制造的学生回国得到重视一样，赴英学驾驶的留欧生回国后，在南北洋也很快得到重用，第一届留欧生一归国，刘步蟾、林泰曾等就得到了重用，分别被任命为炮船镇北号、镇南号舰长，"现管带镇北之都司刘步蟾，在英国学堂兵船肄业五年，深知机要，其材颇堪造就。若再得精娴理法之西人与之切磋，可备将来统带快船、铁甲之选"③。留欧生为北洋、南洋海军的建设作出了很大贡献。1885年，清政府派刘步蟾到德国监造定远、镇远二舰，刘步蟾在德国的三年时间内，"不避艰险、奋勉异常"，最终完成定远、镇远二舰的监制。随后又帮助驾驶，远涉万里重洋，将二舰运回到中国。正因为如此，清政府对其进行了重奖，"拟请免补游击，以水师参将尽先补用，并加总兵衔"④。这以后，刘步蟾又升任定远舰舰长，林泰曾担任镇远舰舰长。1888年，刘步蟾升为右翼总兵，林泰曾升为左翼总兵，"管带镇远铁甲船记名总兵林泰曾，心志坚定，器识深宏；管带定远铁甲船总兵衔水师补用副将刘步蟾，才明识远，饶有干略。该二员由学堂出力，久在西洋随队操习，委带战船巡海已阅七、八年，资志甚深。林泰曾堪胜北洋海军左翼总兵之任，刘步蟾堪任北洋海军右翼总兵之任"⑤。此外，还有一些留学生被选派到国外，监制南北洋订购的各种军舰（见表2-5）。

---

① 中国史学会主编：《洋务运动》（五），上海人民出版社1961年版，第381页。
② 中国史学会主编：《洋务运动》（五），上海人民出版社1961年版，第381页。
③ 中国史学会主编：《洋务运动》（二），上海人民出版社1961年版，第423页。
④ 中国史学会主编：《洋务运动》（二），上海人民出版社1961年版，第10页。
⑤ 中国史学会主编：《洋务运动》（三），上海人民出版社1961年版，第70页。

表 2-5　　　　　　　历届留学生监制、订购军舰情况

时间	1880 年			1886 年		1896 年	
姓名	刘步蟾	魏瀚	陈兆翱	张启正	林鸣埙	裘国安	卢守孟
国家	德国	德国	德国	英国	英国	德国	英国
舰名	定远 镇远	定远 镇远	定远 镇远	致远 靖远	致远 靖远	经远 来远	海天 海圻
留学经历	船政第一届留英学生	船政第一届留法学生	船政第一届留法学生	船政第一届留法学生	船政第二届留法学生	船政第一届留法学生	船政第三届留法学生

资料来源：池仲祜：《海军大事记》，载沈云龙主编《近代中国史料丛刊续编》第 18 辑，台北：文海出版社 1975 年版。

这样，北洋水师的 12 艘船舰的管带，有 8 位是留学生出身，其中第一届幼童留美生 1 人，为广甲舰管带吴敬荣；留欧学生 7 人，分别是定远舰管带刘步蟾、镇远舰管带林泰曾、靖远舰管带叶祖珪、经远舰管带林永升、济远舰管带方伯谦、超勇舰管带黄建勋、扬威舰管带林履中。除了管带，还有许多留学生担任大副，如致远舰大副陈金揆、广丙舰大副黄祖莲、靖远舰大副刘冠雄、济远舰大副沈寿昌等。

总之，无论是学驾驶的还是学制造的留欧生，回国后大多得到重用，这和留美生回国后的境遇形成了鲜明的对比。

二　在中国近代化过程中贡献的比较

甲午战争前，留欧生的贡献大于留美生，并主要集中于海军。甲午战争后，留欧生随着海军的衰落而衰落，留美生的贡献渐渐显著出来，他们集中于电报、矿山、铁路、外交等各方面，虽然留欧生在这些方面也有贡献，但总的来看，留美生的贡献远远大于留欧生。结合前面所述，其中的原因我们可以从以下几个方面思考。一是留学时的所学科目及经历：留欧的急功近利性、专业单一性；留美的专业广泛

性、开放创新性。二是中国国内形势的变化：随着中国近代化的加深，留美生渐有了展现才能的舞台。

（一）军事

随着南北洋海军的建设，急需人才，所以留学生归国后，首先需要他们的就是军队。留欧生回来后大都在船厂、军舰上工作，多数很快得到重用。幼童留美生被撤回国后，他们学的虽然不是造船、驾驶等专业，但当时国内没有对口的职业分配，出于军事建设的需要，很多人也还是被分到了海军。1881年被撤回国的94名幼童，有43名被分配到海军及其所附属的部门里工作，其中16名被分到了福州船政学堂继续学习驾驶，余下的二十几人分在北洋舰队的各个部门。

所不同的是，留欧生由于专业技术水平高，一回来就成为各炮舰和各造船厂的技术骨干人员，掌握实权。而留美生，都要先进入海军学校进行一段时期的"补课"，学习相应的海军技术，他们在各舰队中和船厂里的地位也相对较低。

分配于福建船政学堂和天津北洋水师学堂后来登上军舰的留美生及回国后学驾驶的留欧生，大都参加了1884年中法海战和1894年甲午战争，并且在战争中作战英勇。

在1884年中法海战中，有4名留美幼童坚守岗位、英勇奋战，最后以身殉国。在1894年的甲午中日海战中，有12名留美生参加了战斗。其中致远舰大副陈金揆在管带邓世昌的率领下，与全体将士密切配合，多次击退日舰的进攻，最后在管带邓世昌的带领下击撞日舰"吉野号"，不幸船沉，全体将士壮烈殉国。李鸿章称其"争先猛进，死事最烈"[①]。另外，留美幼童济远舰大副沈寿昌和广丙舰大副黄祖莲也都在海战中英勇斗争，壮烈殉国。参加中日海战的留欧生表现更是可歌可泣，其中林泰曾、刘步蟾、林永升、黄建勋等都以身殉国（见表2-6）。

---

① 邵循正主编：《中国近代史资料丛刊——中日战争》第3册，新知识出版社1956年版，第136页。

表 2-6　　　中法、中日战争前后部分任职于海军的留学生

姓名	学习经历	身份	战争中主要表现	战后情况
詹天佑	第一批留美生	旗舰扬威枪炮官	中法海战落水生还	转入铁路界
容尚谦	第一批留美生	旗舰扬威枪炮官 环泰军舰管带	中法海战落水生还 参加中日战争	曾任航运公司经理，后寓居上海
吴应科	第二批留美生	定远舰作战参谋	参加中日海战	曾任海军右司令
宋文翙	第二批留美生	定远舰枪炮大副	参加中日海战	曾任镜清舰长
王良登	第二批留美生	大沽鱼雷队长	参加中日海战	后转入铁路界
蔡廷干	第二批留美生	大沽鱼雷队长	参加中日海战	民国后任海军次长
邝泳钟	第二批留美生	不详	中法战争阵亡	
杨兆南	第三批留美生	扬武枪炮官	中法战争阵亡	
黄季良	第三批留美生	扬武枪炮官	中法战争阵亡	
薛有福	第三批留美生	扬武枪炮官	中法战争阵亡	
曹嘉祥	第三批留美生	镇远舰枪炮大副	参加中日海战	曾任海军次长
徐振鹏	第三批留美生	定远枪炮官	参加中日海战	曾任海军次长
吴敬荣	第三批留美生	广甲舰管带	参加中日海战	曾任黎元洪总统顾问
陈金揆	第四批留美生	致远舰帮办大副	中日海战阵亡	
沈寿昌	第四批留美生	济远舰帮办大副	中日海战阵亡	
黄祖莲	第四批留美生	广丙舰帮办大副	中日海战阵亡	
吴其藻	第四批留美生	不详	中法海战落水生还，参加中日战争	转入外交界和铁路界
林泰曾	首届船政留欧生	总兵衔任镇远管带	中日海战指挥舰队英勇抵抗	撞舰自杀
刘步蟾	首届船政留欧生	总兵衔任定远管带	中日海战指挥舰队英勇抵抗	殉国自尽
叶祖珪	首届船政留欧生	副将衔任靖远管带	中日海战沉着应战	曾任广东水师提督
刘冠雄	第三届留欧生	靖远舰大副	中日海战沉着应战	民国时任海军总长
林永升	首届船政留欧生	副将衔任经远管带	中日海战壮烈殉国	

续表

姓名	学习经历	身份	战争中主要表现	战后情况
方伯谦	首届船政留欧生	副将衔任济远管带	参加中日海战，撤出战场	战后被处死
黄建勋	首届船政留欧生	参将衔任超勇管带	中日海战与舰沉没	
沈寿堃	第三届留欧生	定远舰枪炮官	参加中日海战	曾任海军协都统

资料来源：容尚谦：《创办出洋局及官学生历史》，王敏若译，珠海出版社2006年版；高宗鲁编译：《中国幼童留美史——现代化的初探》，台北：华欣文化事业中心1982年版；谢忠岳编：《北洋海军资料汇编》，中华全国图书馆文献缩微复制中心1994年版；张侠、杨志本等编：《清末海军史料》，海洋出版社1982年版；池仲祜：《海军大事记》，载沈云龙主编《近代中国史料丛刊续编》第18辑，台北：文海出版社1975年版。

甲午海战，北洋海军中留美和留欧的海军将领伤亡损失很大，叶祖珪、黄鸣球、林颖启、李鼎新、萨镇冰等人也因战争失败而受处分被遣送回家。到了20世纪初，在清末新政过程中，清政府要重建海军，又不得不用这些人，所以当年被遣送回家的大部分人又被召回，并大都任用为重要职务。如叶祖珪被清政府"开复革职处分并赏加提督衔"，萨镇冰"副将衔补用参将萨镇冰著赏加总兵衔"，归北洋节制，整顿海军。后在袁世凯的奏请下，叶祖珪、萨镇冰被清政府破格擢用，1904年7月，叶祖珪升为广东水师提督。[①] 1905年5月，萨镇冰又被任命为广东水师提督，[②] 沈寿堃为副手。1909年8月，萨镇冰开缺作为海军提督，并"赏一等第三宝星"，1910年12月，统制巡洋长江舰队。[③] 当时在海军中任重要职位还有严复、李鼎新、郑清濂、郑汝成等早期官派留学生，他们在晚清的军事改革中发挥了巨大的作用。由于对西方先进的军事管理制度较为熟悉，所以在清末新政过程中，海军部在这批留学生的推动下，根据近代海军体制，完成了《海军部官制》《海军司令处条例》等多项法规、规章的制定，"近代海

---

① 张侠、杨志本等编：《清末海军史料》，海洋出版社1982年版，第587页。
② 张侠、杨志本等编：《清末海军史料》，海洋出版社1982年版，第587页。
③ 张侠、杨志本等编：《清末海军史料》，海洋出版社1982年版，第589页。

军编队和建章立制、规范化、法制化大都在这些继续留在海军中的早期留学生主持下完成"①（见表2-7）。

表2-7　　20世纪初清政府重建海军时部分留学生任职情况

姓名	学历	身份	职衔
萨镇冰	第一届留欧生	巡洋长江舰队统制	海军副都统加正都统衔
沈寿堃	第三届留欧生	巡洋长江舰队统领	海军协都统
吴应科	第二届幼童	署理巡洋舰队统领	海军协都统
严复	第一届留欧生	海军部一等参谋官	海军协都统
徐振鹏	第二届幼童	驻沪一等参谋官	海军协都统
郑汝成	第三届留欧生	烟台海军学堂监督兼海军部一等参谋官	海军协都统
李鼎新	第二届留欧生	署理海军部军法司司长	海军正参领
蔡廷干	第二届幼童	海军部军制司司长	海军正参领
郑清濂	第一届留欧生	署理海军部军政司司长	海军正参领
宋文翙	第二届幼童	江元炮船管带	海军协参领

资料来源：张侠、杨志本等编：《清末海军史料》，海洋出版社1982年版。

（二）外交及中外文化交流

留美生刚回国时，出于办洋务的需要，再加上得天独厚的外语优势，很多人回国后担任翻译、洋务专员等工作，主要从事一些和外国打交道的事情，如唐绍仪、吴仲贤、蔡绍基、林沛泉、梁如浩、周长龄。但这些人也和从事其他职业的留美生一样，在甲午战争前并没有得到重用，只能担任一些低级职员。甲午战争以后，特别是清末"新政"以后，出于新政的需要以及对外联系的加强，清政府重视对外留学，先前留学生的地位也随之提高，其中，负责对外联络的留学生更是得到重用，提升得较快，获得的职位也较高。据统计，从事过外交

---

① 中国史学会主编：《洋务运动》（八），上海人民出版社1961年版，第507—514页。

工作的留美幼童有20人左右，其中内阁总理1人、外交总长1人、侍郎1人、公使2人、外交官员12人。① 这其中成就最大的有梁敦彦、唐绍仪、梁诚等人。梁敦彦回国后，1886年成为张之洞幕府的一员，随着张之洞权位的增长，梁敦彦在清末的几年提升得也特别快，从知州、知府一直升为候补道，后来他又转入了外务部，晋升得也比较快，最后做到外务部的右侍郎、尚书。唐绍仪回国后先是担任袁世凯汉城公署的西文翻译兼洋务委员，他利用和袁世凯的关系，曾经担任清政府驻朝鲜总领事，得到袁世凯的赞扬和重用。20世纪以后，唐绍仪先后担任清政府天津海关道、西藏议约全权大臣、外务部侍郎、邮传部尚书等官职。1904年，唐绍仪以西藏议约全权大臣的身份赴印度和英国使者就中英西藏问题进行谈判。在谈判过程中，他充分利用自己的外语口才和国际视野，据理力争，最终双方于1906年4月27日在北京签订了《中英续订藏印条约》，英不得不承认中国对西藏的主权。中华民国成立以后，唐绍仪成为中华民国的第一任内阁总理，是民国外交和政治方面的重要人物。梁诚也是清末有名的外交官员，"就一个外交官而言，他的天赋及成就都很高"②。留学回国后，梁诚一直在外交界工作，1902年，他担任清政府驻美国、西班牙、秘鲁三国公使。其间，他充分运用其外交才能，多方联络和沟通，和美国政府就庚子赔款问题进行交涉，提出美国的庚子赔款数远超于实际损失数，要求美国政府重新计算庚子赔款数，将多出的部分退还给中国。后来，他又积极促成美国利用庚子赔款资助中国留学生赴美留学，最终促使了庚款留学的成行。③

在中外文化交流方面，这方面的留学生更多，特别是幼童回国后，很多人都一直和美国政府及友人有密切联系，成为中美文化交流

---

① 高宗鲁译注：《中国幼童留美书信集》，《传记文学》（台北）1979年第34卷第2期，第60页。

② 高宗鲁译注：《中国留美幼童书信集》，《传记文学》（台北）1986年第48卷第1期，第112页。

③ 罗香林：《梁诚的出使美国》，香港复兴印务图书文具有限公司1977年版。

的桥梁。如唐国安始终关注中美文化交流,他后来担任中美预备学堂、清华大学的校长,为当时大批学生的赴美留学提供各种方便。蔡廷干1830年在美国出版了他用英文撰写的《唐诗英韵》,邝其照1881年在美国出版了《英文成语词典》,为当时的中美文化交流作出了贡献,产生了很好的效果。①

由于留欧生所学主要是海军技术专业,他们学成回国后也主要服务于海军,因而留欧生在外交界的成绩没有留美生那么大,但也有一些人为中外交流作出了贡献。如第二届留欧生李荣芳,曾经担任驻法参赞官署的翻译。② 留欧生郑诚,曾经担任过驻美使臣郑藻如的翻译。留欧生罗丰禄,在1896—1902年,担任清政府驻英、比利时、意大利三国的公使;③ 留欧生吴德章在1902—1904年,担任清政府驻奥匈帝国的公使。④ 此外魏瀚、王寿昌、郑清濂、高尔谦等人,他们在19世纪末争回利权的斗争中也出了力。在将西方学说、思想文化传播到中国的过程中,留欧生的作用也很突出,这中间最著名的当数马建忠和严复。马建忠参考英文、法文、拉丁文等西方语言文字研究中国古文字,编撰的《马氏文通》,是中国近代第一部语言文法新书,方便中国人学习汉语和西文。并且其"华学既有根柢,西学又有心得;历试以事,均能折中剖析,不激不随"⑤,他借鉴西方资产阶级经济思想提出的"民富说",影响了当时及以后中国的思想界、经济界、政治界。严复在翻译上的成就更大,他翻译的《天演论》《原富》等书,首次系统地介绍西方的哲学、政治经济学等科学方法论,其中"物竞天择、适者生存"的进化论思想对清末思想启蒙和维新变法运动影响巨大,推动了中国思想、文化的近代化。

---

① 高宗鲁译注:《中国留美幼童书信集》,《传记文学》(台北)1980年第36卷第6期,第76页;1980年第37卷第3期,第112页。
② 《船政奏议汇编》卷35,台北:文海出版社1974年影印版,第10页。
③ 钱实甫:《清季新设职官年表》,中华书局1961年版,第22、23页。
④ 钱实甫:《清代职官年表》(四),中华书局1980年版,第3042、3043页。
⑤ 中国史学会主编:《洋务运动》(五),上海人民出版社1961年版,第246页。

（三）铁路界

先后在铁路界任职的留学生很多，这和19世纪末20世纪初的中国筑路高潮有密切关系。留学生中，有一回国就被分配到铁路界的，也有后来转入铁路界的。这方面，幼童作出的贡献较大，据统计，在铁路界先后工作、任职的幼童有30人，担任要职就有10多个人，其中担任局长的有3人，一般官员的有5人，筑路方面专家的有6人，[①]他们大多成为近代铁路建设杰出的工程技术人员。其中詹天佑最为突出，贡献最大。詹天佑在留学美国时，读的是耶鲁大学土木工程专业，回国后被分入船政局，1888年进入铁路界，曾任京张、粤汉铁路总工程师兼会办。他带领工程和施工人员，克服重重困难，充分利用自己所学的先进筑路技术，从1905年10月到1909年8月，用了四年的时间，使京张铁路全线通车，为国家节省了大量资金。京张铁路也是中国人自主设计、主持修建的第一条铁路，在施工过程中，詹天佑依靠自己所学的知识、技术，因地制宜地创造出"人"形线路及"竖井施工法"等先进技术，开辟了中国自办铁路的历史。[②] 京张铁路的工程质量令当时国内外人士都惊叹不已："开车之日，王公士庶及东西人士观者数万，咸啧啧称为古所未有。"[③] 此外，留美幼童罗国瑞回国后曾经担任津浦铁路南段的总办和株萍铁路的总工程师，他先后在湖北、云南、贵州、广东等地进行修筑铁路的探测工作。留美幼童钟文耀、苏锐钊、吴应科、黄仲良、黄耀昌、周长龄等都曾在铁路界担任重要职位。留美幼童曾笃恭、蔡锦章、陆锡贵、唐国安、梁普时、琅登、梁如浩、沈嘉树、庐祖华、林沛泉、邝炳光、周传

---

① 高宗鲁译注：《中国留美幼童书信集》，《传记文学》（台北）1979年第34卷第2期。

② 徐启恒、李希泌：《詹天佑和中国铁路》，上海人民出版社1978年版。当时工程难度极大，没有一个外国人敢接手，正如詹天佑自己认为的那样："在我受命此工作前，即使出任之后，许多外国人公开宣称中国工程师绝不可能担当如此艰巨的重任，因为要开山凿石，并且修建极长的隧道。所以全体中国人和外国人都在注视着我的工作，如果我失败，不仅是我个人的不幸，也是全体中国工程师和所有中国人的不幸。因为中国工程师将不会再被人们信赖。"

③ 八达岭詹天佑纪念碑的碑文。

谏、吴焕荣、林联盛、吴其藻等人都曾经在铁路界工作过。

留欧生也有一些人在铁路界工作：魏瀚曾经担任过广九铁路的总办；高尔谦、郑清濂、王寿昌担任过京汉铁路的总监督、会办等职务。此外，李大受、卢守孟担任过京汉铁路的养路副总管、行车总管，他们在1909年收回京汉铁路的利权中起了十分重要的作用。但相对而言，从事铁路工作的留欧生人数少，职位低，作出的贡献也不如留美生。

（四）矿冶、电报业

出于洋务运动发展的需要，幼童留美后期，一些人学习了矿冶专业或电报专业，这批人回国后，正是洋务运动民用企业发展的时期，所以有一些人就被分到了国内矿冶和电报部门学习、工作，其中邝荣光、吴仰曾、邝炳光等8人被分到开平矿务局"唐山路矿学堂"学习。这些人毕业以后，就正式被分配到开平矿务局等各大煤矿工作，为当时中国的矿冶业作出贡献。邝荣光，先是被分配到开平矿务局当工程师，工作极为出色，后来他先后担任直隶省各煤矿工程师、同宝煤矿公司总经理，曾发现了湘潭煤矿。[①] 吴仰曾深得李鸿章赏识，被其送到英国伦敦皇家矿冶学院继续学习、深造。吴仰曾自英国回来后，担任热河银矿总工程师，后来又回到开平矿务局，担任副局长及主任检矿师。1900年八国联军侵华时，吴仰曾和开平矿务局的技术人员、矿工一起，粉碎了沙皇俄国企图掠夺我国煤矿资源的阴谋。[②] 邝炳光归国后专门研究有色冶金科学，曾撰写专著《金银冶金学》，对近代冶金学作了创始性、开拓性研究。[③]

在电报业方面，幼童留美后期，出于当时国内洋务运动的需要，有20名幼童开始学习电报技术，但学习的时间很短，就被清政府一

[①] 胡光麃：《早期的矿冶人物》，《传记文学》（台北）1976年第29卷第1期，第75页。

[②] 高宗鲁译注：《中国留美幼童书信集》，《传记文学》（台北）1980年第36卷第6期，第76页。

[③] 容尚谦：《中国近代早期留美学生小传》，李喜所译，《南开史学》1984年第1期，第186页。

同撤回国，所以这20名幼童在美国也不可能学到什么先进的电报技术。这批人回国后就被转到刚兴办的天津电报学堂继续学习电报技术。他们从天津电报学堂毕业后，被分配到全国各地的电报事业中。但在当时，由于国内电报业很不发达，他们从事的也都是一些发报、架设、测量、检修等最基本的工作，直到甲午战争以后，清政府更加重视电报特别是邮政业，清政府才开始重视和重用这批人，他们也开始崭露头角，得到奖励和提拔。"清末新政"后，一些人成长起来担任邮政、电报业的高级管理职务。留美幼童朱宝奎曾担任上海电报局局长、邮传部左侍郎等职务，周万鹏曾担任全国电政总局局长，[①] 吴焕荣曾担任江西省电报局局长，陶延庚曾担任湖北省电报局局长。[②]

留欧生除了学习造船、驾驶外，一些人特别是赴德留学的人也专门学习了矿务、冶炼等技术，但成效也有限。随着清政府洋务运动的进行，后期民用工业逐渐发展，矿务、冶炼等技术成为热门，学矿务、冶炼技术的留欧生人数少，一度成为各省争相招收的对象。如留欧生林庆升、张金生到了台湾办理基隆煤矿事务，留欧生罗臻禄、林怡游、池贞铨、林日章长期在开平煤矿从事煤矿的勘探和考察工作，林庆升、池贞铨、林日章3人发现了福建穆源煤矿，林日章参加了开滦煤矿的勘探工作。但总的来看，这些人的影响主要是在甲午战争以后，并且做的都是勘探等基础性工作，他们中担任要职的也很少。至于电报业方面，留欧生从事得很少，影响就更小。

三 小结

留欧生通过三年留学，达到了洋务派派遣留学的目的，他们学成归国，大都得到了重用，特别是在海军方面，多成为各造船厂的管理

---

① 容尚谦：《中国近代早期留美学生小传》，李喜所译，《南开史学》1984年第1期，第183页。

② 容尚谦：《中国近代早期留美学生小传》，李喜所译，《南开史学》1984年第1期，第186页。

人员、技术骨干以及各个舰船的主要领导人员，为近代海军的建设和发展作出了贡献。

留美生长期留学，但没有达到洋务派派遣留学的目的，并在中途被强行撤回，归国后一度生活非常悲惨，没得到清政府足够的重视和重用，有一部分被重新分配到船政学堂去"补课"，后被分配到各大舰船，大都成为留欧生的"副手"。无论是留欧生还是留美生，都在甲午海战中作出了自己的贡献。

甲午战争后直到民国时期，情况发生了变化，留欧生大都随福建水师的衰落、北洋海军的崩溃而逐渐失去了可施展手脚的平台，他们不得不纷纷转行，投身于工矿企业等各个领域。留美生则逐渐得到了重用，并逐渐成为各阶层的知名人物，有的成为企业、厂矿、铁路、建筑等部门的技术骨干，在中国近代化进程中发挥着越来越大的作用，社会上对他们的评价也越来越高。

从留美生和留欧生归国后的不同境遇中，我们再一次认识到留学一定要和中国当时的客观形势相适应。从留学生方面看，应尽快适应当时的中国国情，将自己所学用于中国的近代化建设，从当时的中国政府看，应给留学生以大展才能的舞台。

19世纪后期，清政府首次向西方派出留美、留欧学生，这一举动，既是对西方资本主义发展的应急反应，也是中国国内洋务运动发展的客观要求。

无独有偶，在清政府派遣留学生的同时，日本也向海外派出了大批留学生，在幼童出洋前10年——1862年，日本德川幕府向西方派出了第一批留学生；1872年，首批中国幼童抵达美国时，日本正派出由岩仓具视率领的使节团首次访问美国，并带去留学生58名；中国留欧生留学前夕，1877年2月，当时清朝驻英公使郭嵩焘就曾经在给李鸿章的信中提道："日本在英国学习技艺者二百余人，各海口皆有之，而在伦敦者九十人。"[①] 对于日本学生的海外留学，李鸿章

---

① 郭嵩焘：《郭嵩焘诗文集》，岳麓书社1984年版，第190页。

也深有感触:"前者英法各国,以日本为外府,肆意诛求。日本君臣发奋为雄,选宗室及大臣子弟之聪秀者,往西国制器厂师习各艺;又购制器之器,在本国制习,现已能驾驶轮船,造放炸炮。"① 可以说,中国早期官派留学生的派遣,和日本的影响不无关系。但是,日本留学生归国后,带给国家的影响是巨大的,他们在富国强兵、殖产兴业、文明开化的日本明治维新及国家近代化的过程中起了巨大的作用,在日本明治维新的过程中,许多留学生都是直接参与者和推动者。中国这次派遣留学生,也花费了很大精力,寄予了很大希望,虽然这些人回国后也为国家的近代化作出了突出的贡献,但和同期的日本相比,差距实在不小。作为洋务运动重要内容的早期官派留学,也和洋务运动一样,在当时并不能从根本上促进整个民族的彻底觉醒、彻底走向近代化,在中国近代这个庞大的舞台上,仍然像水落进沙子里一样,这其中的结局不能不令人深思。

对早期官派留美、留欧教育的比较研究,我们也许可以从另一个侧面去思考这个问题,为何留学目标具体而明确地和近代海防建设联系在一起,表现出一种稳定的、实用性的留欧学生的派遣,在当时的中国更加切实可行? 而表现出一种开放的、中美文化融合趋势的早期留美幼童却遭到了撤回的命运? 为何同为早期的官派留学生,甲午战争前后在中国近代化过程中的作用却有很大不同? 对于这些,当时和以后的许多人也进行了思考。1881 年,留美生撤回时,美国《纽约时报》就发表了《中国在美国》(China in the United States) 的社论,论及:"中国幼童出洋肄业的撤回,显示中国政府仍是墨守成规,抱残守缺。对那些赞扬中国已经同许多国家一样已走上开放改革不归之路的人,这项措施是个无情的反证。中国不可能只想学习我们的科技及工业物质文明,而又不思带回'政治抗争的基因'(The Virus of Political Rebellion),如此,则中国总将会一无所得。"② 对于幼童的中

---

① 《筹办夷务始末》(同治朝)卷 25,故宫博物院 1930 年影印本,第 9 页。
② 高宗鲁:《中国留美幼童书信集》,《传记文学》(台北)1979 年第 34 卷第 6 期,第 57—58 页。

途撤回，容闳也曾总结过原因："学生既被召回国，以中国官场之待遇，代在美时学校生活，脑中骤感变迁，不堪回首可知。以故人人心中咸谓东西文化，判若天渊；而于中国根本上之变革，认为不能稍缓之事。"① 显然，对早期官派留美、留欧的评价，我们不能简单笼统地用成功失败来概括之，由此而引起的种种思考，也远没有达到穷尽的程度。对早期官派留美、留欧的比较研究，使我们更深地了解到中国近代化道路的曲折和艰辛。

---

① 容闳：《西学东渐记》，湖南人民出版社 1981 年版，第 110 页。

第三章　中国近代留学教育比较研究个案

第一节　容闳、沈葆桢留学教育思想的比较

在中国近代洋务运动的过程中，容闳和沈葆桢两人的留学教育思想推动了当时的官派留美、留欧教育活动。通过对当时个体留学思想的比较，能从个体中窥见一斑。由于出身、经历以及接受教育的不同，他们留学教育思想亦有诸多差异，比较他们留学教育思想的异同，分析造成异同的原因，有助于我们从一定的侧面了解当时的洋务运动，也能够使我们比较深刻地理解当时中西文化的交融与冲突，有助于我们从留学教育的层面上理解当时的"西学东渐""中体西用"等社会思潮。两人留学教育思想的不同，也在一定程度上影响着中国近代早期官派留美、留欧活动的进展、成效及命运。

一　容闳和沈葆桢留学教育思想的相同点

容闳和沈葆桢留学教育思想以及实践活动都和当时的洋务运动以及早期近代化密切结合在一起，留学教育思想的观念和动机就是选派学生留学，以此学习西方先进的知识、科学和技术，回国后达到富国

强兵的目的。也就是说，在倡洋务、学西方、教育救国这些方面，容闳与沈葆桢是相同的。两人留学教育思想的提出及其后来的实践活动，也体现出当时他们深深的爱国主义情怀。

从容闳和沈葆桢留学教育思想的实施过程看，两人分别倡导的留学教育并不一帆风顺，其间经历多次曲折，甚至几度搁置。在当时的中国，要想实现自己的教育理想，仅靠个人的努力显然是行不通的，所以他们最终依靠的都是当时权臣的拥护、支持和推动，即都依靠了政府的力量。1854年，容闳回国后，多方奔走，一直寻找机会以达成其教育救国的理念，既求助于美国驻华公使，又结交中国权贵，1860年还曾希望依靠太平军的力量来实现自己教育救国的理想，他先后向洪仁玕、丁日昌、曾国藩等提出其教育救国的建议和具体措施。1863年，容闳被曾国藩邀请到安庆帮办洋务，并结识了江南制造总局督办丁日昌；1868年，容闳通过丁日昌向朝廷上了一个"条陈四则"；1870年，容闳趁曾国藩、丁日昌等四名钦差大臣奉旨赴天津办理"天津教案"的时机，催促丁日昌向曾国藩重提留学计划，终获曾国藩同意。当得知其留学教育计划即将成行时，容闳"喜而不寐，竟夜开眼如夜鹰，觉此身飘飘然如凌云步虚，忘其为僵卧床第间"①。

与容闳相比，沈葆桢由于本人就是当时的福建船政大臣，又由于有留美的先例，所以留学教育思想的实施在政府层面上相对容易些，但期间也是经历了一番曲折。1872年容闳的幼童留美计划实施后，沈葆桢就有派遣船政学堂学生出洋留学的设想。当时，福建船政局与延聘的洋教习所定合同的期限只剩一年，沈葆桢主张在洋员合同期满后，选派学生出洋留学，"以中国已成之技求外国益精之学，较诸平地为山者又事半功倍矣"②。一年之后，洋员期满返国，沈葆桢正式奏请选派学生出洋留学，可未及付诸实行，由于一是无巨款，二是又

---

① 容闳：《西学东渐记》，湖南人民出版社1981年版，第90页。
② 中国史学会主编：《洋务运动》（五），上海人民出版社1961年版，第117页。

发生了1874年的日军侵台事件,派遣留学生出洋之事耽搁下来。台湾事件结束后,沈葆桢调离船政局,后来接任的丁日昌、吴赞诚也极力推动派遣学生出洋学习,并且和李鸿章、沈葆桢多次函商,留欧才最终成行。

另外,容闳的留学教育思想及其实施,对沈葆桢的留学教育思想及其实施也有一定的影响。容闳的留学教育思想以及幼童留美活动开了中国近代官派留学的先河,在首批幼童赴美成行后,沈葆桢就提到:"御侮有道,循已成之法而益精之耳。洋人来中国教习未必非上上之技,去年曾国藩募幼童赴英国学艺之举,闽中欲踵而行之。"①总理衙门对他的想法也极为赞同:"至该大臣所称分遣学生赴英法两国学习一节,查同治十年七月间,原任两江督臣曾国藩等奏遴选聪颖子弟前赴泰西各国肄习技艺,业终奉旨准行,由该督等派员在沪设局,分批遣令出洋在案。此次沈葆桢等拟遣前学堂学生分赴英法两国,探求造船、驶船之精奥,与原任督臣曾国藩等遴选学生赴美国学习技艺意思相同,一切章程,应否仿照沪局办理,抑或有变通之处,应请一并饬下。"②

二 容闳和沈葆桢留学教育思想的不同

(一)"西学东渐"与"中体西用"

虽然是同时代的开明的知识分子,又先后分别推动和倡导了官派留美、留欧活动,但容闳和沈葆桢留学教育思想的本质是不同的。最主要的,容闳的留学教育思想更多的是学习西方先进文化,强调"西学东渐",沈葆桢的留学教育思想更关注于学习西方先进技术,强调"中体西用"。从一定意义上说,容闳和沈葆桢的留学教育思想反映了中国当时及日后的两种社会思潮。

---

① 《海防档》乙,载《福州船厂》(一),台北:艺文印书馆1957年版,第189页。
② 高时良编:《洋务运动时期教育》,上海教育出版社1992年版,第904—905页。

长期以来，人们都把容闳的名字与"西学东渐"紧密联系在一起。他自传的中译本也被称为《西学东渐记》。容闳的留学教育思想也始终紧紧和"西学东渐"联系在一起。在他看来，当时中国的贫穷落后，主要在于中国当时的文明、文化落后于西方，因此只有引进"西学"，将西方先进文明、先进学术灌输中国，才是中国自强自救的根本出路。他留学教育思想的主旨就是使后人和自己一样，同等享受西方文明的教育，将西方的学术、文明，灌输于中国，使中国逐渐走向文明富强的境地。① 因此，在容闳心目中，近代化就是西化，如果再具体一点，就是美国化。而要西化、美国化，首要的一点就是改革中国的教育，学习西方的先进文化，而要达到这一点，最好的方式就是派遣学生到美国留学，他一生两个主要心愿中的一个就是："为予之教育计划，原遣多数青年子弟游学美国"②。这样，到美国留学的人越多，回国后就会大力传播美国的先进文化，中国文明程度就会越来越高，中国逐渐就会像美国一样繁荣富强。这种"以西化中""援西入中"的文化政治主张成为容闳的终身奋斗目标。

与容闳的"西学东渐"不同，沈葆桢则更多地强调"中体西用"。举办洋务，特别是担任船政大臣以来，沈葆桢也逐步认识到中国和西方之间的差距，特别是造船和驾驶技术的差距。因此，沈葆桢一直关注的就是中国必须尽快培养出自己先进的技术人才，特别是驾驶和制造船舰的专门海防人才，在福建船政局的设立上，沈葆桢就认为"创始之意，不重在造而重在学"③。随着福建船政学堂学生学习的深入，沈葆桢逐渐认识到"欲日起而有功，在循序而渐进，将窥其精微之奥，宜置之庄岳之间"，提出了派遣船政学堂学生出国留学深造的设想：在福州船政学堂前学堂选择学习法国语言文字中的天资颖异、学有根柢之人，仍然去法国学习，深究法国的造船之方，并且能够推陈出新；在福州船政学堂后学堂选择学习英国语言文字中的天资

---

① 容闳：《西学东渐记》，湖南人民出版社1981年版，第23页。
② 容闳：《西学东渐记》，湖南人民出版社1981年版，第12页。
③ 高时良编：《洋务运动时期教育》，上海教育出版社1992年版，第297页。

颖异、学有根柢之人仍然去英国学习，深究英国的驾驶之方，并且能够推陈出新，探究他们练兵制胜之理。这样，"速则三年，迟则五年，必事半而功倍""斯人才源源而来，朝廷不乏于用"①。

但沈葆桢在看到西方人造船、驾驶等先进技术的同时，并不赞同西方人的文化和道德观念，他一方面极力推行学习西方先进的科学技术，极力推动学生留学；另一方面又时刻不忘对学生进行中国传统伦理道德的教育，并且认为这始终是根本。同时，他认为中国传统的伦理道德和西方先进的科学技术并不矛盾，应把传统的儒家思想的教育与学习西方先进科学技术结合起来。他自始至终认为："盖欲习技艺不能不籍聪明之士，而天下往往愚鲁者尚循规矩，聪明之士非范以中正必易入奇邪。今日之事，以中国之心思通外国之技巧可也；以外国之习气变中国之性情不可也。且浮浇险薄之子，必无持久之功，他日于天文、算法等事，安能精益求精，密益求密？谨始慎微之方，所以不能不讲也。"② 这实际上就是当时洋务派的"中学为体、西学为用"的思想，这一思想也贯穿于沈葆桢创办船厂、船政学堂及派员留学的整个洋务运动过程中。

（二）理想主义与现实主义

和沈葆桢的留学教育思想相比，容闳的留学教育思想有两大特点。其一，在当时，容闳完全强调了教育特别是留学教育的力量，认为教育特别是留学教育就可救国，就可使当时的中国强盛起来，如果他的留学教育计划成为事实，"将于中国二千年历史中，特开新纪元矣"③。但在当时中国那种特定的历史条件下，一方面外国资本主义正加紧侵略中国，不希望中国真正强大起来；另一方面封建专制、儒家思想还牢牢控制中国的政治和文化，腐朽落后的清王朝更不希望全盘接受西方的文化，再加上当时中国国内文明开化的程度远没有达到容闳所希望的那样。容闳的留学教育计划的实施就非常困难，更不用

---

① 高时良编：《洋务运动时期教育》，上海教育出版社1992年版，第903—904页。
② 高时良编：《洋务运动时期教育》，上海教育出版社1992年版，第346页。
③ 容闳：《西学东渐记》，湖南人民出版社1981年版，第91页。

说单靠兴办新式的留学教育就能达到民主自由和国家富强。因此，容闳的留学教育思想具有一定的空想性。

其二，容闳在向中国输入"西学"的过程中，有"全盘西化"的倾向，他认为西方的，特别是美国的一切都是好的，对中国当时的社会现状、中国的传统文化缺乏深刻的了解和认识，他认为要改变当时中国的现状，只要把西方的东西移植过来就可以了。对中国的传统文化，他是持否定态度的，他认为中国两千年的历史和文化，因循守旧，没有多少新鲜有趣味的东西，正因为这样，容闳可以没有那么多的顾虑，回国后就全力进行他的"西学东渐"事业。但由于他缺乏中国传统文化知识，对中国传统文化了解不多，更不能批判继承中国传统文化，不能正确处理中西方文化之间的关系。因此，在他的留学教育思想及其实践中，处处存在中学与西学的矛盾，存在中西文化的冲突。这也导致容闳在中国国内始终找不到归宿，他一次次努力的效果也相当有限，最终也无力完成他的"西学东渐"计划。

和容闳不同，沈葆桢的留学教育思想要务实得多，这突出表现在以下四个方面。

第一，沈葆桢的留学教育思想是建立在其深厚的中学根底之上的。

第二，沈葆桢的留学教育思想是建立在举办洋务、培养驾驶造船专门人才的具体动机之上的。两次鸦片战争，西方列强都是从海上破门而入，沈葆桢等一些有识之士逐渐认识到海防空虚、海疆不保的危害性，进而认识到建设海军、加强海防的重要性。加强海防建设，一是造船、造舰，二是培养掌握造船和驾驶技术的专门人才。开始，洋务派一方面重金雇用洋人充当技术顾问，并且开办了一些制造厂、船厂；另一方面又采取了直接向西方购买船舰的便捷之策，但是用外国人指导造船、驾船，中国人"虽日习其器，究不明乎用器和制器之所以然"，"倘洋匠西归，中国匠徒仍复茫然，就令如数成船，究于中国何益？"[①] 种种因素使沈葆桢等洋务派官员认识到强化海防的根本

---

① 中国史学会主编：《洋务运动》（五），上海人民出版社1961年版，第138页。

良策，是要尽快培养出一批中国自身的驾驶和制造船舰的专门海防人才。

第三，沈葆桢的留学教育思想是建立在船政学堂学生国内深厚的学习基础和实践之上的。福建船政学堂是随着福建船政局的建立而设立的，规定"挑选本地资性聪颖、粗通文义子弟，入局肄业"，"延致熟习中外语言文字洋师，教习英法两国语言文字、算法、画法"，从而达到"能依书绘图，深明制造之法，并通船主之学，堪任驾驶"的目的。① 经过多年的船政学堂的学习、训练，留欧学生在国内就已经打下了坚实的中英文和制造、驾驶等专业知识的基础。正如沈葆桢所言："闽局如前学堂及绘事院之艺童，数年来已学有根柢，且兼谙手艺，即各厂之艺徒，已习手艺亦兼读过洋书。此次议赴泰西，固应变通沪局章程，而求其精善。"②

第四，由于沈葆桢本身就是船政大臣，可以全力推行他的留学教育思想，不需要像容闳那样需要处处求助别人，依附权贵，留学教育思想实施起来也就相对容易得多。

（三）注重人格、修养的养成教育与注重实习、训练的实践教育

与自己的留学经历相联系，容闳的留学教育思想更加注重于学生的人格、修养等方面的养成教育。后来他倡导的幼童留美，在很多方面也是受其留学教育思想的影响。留美幼童在美国的学习和生活，都是寄宿在美国家庭中，在美国的学校里和美国学生一起读书、一起进行体育娱乐等各种活动，学习、生活较自由。对此，容闳深为高兴，"此多数青年之学生，既至新英国省，日受新英国教育之陶熔，且习与美人交际，故学识乃随年龄而俱长。其一切言行举止，受美人之同化而渐改其故态，固有不期然而然者，此不足为学生责也。况彼等既离去故国而来此，终日饱吸自由空气，其平日性灵上所受极重之压力，一旦排空而去，言论思想，悉与旧教育不侔，好为种种健身之运

---

① 高时良编：《洋务运动时期教育》，上海教育出版社1992年版，第285、286页。
② 高时良编：《洋务运动时期教育》，上海教育出版社1992年版，第907页。

动,跳踯驰骋,不复安行矩步,此皆必然之势"①。也正是在这种潜移默化中,幼童不知不觉地吸收了美国的生活方式和价值观念。

与容闳相比,沈葆桢更加注重学生理论与实践的结合,在他主政"船政学堂"期间,就高度重视学生的实习和训练,如造船学堂的学生每日要抽出半天的时间由外国教师带领进厂实习,绘图学堂的学生每天要用几个小时对船用蒸汽机进行观察和测绘,驾驶学堂的学生毕业以后,都要进行船上实习和远航训练等。留学时,由于主要是培养学生的应用能力,所以对实践方面的要求更高。早在留欧之前,沈葆桢就提出留法的一些办法,每天要半天在工厂学习,每年要有两个月游历各国各船厂铁厂,增长见识,"至英国驾驶之学,每年均在学堂,亦以二个月赴大兵船上阅看练习"②。1876年刘步蟾、林泰曾二人在英国高士堡学堂学习时,沈葆桢致函总理衙门建议:"缘该生等系水师人员,宜在船练习航海穿洋,方臻阅历,若久与船离,恐致旷荒,倘以为不必即归,则请咨商总理衙门照会英国驻京公使,准其入英国大战船一二年,续学驾驶。"③ 在所订留学章程里,更重视将书本知识与实际历练结合起来。留学生在英法海军学校和工程学院学习理论知识后,必须入工厂或兵船实习,学习制造的留学生在第二、第三学年内,"约以每年游历六十日为率";学习驾驶的留学生从学校毕业后,上外国兵船实习两年,"其间并可常赴各厂及炮台、兵船、矿厂游历,月共一年,再上大兵船及大铁甲船学习水师各法,约二年定可有成"。甚至规定"既上兵船,需照英国水师规制,除留辫发外,可暂改英兵官装束"④。正是通过这种针对性的、短时性的、急功近利式的学习,再加上原来已有的深厚基础,留欧生进步很快,成绩也非常优异,眼界也大为开阔。

在爱国、经世、自强、选派留学生学习西方先进文化这些方

---

① 容闳:《西学东渐记》,湖南人民出版社1981年版,第102—103页。
② 高时良编:《洋务运动时期教育》,上海教育出版社1992年版,第907页。
③ 高时良编:《洋务运动时期教育》,上海教育出版社1992年版,第911页。
④ 高时良编:《洋务运动时期教育》,上海教育出版社1992年版,第919页。

面，容闳和沈葆桢显然是一致的，容闳更多强调的是西学东渐，在容闳看来，引进西学，学习西方先进文明，发展教育，使西方文明灌输中国，培养有用人才，这是中国自强自救的根本出路。沈葆桢更强调中体西用。容闳是一个西化较重的人，要使他的留学计划能成行，就要适应当时传统的中国，沈葆桢是一个传统的人，其留学计划的成行，就要适应世界。和容闳相比，沈葆桢的思想要务实得多，也更能和当时洋务运动的目标相一致，因而在实行的过程中也就容易得多。

三　容闳和沈葆桢留学教育思想差异的根源

容闳和沈葆桢由于出身、经历的不同，特别是两人受教育的不同，造成两人思想、观念、人格的不同。他们对中国传统文化思想和当时西方先进文明的认识不同，从而导致他们学习西方、留学教育思想的不同。

1828年，容闳出生在广东香山南屏镇一个贫苦农民家庭里，少年时容闳就跟随父亲前往澳门，并入读郭士立夫人（Mrs. Gutzlaff）创办的学校，1839年该校停办，容闳也返回家乡，1840年其父辞世，由于家贫无以为生，容闳找了一个折叠小工的工作。1839年美国人白朗（Rev. S. R. Brown）抵达澳门后，马礼逊学校（Morrison School）正式开学，1841年容闳入马礼逊学校，同学共六人。1842年，马礼逊学校迁往香港，容闳亦随之到香港继续学业。1846年12月，白朗返回美国，离开时带容闳、黄宽及黄胜三人前往美国留学。容闳赴美后于麻省之孟松学堂（Monson Academy）就读，后来由于白朗的帮助，他得到佐治亚州萨凡拉市妇女会无条件的资助进入耶鲁大学读书，1854年毕业后回国。从容闳的经历看，他从小接触的是西方文化，接受的是西式教育，涉猎的是西方的自然科学和社会科学，美国式的社会制度、生活方式、文化思想对他影响很大，使其成为一个与中国传统知识分子截然不同的新型知识分子。另外，容闳又具有强烈的爱国情怀,当他看到当时中国经济落后、政治腐败、人民苦难的现状时,内心十分痛苦。在他进入耶鲁大学之前经济支持出现问题的时候,孟松学堂曾愿意资助他,但以毕业后必须回中国做牧师作为条件,容闳断然回绝,他希望利用自己学到的知识为祖国谋福利,使祖国强大起来,他根据自己的切身体验选择了教育,认为兴办近代教育,把西学传播到中国,就能促进中国的繁荣富强。而促使大批青年到国外留学,像自己那样接受新式的西方教育,显然是最好的教育方法。留学将容闳的爱国主义与"西学东渐"的目的有机地结合在一起。但是,由于容闳自幼就在教会学校读书,后又长期在美国留学,自少年时代起就接受西方教育,对中国的传统文化知之甚少,中国传统文化基本对他没有多大影响。由于初年的文化养成以及异域的成长背景,所以他不可能也没有能力将西学与中国的传统文化有机结合起来,其影响也必然有限。

与容闳不同,沈葆桢(1820—1879)走的是一条规规矩矩的封建正统代进之路。他1839年中举人,1847年中进士,选庶吉士,授编修。后来,先后补授江南道监察御史、江西九江府知府、江西广饶九南道道台等职。由于性格耿直得罪上司,于是去职回家养亲。1860年,重又被起用,授吉赣南道台,沈以父母年老而婉辞,于是被留在原籍办团练,得到曾国藩的赏识。1861年,曾国藩请他赴安庆大营,委以重用。不久,推荐他出任江西巡抚。1867年左宗棠被调往陕甘任陕甘总督,临行前左宗棠上疏保荐沈葆桢接替他任福建船政大臣,主办福州船政局,此时,正值洋务运动举办军事和民用工业的兴起之时,时代也给了沈葆桢展露才华的机会。沈葆桢最早由母亲林惠芳(林则徐之妹)传授儒学义理,后通过科举取得功名为官,一生深受儒家传统思想的影响,是典型封建正统教育下的一个传统知识分子。沈葆桢一生,也多得清廷宠信,曾被委以各种重任,为此,他对清廷感恩图报,处处表现出忠于国君、忠于清廷、忠于职守。因此,他在招收学生时要求应考学生具有较高的传统文化知识,在教学中,更是用传统士子的模式规范学生,唯恐他们在学习西方海军技术的同时思想也随之西化。另外，鸦片战争后，面对西方列强的坚船利炮，地主阶级中一批开明的地主阶级知识分子如林则徐、魏源等从爱国御侮的角度出发，以开明的思想审视西方，开眼看世界，提出"师夷长技以制夷"的主张，学习西方先进的军事技术，强化海防建设，用来抵抗外国的侵略。这些经世致用的爱国主张对童年和青年时代的沈葆桢思想产生了重大影响。沈葆桢自小就受到父亲沈廷枫、舅舅（也是岳父）林则徐、老师林昌彝等人经世致用和爱国思想的影响；同时他又深受洋务思想的影响，所以在他身上，爱国、传统、经世、改革、自强等观点集于一身。①

四 容闳、沈葆桢留学教育思想的影响

容闳和沈葆桢两人的留学教育思想对当时的幼童留美和船政学堂学生留欧活动产生了深远的影响。

在早期留美幼童的派遣上，容闳的推动作用显然是巨大的，后来的幼童留美的整个过程，也深深打上了其"西学东渐"的痕迹。幼童留美过程中，由于受容闳留学教育思想的影响，再加上年龄小，接受新事物快，和美国人联系密切，采取的是"家庭式"的、寓教于乐的留学教育方式，因此，他们大都接受了正规而系统的美式文化教育，学习了一些崭新的自然科学和社会科学知识，这种留学教育一开始就表现出一种开放的、中美文化融合的趋势。但幼童这种越来越西化的倾向，显然是清政府所不能容忍的，所以，从一开始，清政府对他们的传统教育和传统限制就非常严格，这必然造成出洋肄业局里各种各样的矛盾。同时这种"西学东渐"式的教育，在中国国内当时的洋务派看来，并不能起到立竿见影的作用，不能立即和他们"富国强兵"的目的相一致，这些都成为幼童中途撤回的主要原因。一些留

---

① [美]庞百腾：《沈葆桢评传——中国近代化的尝试》，陈俱译，上海古籍出版社2000年版，第29—49页。

美幼童回国后，因所学专业在国内尚无用处，被送入新式学校，改学国内急需的其他专业，如首批留美幼童詹天佑等16人，回国后才考进福建船政学堂的驾驶学堂，学习驾驶。但是，留美幼童这种扎实的"西式"基础教育具有长效性，当时在美国已经进入大学学习或者归国以后又去美国大学学习的留美生在选择大学里的专业时，许多人就选择了国家最急需的机械、铁路、矿冶、邮电、造船、法律（特别是国际法）等专业，由于打下坚实的基础，他们进步很快，成就也较大。

留欧生由于受沈葆桢实用、功利等留学教育思想的影响，再加上留学时年龄较大，学习目标明确，时间紧，任务繁重，为了使自己的专长"精益求精"，回国后为国家的海军造船、驾驶等事业直接服务，采取的也是专业理论与实际相结合的留学教育方式，吸收更多的是英法等国先进的炮船技术，这种短期的、急功近利式的留学教育当时在一定程度上暂时达到了洋务派"富国强兵"的留学目标。留欧生大都完成学业，学有所成，回国后，受到了各种奖励和待遇。特别是在海军方面，许多成为各造船厂的管理人员、技术骨干以及各个舰船的主要领导人员，为近代海军的建设和发展作出了贡献。

第二节　洋务运动与清末新政留学教育思想的比较

19世纪60—80年代，面对列强的侵略和向西方学习思潮的兴起，为维护清朝统治，清政府中央以奕䜣，地方上以曾国藩、李鸿章、左宗棠为代表的洋务派进行了一场学习西方先进的科学技术，兴办军事、民用工业，以"自强""求富"为目的的洋务运动。20世纪初，面对内忧外患的严重形势，清政府不得不颁布"变法上谕"，决定实行"新政"。在这两次自上而下的改革过程中，教育特别是留学教育一直被置于特别重要的地位，并最终促成了洋务时期的幼童留美、船政留欧和清末新政的留日高潮。对于留学教育，社会上进行过各种论述和探索，形成了丰富的留学教育思想。从留学教育人才思想的角度，对两个时期的留学目的、留学国家，留学生的选拔、管理以及学习内容与科目等方面进行比较，能使我们深刻地理解中国近代向西方学习的思潮从简单的器物、技术到后来的制度、思想、观念的转变。对两次留学教育人才思想的比较，反过来也能加深我们对洋务运动和清末新政的理解。

一 留学目的比较

洋务时期的留学是在面临列强侵略的情况下，为"自强""求富"，维护清朝统治而采取的应急措施，具体看有以下几点直接目的。第一，为当时日益增多的外交活动培养翻译、外交人才："欲悉各国情形，必先谙其语言文字，方不受人欺蒙，各国均以重资聘请中国人讲解文义，而中国迄无熟悉外国语言文字之人，恐无以悉其底蕴。"[①]第二，适应洋务运动发展的需要，培养开矿、筑路等一批军事工业和民用工业需要的技术人才："今日讲求制造，亦不出两途：一则派人前往从学，一则开局延请教师……开馆教习，所以图振奋之基也；远适肄业，集思广益，所以收远大之效也。"[②]第三，适应当时清政府海防建设的需要，为南北洋培养驾驶、造舰等人才："中国自强之策，除修明政事、精练兵勇外，必应仿造轮船以夺彼族之所恃。"[③]"前学堂，习法国语言文字也，当选其学生之天资颖悟、学有根柢者，仍赴法国，深究其造船之方，乃其推陈出新之理。后学堂，习英国语言文字者也，当选其学生之天资颖悟、学有根柢者，仍赴英国，深究其驾驶之方，及其练兵制胜之理。"[④]

19世纪末，清政府面临着内忧外患的严重形势，内部——义和团

---

① 《筹办夷务始末》（同治朝）卷8，故宫博物院1930年影印本，第30页。
② 中国史学会主编：《洋务运动》（二），上海人民出版社1961年版，第154页。
③ 《左宗棠全集》书牍卷7，上海书店1986年影印版，第25页。
④ 《海防档》乙，载《福州船厂》（二），台北：艺文印书馆1957年版，第473页。

运动风起云涌；外部——随着八国联军入侵，《辛丑条约》的签订以及"门户开放"政策的推行，帝国主义各国掀起了瓜分中国的狂潮，不仅清政府的统治摇摇欲坠，而且中华民族面临被奴役的严重危机。为维护统治，1901年1月，清政府不得不颁布"变法上谕"，决定实行"新政"。其中"奖劝游学"是其重要内容。在维护清朝的统治这一点上，洋务时期的留学和新政时期的留学目的是一致的，但随着时代的发展和人们思想的解放，新政时期的留学不仅要学习先进的技术和军事，而且要学习先进的教育、思想、制度。不仅学习的领域更加广泛，而且学习的层次和内容也更加深入。

二 留学国家比较

关于留学国家的选择，包含两个方面，一是选择留学的国家，二是留学国对中国留学生的接收，幼童最先选择留学美国，在当时主要有以下几个方面的原因。第一是容闳的推动。第二是当时中国人对美国的好感。和当时的英、法等国相比，美国乃"自守之国也"，尚不足为中国之祸，对华亦"无狼吞虎噬之志"[①]。李鸿章就认为美国"无贪人土地之欲"，且"好排难解纷"[②]。第三是蒲安臣使团对幼童派遣的影响。1868年7月，蒲安臣与美国国务卿西华德签订了《中美续增条约》（又称《蒲安臣条约》），其中第四条规定："美国人在中国，不得因美国人民异教，稍有欺侮凌虐，嗣后中国人在美国，亦不得因中国人民异教稍有屈抑苛待。"[③] 第七条规定"嗣后中国人欲入美国大小官学学习各等文艺，须照相待最优国之人民一体优待。美国人欲入中国大小官学学习各等文艺，亦照相待最优国之人民一体优待"[④]，这样，

[①] 中国史学会主编：《洋务运动》（一），上海人民出版社1961年版，第288页。
[②] 苑书义：《李鸿章传》，人民出版社1991年版，第331页。
[③] 王铁崖编：《中外旧约章汇编》第1册，生活・读书・新知三联书店1957年版，第362页。
[④] 王铁崖编：《中外旧约章汇编》第1册，生活・读书・新知三联书店1957年版，第363页。

美国就在争取中国留学方面取得了先机。最后，连法国人也不得不承认，"美国新教徒的影响处于优越地位"①，所以在随后的船政留学时，英、法两国就极力争取。由于福建船政局和英、法两国本来就有密切联系，再加上当时英国人擅长驾驶，法国人擅长造船，船政学堂的学生留学英、法也就自然而然。

19 世纪末 20 世纪初，中国国内和世界局势都发生了重大变化。特别是日本明治维新后，迅速强大起来。中日甲午战争更使中国人认识到日本的快速崛起，这也引起了中国人上上下下的反思，普遍将日本的成功归结为日本明治维新后学习西方以及近代化的发展，其中教育在实现国家富强、挽救民族危亡中发挥了重要作用，于是，中国国内形成了一股学习日本、效法日本的潮流。当时朝廷一些有识之士如张之洞等人就认为："日本小国耳，何兴之暴也！伊藤、山县、榎木、陆奥诸人，皆二十年前出洋之学生也，愤其国为西洋所胁，率其徒百余人，分诣德、法、英诸国，或学政治工商，或学水陆兵法，学成而归，用为将相，政事一变，雄视东方。"② 并且分析认为，当时留学，西洋不如东洋，留学日本比留学欧美有几大优势："一、路近省费，可多遣；一、去华近，易考察；一、东文近于中文，易通晓；一、西学甚繁，凡西学不切要者，东人已删节而酌改之。"况且，"中东情势，风俗相近，易仿行，事半功倍，无过于此"③。这些都成为当时中国留学选择日本的原因。

三 留学生选拔的比较

清政府一直非常重视留学生的选拔，早在挑选幼童留美时，奕䜣、曾国藩、李鸿章等人就认为，"盖聪颖子弟不可多得，必其志趣远大，品质朴实，不牵于家累，不役于纷华者，方能远游异国，安心

---

① 陈学恂、田正平编：《留学教育》，上海教育出版社1991年版，第270页。
② 陈学恂、田正平编：《留学教育》，上海教育出版社1991年版，第46—47页。
③ 陈学恂、田正平编：《留学教育》，上海教育出版社1991年版，第46—47页。

学习",因此"入选之初,慎之又慎"①。但当时的招生还是非常困难的:"在当时社会风气十分闭塞的情况下,大家子弟不肯远适异国,应募者多为衣食生计而来,被认为是'漂泊无赖、荒陋不学之人'。"②到了船政留欧时,情况有所改观,一是因为派遣的都是船政学堂的学生;二是从年龄上看,相对于留美幼童出洋时的10—16岁,船政学堂的学生留学时,大多已是23岁左右的青年,再加上招生人数少,所以招生时竞争较为激烈。到清末新政留学时,情况已大大改观,留日人数一年年激增,出现了留日热潮,不仅有官派的,自费留学的人也越来越多,出现这种情况的原因有以下几点。第一,人们"西化观""世界观"意识的增强。相对于幼童留美时社会风气的闭塞,19世纪末20世纪初,经过"西学东传""西学东渐""维新变法"等思潮的影响,人们的观念已经十分开放,向西方学习的思潮也已经从以前的器物、技术方面过渡到制度、思想方面。第二,挽救民族危亡的爱国热情促使人们东渡留学。19世纪末,清政府面临着内忧外患的严重形势,中华民族面临亡国灭种的危机,很多有志青年不断去寻求真理、寻求救国救民的方案,而东渡日本是当时最佳的选择和途径。第三,清政府"奖劝游学"的政策。新政初期,清政府不仅倡导鼓励"游学",而且对学成归来的"人才"给予各种奖励,1901年9月17日,清政府颁布"广派游学谕",提出"造就人才,实系当今急务",因此,各省督抚一定要选择"心术端正文理明通之士,遣往学习",学成领有凭照回国,由各省"督抚学政,按其所学,分门考验"。如果学有成效,各省"即行出具切实考语",然后送到外务部"覆加考验,据实奏请奖励"。如果是自费出国留学,学成得优等凭照回华,那么准许他们"一体考验奖励,候旨分别赏给进士举人各项出身,以备任用以资鼓舞"③。自此,从中央到地方,各种形式的留学生被陆续派出,留日活动逐步开展起来。

---

① 中国史学会主编:《洋务运动》(二),上海人民出版社1961年版,第154页。
② 《万国公报》第327卷,光绪元年(1875年)正月。
③ 陈学恂、田正平编:《留学教育》,上海教育出版社1991年版,第4页。

四 留学生管理的比较

洋务时期的留学，无论是幼童留美还是船政留欧，都是官派的，清政府派遣留学的目的就是"师夷长技以自强"，学习西方先进的技术，回国后成为各种技术人才，满足军事、民用工业的需要。一方面要学习西方，另一方面又要防止"西化"，为此，清政府非常重视对留学生的管理与控制，其中重要的一项就是选派留学监督："非遴选贤员派充监督，不足以统驭而重责成。"[①] 幼童留学时，选派了四品衔刑部主事陈兰彬为正委员，容闳为副委员。这样选派的目的一方面是使两个委员既相互配合又相互牵制，另一方面更主要的是为了防止幼童思想的异化。船政留欧时，选中法国人日意格为洋监督，又选中了船政总考工、三品衔候选道李凤苞为华监督。这样，洋华监督可以互相配合，取长补短，互相牵制，两监督有中外之分而无正副之别，其主要职能是催促学习技术，互相牵制，防止舞弊，并加强对留欧生的监督。

清末新政留学初期，清政府大力提倡并奖励留学，对资格也不加限制，出现了留日热潮，但同时也造成了留学生良莠不分，一些留学生不学无术，素质低下。更为重要的是很多留学生到日本后，在新思想、新组织的影响下，思想激进，对清政府落后的统治越来越不满，形成了以"排清反满"为目的的革命组织，直接威胁着清朝的统治。因此，从1905年开始，清政府加强了对留日的约束与限制。学部在1906年3月颁布的《通行各省选送游学限制办法电》中规定："其习速成科者，或政法或师范，必须中学与中文俱优，年在二十五岁以上，于学界政界实有经验者，方为及格，否则不送。无论官费私费，长期短期，游历游学，必品行端谨无劣迹，身体健无宿疾，否则不送。"[②] 同年10月，学

[①] 《李鸿章全集》奏稿卷28，时代文艺出版社1998年版，第1213页。
[②] 陈学恂、田正平编：《留学教育》，上海教育出版社1991年版，第75页。

部又制定了《考验游学毕业生章程》，加强对留学生归国以后的考试与管理。1907年7月，驻日留学生监督处制定了《留学生请假规则》，规定："凡不属特别请假之事项，又非在通常请假期内并不请假而自回国者，于回国之日起，本处即为退学。如系官费学生，并即开除官费。"① 也就是说，在"新政"后期，留学日本已经受到了种种限制，留学日本由原先的奖劝变成有约束、有计划地派遣。

五 学习内容和科目的比较

留美幼童到1881年召回时，学习时间6—9年不等，大多只完成基础教育或初级技术课程，在专业学习上，接受的是正规而系统的美式文化教育，学习了一些崭新的自然科学和社会科学知识，如英文、数学、天文、生物、化学、机械、土木工程、采矿等科目，从专业知识结构方面看，大部分是基础的"西学"。幼童这种西式的中小学基础教育，在当时的中国并不能起到立竿见影的作用，因此，留美生回国后，一些人因所学专业在国内尚无用处，被送入新式学校，改学国内急需的其他专业，如首批留美幼童詹天佑等16人，回国后又考进福建船政学堂的驾驶学堂，学习驾驶。留欧生大多是23岁左右的青年，通过国内学堂的学习，留学时就已打下专业的扎实基础，英语、法语基本过关，留学对他们来说是"既宜另延学堂，教习课读，以培根柢，又宜赴厂习艺，以明理法，俾可兼程并进，得收速效"②。要求他们将国外新样的"船身、轮机及一切军火、火陆机器，觅取图说，分别绘译"③。也就是说留欧生是在国内已学的专业基础上的深造提高，留学科目主要是造船和驾驶，这和海防建设的直接目标紧紧联系在一起。

到清末新政时，留学生学习的内容和科目已经非常广泛，涵盖了

---

① 驻日留学生监督处:《新定留学生请假规则》,《东方杂志》1907年第11期。
② 《李鸿章全集》奏稿卷28,时代文艺出版社1998年版,第1214页。
③ 《李鸿章全集》奏稿卷28,第1215页。

当时日本学校中的所有科目，但最主要的仍是师范、法政、军事三个大的科目，这也反映了当时中国的国内需求。甲午战争后，面对中国积贫积弱的现实，科学救国、立宪救国、实业救国等各种社会思潮兴起，但无论哪种思潮，都需要通过教育，提高整个国民素质来实现。因此，无论是封疆大吏，还是立宪派、维新派都非常重视教育的作用，各地中小学堂也如雨后春笋般地发展起来。随着学堂的兴建，师资面临严重匮乏："学堂固宜速设矣，然而非多设不足以济用。欲多设则有二难：经费巨，一也；教习少，二也。求师之难，尤甚于求费。天下州县皆立学堂，数必逾万，无论大学小学断无许多之师，是则惟有赴外国留学一法。"[①] 因此，派遣学生去日本学习师范专业，回国后迅速补充中小学堂师资，就成为当时留学的一种趋势。1903年12月，张百熙在《派学生赴东西洋各国游学折》中进一步指出："遣学生出洋之举万不可缓，诚以教育初基，必以培养教员入手"，"应多派学生分赴东西洋各国学习专门，以备将来学成回国，可充大学教习"[②]。除了师范科外，法政科也是当时留日学习的一个重要科目，这主要是因为当时："一切新政，如路矿、商标、税务等事，办法稍歧，诘难立至，无一不赖有法律以维持之。"[③] 况且1905年科举制度被废除后，知识分子在国内断了入仕的道路，他们纷纷到日本学习法政专业。作为当时中国留日法政生的主要学校，日本法政大学也专门设立法政速成科，"专教中国游学官绅"。继法政大学后，东京帝国大学、明治大学、东京法学院、早稻田大学也先后为中国留学生设立了法政速成科，一时之间留日学法政的人数不断增多。另外，当时到日本学习军事科的留学生也比较多，因为"日本陆军经营数十年，成效显著，中国似宜添派学生来东，专送入陆军各学校，以期成

[①] 舒新城编：《中国近代教育史资料》上册，人民教育出版社1961年版，第58页。
[②] 陈学恂、田正平编：《留学教育》，上海教育出版社1991年版，第20页。
[③] 朱有瓛主编：《中国近代学制史料》第2辑下册，华东师范大学出版社1989年版，第469页。

就远大，用济时艰"①。和师范科、法政科有所不同，军事科从一开始就规定必须是官派："保送学生入日本各学堂，除农工商各项实业学堂及文科医科各专门不限人数外，其政治、法律、武备三门，宜分别限定名数，每年只准保送若干名。武备一门，非官派学生不准保送。"② 所以清政府从一开始对留日学习军事的管理及限制就非常严格。

清末留学教育是中国近代中外交流史的重要组成部分，对中国近代历史的发展演变、中国近代化进程的推进产生了深远的影响。其中的留学教育思想反映了中国人向西方学习，对国家富强道路的艰难探索。对这些留学教育思想、政策进行梳理和比较，能使我们更加清晰地了解清政府为维护自己的统治所做的一次次努力，更使我们深刻地理解中国近代在向西方学习的过程中，视野、认识、思想在不断深化，从最初简单的器物、技术的吸收到后来制度的学习实践，进而过渡到更深刻的思想、观念的转变。因此，对清末两个阶段留学教育人才思想的比较，反过来也能加深我们对19世纪60年代开始的洋务运动和19世纪末20世纪初清末新政的理解。

第三节 清末官派留学国家的转变

近代以来，随着近代化潮流以及经济全球化进程的不断深化，人力资本在全球范围流动逐步增强的现象不断加深，这种现象也日益受到政府决策者和学者的关注。特别是不少学者对驱动人力资本在国际频繁流动的因素进行了探究。索利马诺（Solimano）③ 基于自身研究及以往文献的表述，认为影响人力资本国际流动的主要因素有以下几

---

① 陈学恂、田正平编：《留学教育》，上海教育出版社1991年版，第364页。
② 舒新城编：《中国近代教育史资料》上册，人民教育出版社1961年版，第188页。
③ Solimano, A., "Globalizing Talent and Human Capital: Implications for Developing Countries", A Discussion Paper on the 4th Annual World Bank Conference on Development Economics (ABCDE), April 19, 2003.

点。第一，国家之间在发展水平和收入状况上的差距。尤其是发展中国家与发达国家之间的流动，人力资本一般是从低收入国家流向高收入国家。第二，非金钱方面的动机。这主要指学术交流、科研条件等方面的需求，如有些科学家最看重国家对科研的投入及重视程度，科研机构、科研设施的质量，以及科研团队的素质。相比这些，经济方面的因素并不是其离开本国的最主要原因。第三，对资本和人才的需求。一个国家为了本国经济、科研等方面的发展，提供大量的科研经费和良好的科研条件，从而吸引人力资本等多种生产要素进入。第四，集聚效益。随着科技的创新要求越来越高，许多科研、创新单靠一个人无法完成。国与国之间高水平、高素质的同行进行学术交流、学术互动，高水平的专家、学者很容易聚集在一起。第五，科学技术的发展与影响。第六，语言及社会文化上的适应性。第七，政治体制及移民政策的影响。

19世纪末20世纪初，留学生主要选择去日本留学，除了当时日本明治维新后国家强大外，选择日本留学并很快出现留日的高峰，还有以下原因。

第一，甲午战争中国战败促使国内对日本进行重新审视。战前清朝对日本仍以大国心态自居，并且长期以来，日本一直向中国学习，因此，惨败于日本比惨败于西方，对清政府的震动更大。日本又距离中国最近，对日本国情的了解使清朝认为中国战败、日本获胜就是日本向西方学习，实行明治维新、富国强民的结果。因此，到日本留学，直接了解近邻日本改革、富强的经验，也就成为当时朝野的共识。并且，当时日本的政治制度也较容易被清政府所接受，特别是在派遣五大臣出洋考察后，和欧美等民主共和国家的共和政体相比较，日本的君主立宪模式更为清朝上层阶级所接受。日本明治维新，学习西方政治体制，但保留了天皇，实行君主立宪制，这些与"中学为体，西学为用"也是相吻合的，是要维护自己统治的清政府最容易接受的，所以从皇帝到大臣以至地方封疆大吏对于派遣学生留学日本，颇为倾力。

第二，适应清末新政各省设立学堂、编练新军的需要，清政府制定了奖励留学生办法。1903年制定的《奖励游学毕业生章程》设置了很多等级，对各类留日学生进行不同的奖励："普通学堂毕业得优等文凭，给拔贡出身，文部所属高等学堂、实业学堂毕业得优等文凭，给举人出身，大学堂专学某一科或数科，毕业后得有选科及变通选科文凭，给进士出身；大学堂毕业，得有学士文凭，给以翰林出身，得有博士文凭者，给举人出身外，并予以拔贡出身。"[①] 1904年，清政府对于在职官员与王公子弟的出国留学，又给予额外的奖励和破格任用。[②] 同年清政府制定的《奏定章程十六条》规定，学军事的留日学生回国后由练兵处统一考试："最优者奏请授职守备，次者授千总，次者授把总。"[③] 随后，清政府为鼓励留学，又先后颁布了一系列的制度，如1906年的《奏定考验游学毕业生章程》、1908年的《会奏游学毕业生廷试录用章程折》、1909年的《奏定自费游学生考入官立高等以上实业学堂补给官费办法折》《奏酌拟出洋学习完全师范毕业奖励折》。留学日本不但能解决当时很多人的就业，而且留学期间和留学后还会得到清政府的各种奖励，这无疑是促使留日出现高潮的一个重要内因。

第三，与清政府的奖励留学政策相配合，这个时期，日本政府为吸纳中国留学生也进行了积极的努力。其实，比起欧美等国，20世纪初期日本国内的教育体制、机构及教育设施还处在不断发展完善的阶段，尤其是其高等教育充满着军国主义色彩，并没有真正和西方高等教育接轨。那么日本为什么对中国的留学采取积极的态度呢？

主要还是为了表面上交好中国，进而培养亲近日本的势力，扩大在中国的影响和势力范围。日本政府认为，中、日两国距离近，吸纳大批留学生到日本学习，这批人回到中国后"播布于其古老帝

[①] 陈学恂、田正平编：《留学教育》，上海教育出版社1991年版，第58页。
[②] 田正平主编：《中国教育史研究·近代分卷》，华东师范大学出版社2009年版，第113页。
[③] 舒新城：《近代中国留学史》，上海书店出版社2011年版，第41页。

国之中，实为将来在东亚树立我之势力之良策"①。日本在当时吸纳中国留学生，最主要的一个原因是为扩大和巩固在中国的租借地和势力范围，便于以后对中国的渗透，可以说从甲午战争到三国干涉还辽，日本始终没有放弃对中国的觊觎，这是日本吸收留日学生的主观动机。另外，当时一个最直接的原因就是为了获取在福建省内修筑铁路的权力，利用中国市场发展日本的工商业："毋庸置疑，清国军事之大部行将日本化。理科学生亦必求其器械、工人等于日本。清国商工业自身，则将与日本发生密切关系，而为我商工业向清扩展打开门路。"②当然，日本采取的吸纳、鼓励中国留学的措施当时在客观上也为留日学生在日本学习和生活提供了许多便利。从平常的学校到速成学校，从军事院校到师范院校、政法院校，为留日学生提供了诸多便利。

第四节 清末留学培训学校的比较

"沪局"（也称"幼童出洋肄业局""上海预备学校"）、"福建船政学堂"和"游美肄业馆（清华学堂）"分别是幼童留美、船政留欧和庚款留美学生留学之前在国内培训和学习的学校。

这三个学校在成立的动机、基本情况、招生考试、学习程度、学习效果等方面有诸多不同，这在一定程度上影响三次留学的进程、成效、结局命运以及留学生归国后对中国近代化的贡献。通过比较，我们也能够更加深刻地理解中国近代留学教育的探索和艰辛。

一 设立目的比较

"船政学堂"成立于1866年年底，"沪局"设立于1871年，这

---

① 庄建平编：《近代史资料文库》第9卷，上海书店出版社2009年版，第83、84页。
② 庄建平编：《近代史资料文库》第9卷，上海书店出版社2009年版，第83、84页。

和当时中国两次鸦片战争的失败,外国公使的进京、总理衙门的设立,洋务运动的开展以及"中体西用"思想的逐渐形成都密切联系在一起。在当时,正是由于认识到自己的贫弱以及西方的坚船利炮,一些有识之士才有了向西方学习,派遣学生出洋学习,创办自己的军事、民用工业的思想。而随着幼童留美计划的逐渐成熟和"福建船政局"的设立,"沪局"和"船政学堂"也就应运而生。

但在当时,清政府设立两个学校以及后来派遣学生留学考虑的侧重点明显不一样。设立"沪局"和派遣幼童留美主要侧重于培养翻译、外交人才以及学习西方先进科技。"船政学堂"的设立及留欧生的派遣更多的是出于近代海防意识的增强及海防建设的需要。另外,"沪局"的设立一开始就直接和幼童留美联系在一起。在筹划幼童留美时,曾国藩、李鸿章就提出,"至挑选幼童,应在上海先行设局,头批出洋后,即挑选次年之第二批,又挑选第三、第四批,与出洋之员呼吸相通";"在沪局肄业,以六个月为率,查看可以造就,方准资送出洋"①。也就是说,"沪局"是为幼童留美而临时设立的专门性学校,随着四批学生出洋留学,它也就存在了前后不过十年,就退出了历史舞台。而船政学堂是随着福建船政局的建立而设立的,左宗棠在开始创办船政局的时候,就有创办学堂的意图:"如虑船成以后中国无人堪作船主、看盘、管车诸事,均需雇请洋人,则定议之初,即先于定明教习造船,即兼教习驾驶,船成即令随同出洋,周历各海口。无论弁兵各色人等,有讲习精通能为船主者,即给予武职千、把、都、守,由虚衔荐补实职,俾领水师。则材技之士争起赴之。"②后来他更明确提出船政的一项重要事宜就是创办艺局,"兹局之设,所重在学造西洋机器以成轮船,俾中国得转相授受,为永远之利。非如雇买轮船之徒取济一时可比","一面开设学堂,延致熟习中外语言文字洋师,教习英法两国语言文字、算法、画法,名曰'求是堂艺

---

① 中国史学会主编:《洋务运动》(二),上海人民出版社1961年版,第158页。
② 高时良编:《洋务运动时期教育》,上海教育出版社1992年版,第281页。

局',挑选本地资性聪颖、粗通文义子弟,入局肄业","艺局之设,必学习英法两国语言文字,精研算学,乃能依书绘图,深明制造之法,并通船主之学,堪任驾驶"①。"船政学堂"一开始并非为出国而设,主要是为了培养自己的造船和驾驶人才,"无论是中国有关当局,抑或是船政局的法国监督们,在制定教育计划之初,似乎都未曾考虑到,日后要从学生中选派一部分人到外国继续深造"②。

"游美肄业馆"的设立与庚子赔款和赴美留学联系在一起。通过《辛丑条约》,英法美等国都从清政府获得大量赔款,从1909年起,美国将所得的庚子赔款用于资助中国学生赴美留学。为选拔合适的学生赴美,清政府在北京设立了"游美肄业馆":"设游美学务处。由外务部、学部会派办事人员,专司考选学生、管理肄业馆、遣送学生,及与驻美监督通信等事,并于美国公使所派人员商榷一切。""设肄业馆。在京城外择清旷地方建肄业馆一所(约容学生三百名,其中办事室、讲舍、书库、操场、教习学生等居室均备。)延用美国高等初级各科教习。所有办法,均照美国学堂。"③"游美肄业馆"的设立最初主要作为庚款留学的国内预备学校,学生在此学习英语和一些基础的课程,为到美国各高等院校留学打下坚实的基础。在教学和教法上,更多参照了美国学堂。所以能够和以后的留学有效的结合,成效也比较大。

二 规模、人事、经费等基本情况比较

第一,从人事和师资力量来看,"沪局"由于只是为幼童出国临时设立,所以人事安排较为简单,"查有盐运市使衔分发候补知府刘

---

① 高时良编:《洋务运动时期教育》,上海教育出版社1992年版,第285、286页。
② [法]巴斯蒂:《清末留欧学生——福州船政局对近代技术的输入》,载高时良编《洋务运动时期教育》,上海教育出版社1992年版,第950页。
③ 陈学恂、田正平编:《留学教育》,上海教育出版社1991年版,第173页。

翰清，渊雅纯笃，熟悉洋务，业经檄令总理沪局事宜"①。所以，"1871年，一所能容学生一百名之学校开办于上海山东路外国公墓之对面，第一批教职员为校长刘开生（字翰清），副校长吴子石，中文教员三名：容、陈、黄三君，和英文教员三名：曾兰生与其两子子睦和子安"②。加上校长、副校长，学校只有八名教职员工，并且英文教员也是汉人，教给学生一些简单的中文、英文和美国的习俗礼仪之类。相比而言，"船政学堂"则要复杂和隆重得多，在人事安排上，"船政学堂"和"船政局"一脉相承，采用的是比较完备的封建衙门管理体制，"船政学堂"归船政大臣统制，首届船政大臣沈葆桢为正一品，并且还有权向皇帝直接具奏。船政大臣下常设提调2人，其中一人分管学堂的行政管理工作。各学堂分设监督、稽查或训导，具体负责管理，由船政选学有根底、兼通西学，有威望的官员、缙绅担任，另设若干委员、委绅分工协助。同时，学堂实行行政与教学分开，教学由聘请来的洋监督、洋教习负责，学堂成立之初，就由法国人日意格、德克碑分任船政正副监督，对学堂教育进行监督，但不得干预行政、人事管理，并且对于洋监督、洋教习，也相应赐予官职，纳入封建衙门管理体制。在师资上，"船政学堂"较为完备，还建立了责任到人、赏罚分明的管理制度。

相反，"游美肄业馆"的人事安排要简单得多，"游美肄业馆"由清廷游美学务处负责。肄业馆的各项事务如人事任命、管理制度等也多由游美学务处直接负责，游美学务处选择一些有过留学经验、熟悉西洋情况的人士对"游美肄业馆"进行管理，并且到这个时期，国内的"西化"意识显然要比以前明显增强。人事安排上的简单、师资力量配置的合理、教学目标的明晰等方面也是前两个学校所达不到的。

人事安排和师资配备的差异，就会影响学校的教育水平、教育程度、教育效果。

---

① 中国史学会主编：《洋务运动》（二），上海人民出版社1961年版，第158页。
② 容尚谦：《创办出洋局及官学生历史》，载陈学恂、田正平编：《留学教育》，上海教育出版社1991年版，第122页。

第二，从规模上看，"沪局"由于是临时设立，规模并不大，只"能容学生一百名"（容尚谦回忆），校舍"有两层楼房，大教室、图书馆、餐厅和厨房在第一层，办公室、接待室和宿舍在楼上，中文教师的四方桌放在每间教室的两头，两桌之间是学生的长桌子和长凳子"（李恩富回忆）。相比而言，"船政学堂"无论从规模上，还是从设施设备上看，都要完备得多。1867年春，堂艺局迁到马尾，改名为船政学堂，当时就有教学楼两座，学生宿舍60多间，并按学科分班，分法文班和英文班（即前学堂和后学堂，以法国人精于制造，英国人精于驾驶，所以前学堂多聘用法国教习，教授制造专业；后学堂多聘用英国教习，教授驾驶专业）。以后又陆续增加，到1897年艺圃分设以后，共有八所学堂，即造船学堂、绘画学堂、艺徒学堂、匠首学堂、驾驶学堂、练船学堂、管轮学堂、电报学堂。相比"沪局"的学生培训完后就出国，"船政学堂"由于生源较为充足，所以后来选派出国学生要在历届学生中进行严格的选拔和考试。

"游美肄业馆"的设施在当时还是比较完备的，整个馆舍能容纳近五百人，馆舍内办事室、教习室、讲舍、学生宿舍、书库、操场等比较齐全。

第三，从经费来源上看，幼童留学，统计费用"首尾二十年需银百二十万两"[①]，关于筹措和运用经费的具体途径，规定：年需用经费，查上奏定章程，于江海关洋税项下指拨。洋局用款，下年应用之项，于上年六月前由上海道筹拨银两，眼同税务司汇寄外洋，交驻洋之员验收。其沪局用款，即交沪局总办支销。[②] 其实，这一百二十万两大部分用于幼童在美留学时驻洋委员的薪水、幼童来回的川费及衣物等，真正用于"沪局"的费用并不多。对于"船政学堂"来说，经费是列入船政总预算的，由船政统一划拨，所需经费，"就闽而论，海关结款既定，则此款应可划项支应，不足则提取厘税益之"[③]。经

---

① 中国史学会主编：《洋务运动》（二），上海人民出版社1961年版，第154页。
② 中国史学会主编：《洋务运动》（二），上海人民出版社1961年版，第159页。
③ 高时良编：《洋务运动时期教育》，上海教育出版社1992年版，第280页。

费从闽海关税内酌量提用。并规定"艺局为造就人才之地,非厚给月廪,不能严定课程,非优予登进,则秀良者无由进用"①,"各子弟到局后,饮食及患病医药之费,均由局中给发……每名月给银四两,俾赡其家"②,也就是说,艺童在"船政学堂"学习,经费还是相对有保障的。

对于"游美肄业馆"来说,经费一直都有比较充分的保障,这主要是由于有美国"退还"的庚款一部分用于"游美肄业馆"的运行。

三 生源比较

首先,从招生报名的情况看。"沪局"的招生就是为了留学美国,开始时,要求还是比较严格的,"盖聪颖子弟不可多得,必其志趣远大,品质朴实,不牵于家累,不役于纷华者,方能远游异国,安心学习",因此要求"派员在沪设局,访遍沿海各省聪颖幼童","入选之初,慎之又慎"③。挑选幼童,必须"曾经读中国书数年,其亲属情愿送往西国肄业者,即会同地方官取具亲属甘结,并开明年貌籍贯存案,携至上海公局考试,如资性聪慧,并稍通中国文理者,即在公局暂住,听候齐集出洋,否即撤退,以节糜费"④。但实际上,当时的招生非常困难,按章程,应在东南沿海一带进行,但很少有人报名。最后招收的学生主要有两类,一类是为生活所迫的贫穷子弟,另一类是来自与洋务有关的家庭。也就是说,"沪局"的报考并不踊跃,招生并不顺利,由于满族子弟不愿报考,大部分汉族地主子弟不会报考,仇恨洋务、对外国不了解的守旧儒生子弟也不会报考,所以学生大多为家境贫寒之士、洋务家庭子弟、华侨子弟以及西式学堂的学

---

① 高时良编:《洋务运动时期教育》,上海教育出版社1992年版,第286页。
② 高时良编:《洋务运动时期教育》,上海教育出版社1992年版,第288页。
③ 中国史学会主编:《洋务运动》(二),上海人民出版社1961年版,第154页。
④ 中国史学会主编:《洋务运动》(二),上海人民出版社1961年版,第155—156页。

生。"船政学堂"招生则是为了学习造船和驾驶，一开始就规定"各子弟之学成监造者学成船主者，即令作监工作船主，每月薪水照外国监工、船主、辛工银数发给，仍特加优擢以奖异能"①，并且"凡学成船主及能按图监造者，准授水师官职，如系文职文生入局学习者，仍准保举文职官阶，用之水营，以昭奖叙，庶登进广而人才自奋矣"②。这些优惠措施减轻了人们的恐惧，所以，从一开始报考就非常踊跃，并进行了严格的考试选拔。

到了清末民初，经过各种启蒙运动，当时的社会风气已经比较开化，这和幼童留学时的情形已经完全不同，无论是此时的清政府，还是普通民众，对于美国的认识、对于赴美留学的认识都较19世纪六七十年代有了较大进步。他们不仅认识到西方在"坚船利炮"等器物上的强大，而且西方的文化、科学技术、教育等也非常先进，学生出国学习不仅能增加见识，提高自己，而且能学习到美国先进的文化、科技，回国后对于国家的发展十分有利。所以，"游美肄业馆"一开始就吸引了大批青年学子踊跃报考。

四 学习程度比较

"沪局"虽为出国而临时设立，但从管理、教学方法等方面看，基本上还是封建官学。对于"沪局"的学习，第二批出洋幼童李恩富后来记叙道："中午时分，进行中文课的背诵。他们（老师）一边用眼角瞄我，一边念着他们的书，使尽气力高声朗读课文。很快得背诵课完毕，不止一两个学生被叫回座位继续做作业，还挨了几下打，为的是激发他们的智力和提高他们的记忆力。""到了（下午）4点半，学校下课。晚饭后照例要用温水洗洗脸。这是习惯。然后把灯点着，等老师来后，40个人全力以赴地准备明天的功课。到了8点，

---

① 高时良编：《洋务运动时期教育》，上海教育出版社1992年版，第288页。
② 高时良编：《洋务运动时期教育》，上海教育出版社1992年版，第286页。

一位老师来给大家讲一段中国历史。""第二天早上，吃罢早饭，我们又聚集在同一教室上英文课。"①同批的幼童温秉忠也回忆道："当时他们没有网球、足球及篮球，也没有这么多假日。那时只有中国阴历年、五月端午节及八月中秋节放假。故在学校读书时间多，而游戏时间少。学校监督是一位'暴君'，他力主体罚，而且严格执行。但多少年后，幼童们仍然怀念他，他们恐惧他手上的竹板，但是他强迫大家读写中文，在幼童回国后，都能致用不误。"②"沪局"的教育，由于时间短，任务紧迫，这些幼童除了学习一些简单的中文、英文和美国的习俗礼仪外，最主要的还要学习一些封建的伦理道德，在教学方法上，也是比较粗暴的。

"船政学堂"在办学之初，就制定了《求是堂艺局章程》，规定"入局肄业，总以五年为限，于入局时，取具其父兄本人甘结，限内不得请长假，不得改习别业，以取专精"③。只是在"每逢端午、中秋给假三月，度岁时于封印月回家，开印月到局。凡遇外国礼拜日，亦不给假。每日晨起，夜眠，听教习洋员训课，不准在外嬉游，致荒学业；不准侮慢教师，欺凌同学"④。"船政学堂"的课程设置也很有远见，"组织者制定了一套外语、数学、工程学、航海学，以及包括基础和实用的大量技术课程，每一门课程都用英语和法语教学"⑤。"船政学堂"的教学管理较为严格，实际上几乎是全年上课。在教材上，除了中文课用本国的四书五经外，专业课一律使用外语教材，用外籍教师上课，教学计划上也是参照英法两国学堂的教学计划设置进行安排。"法文学堂（前学堂）的大部分课程的教学是用法语"，"另外，法文也用于技工的训练和组装、铸造、木工、锅炉、光学等车间

---

① 参见"最早的留学培训学校——幼童出洋肄业局沪局"，新浪博客"珠海容闳与留美幼童研究会"，http：//blog.sina.com.cn/yungwing120。
② 温秉忠：《一个留美幼童的回忆》，《传记文学》（台北）1980 年第 37 卷第 3 期，第 107 页。
③ 高时良编：《洋务运动时期教育》，上海教育出版社 1992 年版，第 288 页。
④ 高时良编：《洋务运动时期教育》，上海教育出版社 1992 年版，第 288 页。
⑤ 高时良编：《洋务运动时期教育》，上海教育出版社 1992 年版，第 353 页。

工作","航海和轮机课程是用英语,因为英语已成为中国海关和海军通讯语言"。"英文学堂(后学堂)主要致力于训练学生的英语、航海和工程学,期望毕业生能驾驭未来的中国舰队。"[①] 尤为重要的是,"船政学堂"高度重视学生的实习和训练,利用船政局得天独厚的条件,将理论学习和实际操作结合起来,如造船学堂的学生每日要抽出半天的时间由外国教师带领进厂实习,绘图学堂的学生每天要用几个小时对船用蒸汽机进行观察和测绘等,驾驶学堂的学生虽然以堂课为主,但毕业以后,都要进行船上实习和远航训练。"船政学堂"的考试制度也很严格,并和奖励相联系:"开艺局之日起,每三个月考试一次,由教习洋员分别等第。其学有进境列一等者,赏洋银十元,二等者无赏无罚,三等者记惰一次,两次连考三等者戒责,三次连考三等者斥出。其三次连考一等者,于照章奖赏外,另赏衣料以示鼓励。"[②] 所以学堂竞争激烈、规定严格,淘汰率也很高。

"游美肄业馆"从一开始对学生要求也非常严格。首先,进入"游美肄业馆",必须通过入馆考试,入馆考试内容包括中文论说、英文默写、历史知识等科目,考试合格的学生才能入馆学习。学生在"游美肄业馆"里学习也是非常刻苦、努力,要参加各种严格的甄别考试。学生出国留洋前要进行选拔考试,最后综合学生选拔考试的分数与平时的分数确定留美学生人选与名额。成绩不足没有入选的学生留在"游美肄业馆"里肄业。

五 学习效果比较

首先,在对待中文学习和传统文化的态度上。幼童在"沪局"学习中文、英文最多的也不到一年,而且由于年龄小,中华传统文化对他们影响不深,到美国后很容易西化,这显然和洋务派出洋留学的初

---

① 高时良编:《洋务运动时期教育》,上海教育出版社1992年版,第356、358页。
② 高时良编:《洋务运动时期教育》,上海教育出版社1992年版,第358页。

衷相违，所以在出洋章程中就明定幼童，"将来出洋后，肄习西学仍兼讲中学，课以孝经、小学、五经及国朝律例等书，随资高下，循序渐进。每遇房、虚、昂、星等日，正副二委员传集各童宣讲圣谕广训，示以尊君亲上之义，庶不至囿于异学"。还规定："恭逢三大节以及朔望等日，由驻洋之员率同在事各官以及诸幼童，望阙行礼，俾娴仪节而昭诚敬。"① 幼童出洋后，要严格遵守朝廷的定制，刻苦学习汉字汉文。

"船政学堂"的招生与学习也非常重视封建传统教育，在招收学生时要求应考学生具有较高的传统文化知识，在教学中，更是用传统士子的模式规范学生，唯恐他们在学习西方海军技术的同时思想也随之西化。这样，经过5—10年的国内传统教育，留欧时，他们大多是23岁左右的青年，能在中西文化碰撞中，较好地进行判断、鉴别，既能学习西方科学技术，又不至于丧失中国固有的文化传统。在中国传统文化与西方文化的关系上，留欧生表现出更多的稳定性。

其次，从专业学习上看，三个学堂更是差距很大。

幼童"沪局"学习时间短，所以他们也就只能学习一些简单的英文和美国的一些风俗礼仪。到美国后，基本上都要重新开始，不但传统思想在他们身上没有打下多少印记，专业上他们也可以接受正规而系统的美式文化教育，接受一些崭新的自然科学和社会科学知识。但是，幼童这种西式的中小学基础教育，在当时中国国内的洋务派看来，并不能起到立竿见影的作用，不能立即和他们"富国强兵"的目的相一致，这也是导致后来幼童中途撤回的一个原因。

"船政学堂"的学生经过5—10年的学习、训练，打下了坚实的中英文基础，特别是专业知识更有一定的积累和深度，通过学堂的学习，初步掌握了一些基础科学知识及航海、操作、制造等专业技能。出国考试对专业、外语要求也相当严格："前学堂，习法国语言文字

---

① 中国史学会主编：《洋务运动》（二），上海人民出版社1961年版，第158、159页。

也，当选其学生之天资颖悟、学有根柢者，仍赴法国，深究其造船之方，乃其推陈出新之理。后学堂，习英国语言文字者也，当选其学生之天资颖悟、学有根柢者，仍赴英国，深究其驾驶之方，及其练兵制胜之理。速则三年，迟则五年，必事半而功倍，盖以升堂者，求其入室，异于不得其门者矣。其学生中，有学问优长而身体荏弱，不胜入厂上船之任者，应令在学堂接充教习，俾指授后进天文、地舆、算学等书。三年、五年后，有由外国学成而归者，则以学堂后进之可造者补之，斯人才源源而来，朝廷不乏于用。"① 也就是说，"船政学堂"毕业生赴欧留学，是在已学的专业基础上深造提高，对他们的要求是"既宜另延学堂，教习课读，以培根柢，又宜赴厂习艺，以明理法，俾可兼程并进，得收速效"②。同时还责成他们将国外新样的"船身、轮机及一切军火、火陆机器，觅取图说，分别绘译"③，汇送国内。与留美幼童相比，"赴欧的都是二十几岁的青年，他们懂英语、法语，具有相当高水平的欧洲近代科学知识，当然，也具有一定的中国传统文化的根底"④。因此，早期赴欧船政留学生在出洋学习前，大多在"船政学堂"里打下了较为坚实的基础，在人数上也有严格的限制，留欧学习目标明确，期限也短。"船政学堂"的这种初期教育为后来选派船政生赴欧学习奠定了必要的基础，使他们出洋后得以直接进入英、法两国的海军及其他军工院校，继续在专长上"精益求精"。他们与早期的幼童留学相比，取得的成效也较快，回国后能直接为国家的海军造船、制造、驾驶等事业服务，在一定程度上暂时达到了洋务派"富国强兵"的目标。

"游美肄业馆"设立时，中国的中等教育已经初步完备和正规。教室、宿舍、食堂、书库等各种设施比较齐全。在教学上，教材既有

---

① 高时良编：《洋务运动时期教育》，上海教育出版社1992年版，第904页。
② 《李鸿章全集》奏稿卷28，时代文艺出版社1998年版，第1214页。
③ 《李鸿章全集》奏稿卷28，第1215页。
④ ［法］巴斯蒂：《清末留欧学生——福州船政局对近代技术的输入》，载陈学恂、田正平编《留学教育》，上海教育出版社1991年版，第268页。

国内教材，也采用美国一些学校的教材。在教学方法和课程设置上，更是采用美国高等教育中初级的方法，这方便学生尽快熟悉美国的课程等设置，到美国后没有什么学习障碍。学生进入"游美肄业馆"以后，要根据不同的学科进行考试，根据学生成绩的高低选择不同的教育方式。在1910年之前，"游美肄业馆"分两格（科）挑选培养学生。第一科（第一个层次）以进入"美国大学或专门学"为目标；第二科（第二个层次）挑选的学生作为留美储备生，对他们施以相应的教育，以备将来出国。1910年以后，"游美肄业馆"更名为"清华学堂"，不再分格教学，为适应现代教育发展，直接称为高等、中等两科。高等科相当于以前的第一个层次，以进入美国大学学习为目标，侧重的教育科目也是以美国大学及专门学堂为标准；中等科相当于以前的第二个层次，也称为预备科，为将来出国做准备。高等科、中等科学制都是四年。在教授科目上，主要分为十类学科，在教学方法上，主要有通修和专修两种方式。1911年，"清华学堂"又重新修订章程，主要有：一是学制的变化，高等科学制三年，中等科学制五年；二是教授科目具体明确了出来（见表3-1）。

表3-1　　　　　　　　　游美肄业馆开设课程

科别	教授科目
高等科科目	修身、国文、英文、世界历史、美国史、高等代数、几何、三角、解析几何、物理、化学、动物学、植物学、矿物学、生理学、法文或德文、拉丁文、手工、图画、体操
中等科科目	修身、国文、英文、算数代数、几何、三角、中国历史、中国地理、外国历史、外国地理、博物、物理、化学、地文地质、手工、图画、乐歌、体操

资料来源：《游美学务处改行清华学堂章程缘由致外务部申呈》，载《清华大学史料选编》（一），清华大学出版社1991年版，第152页。

"沪局"的教育是只为出国而临时设立的短期的、规模较小的、课程设置和学习效果较为简单的、培训式的教育。"船政学堂"的教育则是和近代海防建设密切联系在一起，是长期的、课程设置复杂、学习效果突出、专业性与实践性相结合的教育。"游美肄业馆"在挑选标准、考核方式以及预备教育等方面都远远高出前两个学堂。这也导致选拔出的出洋留学生学习效果的不同，进而导致三个学校以及与之相关的三次留学效果及学生命运的不同。留美幼童在国内守旧派的反对下中途撤回。"船政学堂"派出的学生留欧学习目标明确，期限也只有三年，回国后直接为国家的海军造船、制造等事业服务，在一定程度上达到了洋务派"富国强兵"的留学目标。"游美肄业馆"成立后不久，就更名为"清华学堂"，这不单单是学校名字的变化，也说明学校职能的扩大。虽然"清华学堂"在当时主要是赴美留学预备学校，但从过去单纯的留美预备学校变为清华学堂，就是不仅为赴美留学预备，也可以为国家直接培养人才。所以，在中国近代教育史上，"游美肄业馆（清华学堂）"对中国近代高等教育的发展起到了突出的作用。

第五节 清末历次留学人数、留学生籍贯与年龄的比较

一 留学人数的比较

幼童留美、船政留欧以及最初的庚款留美学生人数是固定的。留美幼童原定分四期，每期30人，共120人。1881年被勒令返华、中途退回时，有的幼童在美国因病去世，有的幼童因为有病提前回国，还有极个别的幼童抗命不回，这样四届留美幼童有94名，他们分三批于1881年8月8日、23日、27日被撤回国。

从1877年到1886年，清政府以船政生徒出洋肄业章程为依据，共向英法派遣了四届海军留学生。1877年，李鸿章、沈葆桢在船政学堂精心挑选了30名学生，其中制造生14人，驾驶生12人，艺徒4人。1878年又增派5名艺徒生，一共35名留学生，此外，清政府又派随员马建忠、文案陈季同、翻译罗丰禄一同前往，这三人既是工作

人员，也可以一同学习。1881年，清政府按照章程，派遣第二批赴欧留学生，挑选前学堂学生8人，后学堂学生6人，这批留欧生人数本来就少，其中的4名后学堂学生后来调赴北洋工作，所以第二批留欧生只派出了10名。1885年，清政府在生徒的选择上，除考虑福建船政学堂的学生外，还增加了天津水师学堂的学生。这样在天津水师学堂挑选了10人，于福建船政学堂驾驶学生中挑选了10人，于制造学生中挑选了14人，共34人。后来，黄裳吉因为已经在北洋工作，所以没有参加，就把以前以翻译身份同行的陈寿彭改为了留学，最终第三批留欧生的人数是34名。综上，在1894年中日甲午战争之前，清政府一共派出三批留欧生82人，最终，这82人中7人没有完成学业，其余75人顺利完成学业回国。甲午战争后，1897年，清政府又派出6名学生去法国学习制造，这是第四批也是最后一批官派留欧海军生。

20世纪初，对于庚款留美学生，清政府也采取了考试选拔的方式，选拔考试比较严格，选出的学生人数也比较固定。1909年9月，留美学务处举行了第一次庚款留美生的考试，当时有640人参加，仅仅第一轮考试后就仅剩68人，淘汰率很高，这68人又进行了3次考试，最后实际录取了47人。第二批庚款留美生的选拔同样非常严格，1910年7月，留美学务处进行了第二次庚款留美生的选拔考试，经过层层选拔，最后在400名考生中录取了70人。同时，除录取这70名庚款生外，还选出了143人，留在清华园高等科接受教育。1911年8月，从这批人中又考录了63人，成为第三批庚款留美生。这样，从1909年到1911年，清政府三年共派出3批庚款留美生180人。这些人是全额官派庚款留美生，同时，游美学务处还决定在美国退回的庚款中拨出一部分资助自费留美的学生，资助名额为每次50人。

民国建立后，南京临时政府以及后来的北洋政府基本继承了晚清时期的留学政策，继续派遣学生出洋留学，其中中央政府也采取了各种鼓励留学的措施。地方政府一是响应中央政府的号召，二是为了地方的发展或迫于形势需求，也纷纷派遣学生出国学习。再加上当时人们思想的逐渐开放，留学已经成为一个趋势，所以各地也有许多自费留学的学生。在留学国家的选择上，依然是清末以来的日本、美国、欧洲三个主要地区，这也是当时世界上最发达的地区。这样，一直到民国初年，中国有一个庞大的留学生群体，官费的、自费的学生都很多，对他们的统计也越来越困难。不同的机构和学者从不同的角度进行过统计，但一直没有一个统一的数字。我们先看一下当时留学美国的情况。1911年4月29日，改名后的"清华学堂"第一次选拔招生，当时报名人特别多，最终考试选拔招录了468名学生。第二年清华学堂改名字为清华学校，继续招考赴美留学生。这样，清华学校留美预备部后来有合格的毕业生973人，最终967人赴美留学。除了这些官派的以外，民间还有大批自费留美生。也就是说，民国初的一段时期内，留美热潮持续高涨，留美学生人数基本上是呈上升趋势。据清华大学校史研究室统计，1909—1929年，清政府共派出前三批庚款留美生180人，在这一时期内，政府又陆续派出幼年生12人，前后7批考试选拔出的留美女生53人，9批留美专科生67人，清华学校留美预备部考试选拔出967人，一共加起来有官派留美生1279人。另外再加上受到部分庚款资助的自费留美生476人，特别官费生10人。还有各机关转入清华学校派出留学的60人，以及"袁氏后裔生"。这样，"和庚款留学有关的（派遣和享受津贴等）各类庚款留美生达到1800多人"[①]。这和刘真、王焕琛《留学教育》里的统计（见表3-2）基本一致。

表3-2　　　　　　清华学校历年留美生人数　　　　　单位：人

年份	毕业生	专科男生	专科女生	总计
1912	16	—	—	16
1913	43	—	—	43
1914	34	—	10	44

---

① 清华大学校史研究室编：《清华大学校史稿》，中华书局1981年版，第68页。

续表

年份	毕业生	专科男生	专科女生	总计
1915	42	—	—	42
1916	31	10	10	51
1917	44	7	—	51
1918	59	7	8	74
1919	63	8	—	71
1920	79	—	—	79
1921	77	10	10	97
1922	61	—	—	61
1923	81	5	5	91
1924	67	—	—	67
1925	69	5	5	79
1926	68	—	—	68
1927	51	5	5	61
1928	47	—	—	47
1929	37	10	—	47

资料来源：刘真、王焕琛：《留学教育：中国留学教育史料》第3册，台北："国立"编译馆1980年版，第1045页。

对于清末民初的留日学生，情况和人数统计就复杂得多。清末留日学生最早出现于1896年，当年，中国驻日公使裕庚派人从国内的东南沿海的上海、苏州等地进行招聘和选拔了13名学生赴日留学。随后，由于清政府鼓励留学政策的推动，以及科举制的废除和日俄战争的刺激等因素，赴日留学的学生数量逐步增多，1905年、1906年达到高潮。关于留日人数，由于数量庞大，自费生、短期生很多，加上官费、自费混杂在一起，所以统计特别困难，对于人数也是众说不一，对此，日本许多学者根据资料进行了系统的统计。学者们从事研究多采用实藤惠秀《中国人留学日本史》中统计的数字（见图3-1）。

总的来看，留日人数的变化呈一条抛物线形状，高点在1905年、1906年（见图3-2）。

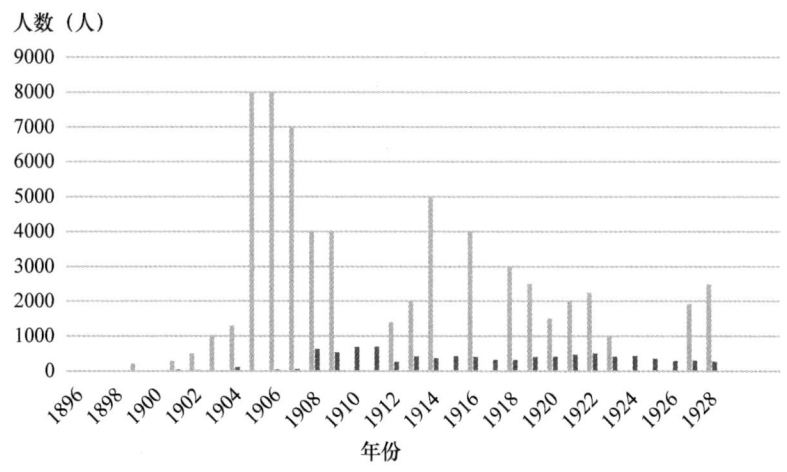

图 3-1　1896—1928 年留日学生总数与毕业人数

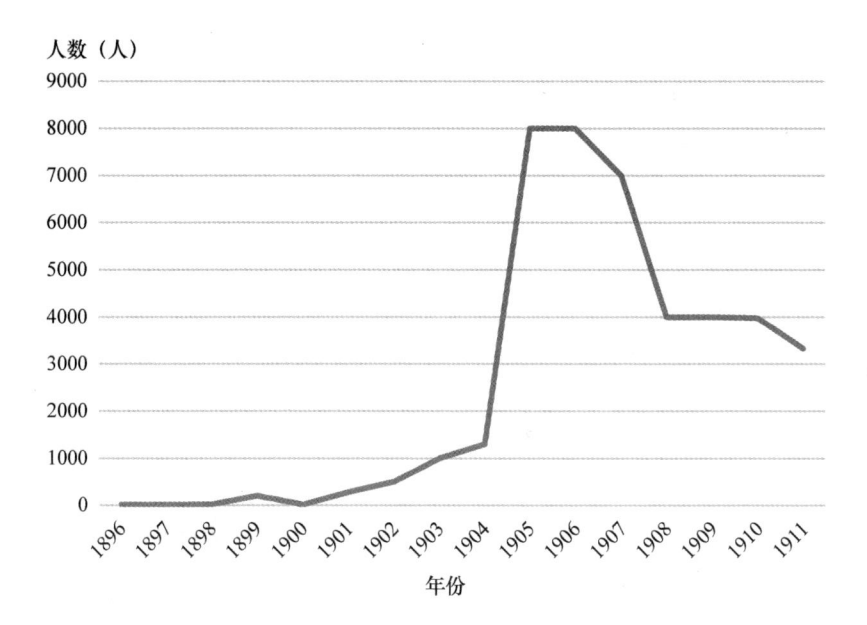

图 3-2　清末留日人数变化

可见，在清朝末年庚款留学前，中国留学生基本是在日本。留学日本的人数要远远超过留学美国的人数，我们截取1902—1906年留日人数和留美人数做一比较就可以看出（见表3-3）。

表3-3　　　　1902—1906年留学日本、美国人数比较

年份	1902	1903	1904	1905	1906	总计
留日人数（人）	614	1629	3746	6000	12909	24898
留美人数（人）	8	5	21	25	60	119
留日所占百分比（%）	98.7	99.7	99.4	99.6	99.5	99.5

二　留学时年龄比较

近代最早的官派留学教育即洋务运动官派留美教育派遣的120名留学生，年龄都比较小，所以称他们为"幼童"，其中，最小者10岁，最大者16岁，平均年龄是12岁半。相比而言，进入"船政学堂"时，艺童的年龄比"沪局"的幼童要大一些。相比留美幼童，"船政学堂"的学生年龄大，思想也较为稳定、成熟、务实，更能理解洋务派学习的动机，更加珍惜来之不易的学习机会，能够结合中国现实思考一些问题，将来留学也更能吃苦，能经受各种实践锻炼，留学的短期效果好，也符合当时洋务派急功近利的心理。

等到清末民初的留日及庚款留美教育，对留学生的年龄已经没有多大的限制，但由于是官派留学，要通过一层层的留学生选拔考试，并且庚款留美生还要在清华学校里学习一段时间，所以，留学时，年龄基本在20岁左右，大部分留学生思想、学识已经比较成熟，很多是报着救亡图存的目的出国留学的。他们留学时也比较刻苦、认真，特别是庚款留美生，他们中的大部分人成就也比较大。

三　留学生籍贯的比较

（一）幼童、留欧生的籍贯特点

留美幼童、留欧生都具有地域集中的特点，只不过幼童主要集中于

广东，留欧生主要集中于福建，所以又有"粤童"与"闽生"之别。

幼童留美时，当时中国开放的程度较低，只是东南沿海一带对西方有所了解，所以制定留学方案的时候，就规定只在上海、宁波、福建、广东等沿海地区挑选幼童，[①] 但当时招生仍特别困难，最终四届留美幼童，大部分是广东籍学生，特别是香山籍学生有40人，占总人数1/3。

从第一批到第四批，广东输送幼童都是遥遥领先，概括起来主要还有以下几点原因：一是容闳本身就是广东香山人，他很早留学美国，对美国情况较为熟悉，回国后又因为留学得到清政府重用，又亲自在家乡招生，以自己的经历为乡民树立了榜样；二是由于交通、信息传播不便，内地无法招生；三是香山的地理位置离港澳和西方都比较近，风气较开放，人们的思想较开通。幼童地域集中的这一特点主要还是当时中国客观环境决定的。

洋务时期派遣的留欧学生主要是为当时的船政和海军建设的需要，由福建船政学堂选拔派出，而船政学堂的学生又大多为福建人，所以留欧生主要集中于福建，特别是福建侯官人占有一定的比例，这也是当时东南海防和造船业的实际需要，从总体上看，洋务运动过程中的官派留欧学生基本是由福建人构成，"中国近代海军闽人独多，此即最大之原因"[②]。

留美幼童和留欧生这种地域相对集中的特点，是由当时中国的特殊形势决定的，但由此也说明了南方各地区特别是在中国近代发展过程中具有重要地位的广东、福建地区人们中西观、文化观、择业观的诸多不同。这种不同给以后中国近代化进程、近代海军建设及海防发展带来了一定的影响。

（二）清末留日学生的籍贯特点

到19世纪末清朝后期，中国留日学生增多，不仅数量上增加了几十倍，覆盖的地域也极为广泛。虽然东南沿海省份依然占据优势，

---

① 中国史学会主编：《洋务运动》（二），上海人民出版社1961年版，第154页。
② 林献炘：《中国海军职业何以闽人独多?》，载张侠、杨志本等编《清末海军史料》，海洋出版社1982年版，第606页。

但随着留学活动的发展，当时全国 18 个省份逐渐都有了留日学生。《东方杂志》曾经统计了 1904 年年初留日学生的籍贯（见表 3-4）。

表 3-4 1904 年留日学生籍贯

籍贯	八旗	奉天	直隶	江西	陕西	河南	江东	湖南	湖北	江苏	浙江	安徽	江西	福建	广西	四川	广东	贵州	云南
人数（人）	27	1	77	1	1	7	40	130	126	175	142	55	27	42	8	57	108	17	27

清末官费、自费留日学生数量巨大，分布地区也较广，有人对光绪三十四年（1908）九月到宣统三年（1911）七月的官费、自费留日学生进行了统计，其中毕业学生人数共计 2969 人。主要来源分布如表 3-5 所示。

表 3-5 清末各省留日毕业生来源分布比较

来源	人数（人）	来源	人数（人）	来源	人数（人）
湖北	413	山东	66	八旗	3
江苏	330	广西	65	甘肃	2
浙江	317	贵州	34	学部	2
四川	302	河南	33	京口驻防	1
湖南	240	陕西	27	北京旗	1
广东	212	畿辅	11	进士馆	1
直隶	166	陆军部	10	绥远城	1
福建	140	海军部	7	盛京	1
江西	131	邮传部	6	蒙古	1
安徽	106	满洲	5	使署	1
奉天	84	江南	4	正红旗省	1
云南	79	京师大学堂	3	吉林	1
江宁	77	大学堂	3		
山西	68	荆州	3		

资料来源：《清末各省官自费留日学生姓名表》，台湾：文海出版社 1974 年版。刘真、王焕琛：《留学教育》，台北："国立"编译馆 1980 年版；沈殿成：《中国人留学日本百年史》，辽宁出版社 1997 年版。

可以看出，留日学生来自全国各地，其中湖北占第一位，江苏、浙江、四川分别占第二、第三、第四位。除了传统的东南沿海地区以外，湖北、四川、湖南等省的留日学生占的比重也比较大，湖北一度曾经遥遥领先。这和当时湖广总督张之洞大力推动留学的努力是分不开的。中日甲午战争以后，张之洞等人对日本有了重新认识，特别是认识到日本军事力量的强大，尽管他们与当时维新派等进步人士对日本的认识还是有一定的不同，但他们都主张派遣学生到日本留学。只不过在留学生学习的科目上，与维新派侧重学习思想文化等方面科目不同，张之洞等人派遣学生去日本留学主要是以学习军事为主。另外，由于文明开化较早、较深，所以湖南、湖北、四川等省份的知识分子政治热情较为高涨，如湖南、湖北等省在维新变法运动中就较为突出，清末四川也爆发了保路运动等，知识分子的素质相对较高，视野也较为宽阔，留学的热情也因此相对较高。在清朝末年，日本大批教习曾进入四川任教，四川近代教育的品质得到一定提升，改变了长期以来地处内陆的四川教育不发达的状况，因此四川留日学生也较突出。综上所述，晚清留日学生主要集中苏、浙、粤、闽等东南沿海以及湘、皖、鄂、赣、川等长江流域，越到内陆，留日学生越少，留日学生基本呈沿海、沿江、内陆、边陲逐步缩小的趋势。

（三）庚款留美生籍贯特点

我们再来看看庚款留美的情况，首批庚款生招录时，范围相对就比较广泛，涉及各部、各地学校（见表3-6）。

表3-6　　　　　　首批庚款考试录取校源情况

学校名称	录取人数（人）	学校所在地区	性质
邮部实业	14	上海	公立
上海约翰	6	上海	私立
复旦公学	3	上海	私立
上海同文馆	1	上海	公立
上海南洋中学	1	上海	私立
上海震旦公学	1	上海	私立

续表

学校名称	录取人数（人）	学校所在地区	性质
上海尚贤堂	1	上海	私立
南京汇文	1	南京	私立
苏省铁路	1	苏州	公立
苏省留学预备科	1	苏州	公立
东吴大学	1	苏州	私立
京师大学堂	1	北京	公立
京师译学馆	2	北京	公立
顺天高等	2	北京	公立
北京汇文	2	北京	私立
北洋水师官立学堂	1	天津	公立
天津高等工业	1	天津	公立
天津自立第一中学堂	1	天津	私立
直隶高等	1	保定	公立
保定高等	1	保定	公立
京唐山路况	2	唐山	公立
湖北文普通中学	1	武汉	公立
广东岭南	1	广州	私立

资料来源：《外务部、学部第一次考取游美学生一览表》，《浙江教育官报》1909年11月第16册。

在首批庚款留美学生中，江苏、浙江两省人数最多，两省一共考取30人，占总额的64%（见表3-7）。

表3-7　　　　　　　　首批庚款留美生录取考生籍贯情况

籍贯	江苏	浙江	广东	直隶	湖南	安徽	河南	湖北	福建	山东
人数（人）	21	9	6	3	3	1	1	1	1	1

民国建立后的几年内，留美学生仍以广东、浙江、江苏等东南沿海一带为最多。

20世纪20年代后，一方面，留学生的数量逐步增多；另一方面，留学生分布的地区也更加广泛，但大多来自东南沿海的格局一直没变（见图3-3、表3-8）。

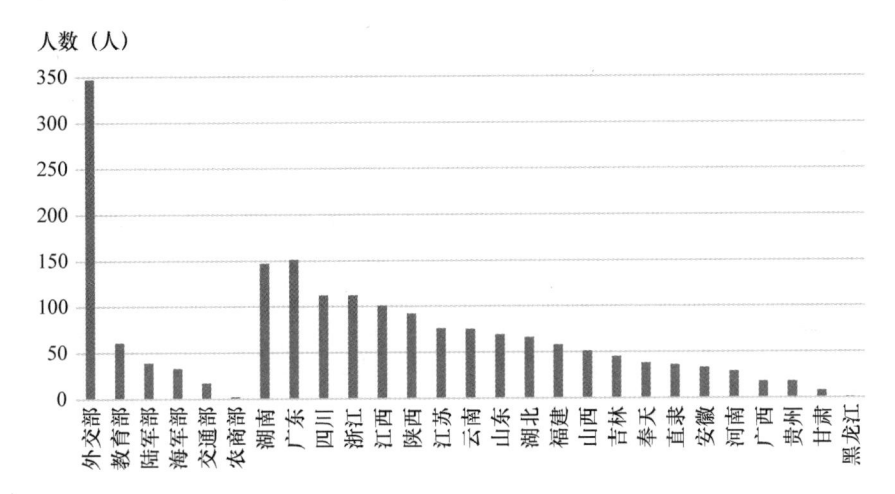

图3-3　1914—1915年留学日美欧各国官费生籍贯来源统计

资料来源：陈学恂、田正平编：《留学教育》，上海教育出版社1991年版，第690—693页。

表3-8　　　　　　　　　1921—1925年留美学生籍贯　　　　　　单位：人

籍贯	1921年	1922年	1923年	1924年	1925年	总计	百分比（%）	位次（位）
江苏	31	35	55	29	23	173	20.7	2
浙江	11	17	25	13	6	72	8.6	3
广东	8	21	11	4	22	66	7.9	4
安徽	7	9	6	6	4	32	3.8	7
福建	5	9	10	12	10	46	5.5	5
四川	5	8	10	1	1	25	3.0	11
湖北	6	11	13	2	1	33	4.0	6
湖南	3	6	2	4	2	17	2.0	13
直隶	3	14	5	3	2	27	3.2	9
江西	3	13	6	5	2	29	3.5	8
山东	6	12	5	—	—	26	3.1	10

续表

籍贯	1921年	1922年	1923年	1924年	1925年	总计	百分比（%）	位次（位）
河南	2	6	6	5	1	20	2.4	12
山西	5	—	2	2	1	10	1.2	14
奉天	—	2	3	1	2	8	1.0	16
贵州	1	3	3	1	1	9	1.1	15
广西	—	1	1	—	1	3	0.4	19
甘肃	—	2	—	—	2	4	0.5	17
陕西	—	—	2	—	—	2	0.2	21
云南	—	2	—	—	1	3	0.4	20
吉林	—	3	—	—	1	4	0.5	18
新疆	—	—	1	—	—	1	0.1	22
台湾	—	—	1	—	—	1	0.1	23
绥远	—	—	1	—	—	1	0.1	24
察哈尔	—	—	—	—	—	0	0	25
未详	69	13	15	118	97	312	37.4	1
全国总数	165	187	193	109	180	834	100	

资料来源：周棉主编：《中国留学生大辞典》，南京大学出版社1999年版。

直到20世纪20年代，东南沿海地区的留美学生数量仍然占据主流。在东南沿海地区中，又以江苏、浙江两地最多，留学生数量超过全国的1/4，仅江苏一省留美学生数量占全国的比例就超过1/5，超越了留学初期的广东、福建，成为留美的主要地区。

中国近代官派留学开始于幼童留美，所以早期的留美学生，广东省遥遥领先，东南沿海的其他地区数量很少，这主要是由于广东地区开放较早，人们的认识较为先进。到了19世纪末20世纪初，特别是庚款留学实施以后，留美学生的籍贯发生了变化，广东被江浙地区所代替，后者成为留美学生的主要来源地。在中国近代留美教育活动中，广东、福建、江苏、浙江等东南沿海地区一直占据重要地位（见图3-4）。究其原因，主要有以下几点：其一，广东、福建、江苏、浙江等东南沿海地区历史上文化就比较发达，人杰地灵、人才辈出，特别是文化底蕴比较深厚。尤其在清代，状元多来自江浙等东南沿海地区，如江苏的科举考试录取人数一直名列全国第一。其二，东南沿海地区历来经济比较富庶，自唐宋以来便是全国富庶之地。明清时期，随着东南沿海地区商品经济的发展，江浙地区经济力量更加雄厚。与经济发展状况相适应，留学一方面可以学习先进的技术和经验，发展经济；另一方面留学也要有雄厚的财力支撑。其三，东南沿海地区海路交通发达，出国留学较为便利。其四，东南沿海地区人们受"西学东渐"的影响较早，文明开化早，人们的思想比较开放、先进，所以接受留学、出国留学人数较多。

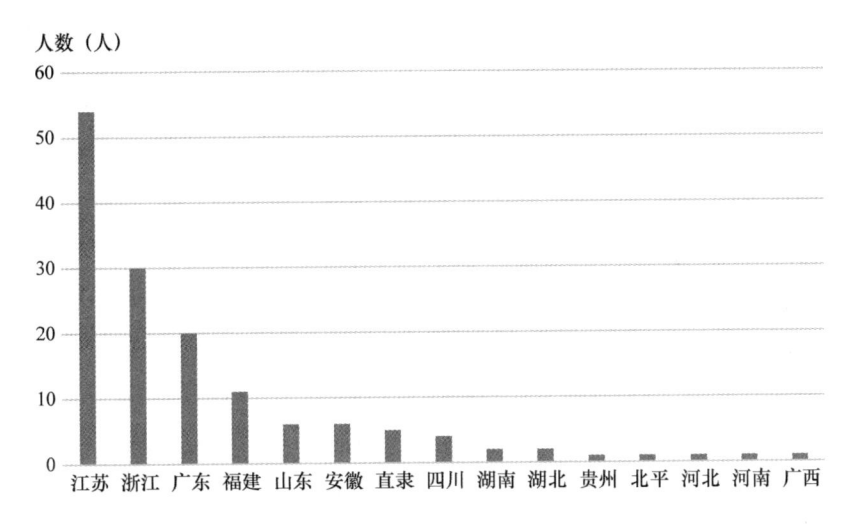

图 3-4　庚款留美生籍贯统计（部分）

资料来源：刘真、王焕琛：《留学教育：中国留学教育史料》（一），台北："国立"编译馆 1980 年版。

（四）留学生选拔与管理的比较

清政府一直非常重视留学生的选拔，早在挑选幼童留美时，奕䜣、曾国藩、李鸿章等人就认为，"盖聪颖子弟不可多得，必其志趣远大，品质朴实，不牵于家累，不役于纷华者，方能远游异国，安心学习"，因此"入选之初，慎之又慎"①。但当时的招生还是非常困难的："在当时社会风气十分闭塞的情况下，大家子弟不肯远适异国，应募者多为衣食生计而来，被认为是'漂泊无赖、荒陋不学之人'。"②到了船政留欧时，情况有所改观，一是因为派遣的都是船政学堂的学生；二是从年龄上看，相对于留美幼童出洋时的10—16岁，船政学堂的学生留学时，大多已是23岁左右的青年，再加上招生人数少，所以招生时竞争较为激烈。到清末新政留学时，情况已大大改观，留日人数一年年激增，出现了留日热潮，不仅有官派的，自费留学的人也越来越多，出现这种情况的原因有以下几点。第一，人们"西化观""世界观"意识的增强，相对于幼童留美时社会风气的闭塞，19世纪末20世纪初，经过"西学东传""西学东渐""维新变法"等思潮的影响，人们的观念已经十分开放，向西方学习的思潮已经从以前的器物、技术方面过渡到制度、思想方面。第二，挽救民族危亡的爱国热情促使人们东渡留学。19世纪末，清政府面临着内忧外患的严重形势，中华民族面临亡国灭种的危机，很多有志青年不断去寻求真理、寻求救国救民的方案，而东渡日本是当时最佳的选择和途径。第三，清政府"奖劝游学"的政策。新政初期，清政府不仅倡导鼓励"游学"，而且对学成归来的"人才"给予各种奖励，1901年9月17日，清政府颁布"广派游学谕"，提出"造就人才，实系当今急务"，因此，各省督抚一定要选择"心术端正文理明通之士，遣往学习"，学成领有凭照回国，由各省"督抚学政，按其所学，分门考验"。如果学有成效，各省"即行出具切实考语"，然后送到外务部"覆加考验，据实奏请奖励"。如果是自费出国留学，学成得优等凭照回华，那么准许他们"一体考验奖励，候旨分别赏给进士举人各项出身，以备任用以资鼓舞"③。自此，从中央到地方，各种形式的留学生被陆续派出，留学活动逐步开展起来。

---

① 中国史学会主编：《洋务运动》（二），上海人民出版社1961年版，第154页。
② 《万国公报》第327卷，光绪元年（1875）正月。
③ 陈学恂、田正平编：《留学教育》，上海教育出版社1991年版，第4页。

洋务时期的留学，无论是幼童留美还是船政留欧，都是官派的，清政府派遣留学的目的就是"师夷长技以自强"，学习西方先进的技术，回国后成为各种技术人才，满足军事、民用工业的需要，一方面要学习西方，另一方面又要防止"西化"，为此，清政府非常重视对留学生的管理与控制，其中重要的一项就是选派留学委员或监督："非遴选贤员派充监督，不足以统驭而重责成。"[1] 幼童留美时，以四品衔刑部主事陈兰彬为正委员，容闳为副委员。继陈兰彬之后，清政府又先后派了三人为正委员：区谔良、容增祥、吴嘉善，三人中，容增祥为汉文教习、五品主事，其他二人也为翰林出身，以此加强对幼童的控制，防止幼童的"异化"。船政留欧时，虽然留欧生年龄较大，汉学程度较深，但仍然模仿幼童赴美的先例，只是将名称由"委员"变为"监督"，开始时选中了法国人日意格为留学监督，但是又认为"以洋人充斯重任，究不如中国委员流弊较少"，所以"应由闽厂内，筹派与日意格素习之华员管带同往，较为得力"[2]，这样，洋华监督可以互相配合，取长补短，互相牵制。最终又任命了船政总考工、三品衔候选道李凤苞担任华监督，两监督有中外之分而无正副之别，其主要职能是催促学习技术，互相牵制，防止舞弊，并加强对留欧生的监督。

清末新政留学初期，清政府大力提倡并奖励留学，对留学资格也不加限制，出现了留日热潮，但同时也造成了留学生良莠不分，一些留学生不学无术，素质低下。更为重要的是很多留学生到日本后，在新思想、新组织的影响下，思想激进，对清政府落后的统治越来越不满，形成了以"排清反满"为目的的革命组织，直接威胁着清朝的统治。因此，从1905年开始，清政府加强了对留日学生的约束与限制。1906年3月，学部颁布了《通行各省选送游学限制办法电》，规定："其习速成科者，或政法或师范，必须中学与中文俱优，年在二

---

[1] 《李鸿章全集》奏稿卷28，时代文艺出版社1998年版，第1213页。
[2] 《李鸿章全集》奏稿卷28，时代文艺出版社1998年版，第1212页。

十五岁以上，于学界政界实有经验者，方为及格，否则不送。无论官费私费，长期短期，游历游学，必品行端谨无劣迹，身体健无宿疾，否则不送。"① 同年 10 月，学部又制定了《新定考验游学毕业生章程》，加强对留学生归国以后的考试与管理。同年 12 月，又制定《管理游学日本学生章程》，其中规定："于驻扎日本出使大臣署内设游学生监督处，为管理游学生治事之所。设总监督一员，管理游学生一切事宜，以出使日本大臣兼任。设副总监督一员，由学部会商出使日本大臣奏派。"② 1907 年 7 月，驻日留学生监督处制定了《新定留学生请假规则》，规定："凡不属特别请假之事项，又非在通常请假期内并不请假而自回国者，于回国之日起，本处即为退学。如系官费学生，并即开除官费。"③ 也就是说，在"新政"后期，留学日本已经受到了种种限制，留学日本由原先的奖劝变为了有约束、有计划地派遣。

第六节　中国近代留学专业选择的比较

一　专业的分类

留学专业因时间、地域等的不同也呈现不同的特点。在近代，专业分类国际上没有统一的标准，各国的专业千差万别，特别是中国，基本仍然处于封建旧式教育，和欧美各国教育根本无法进行专业上的比较。在时间上，幼童留美在美国基本上是中小学教育，船政留欧专业针对性很强，大多是造船和驾驶之类。所以专业比较主要用于考察清末民初留日和留美学生，当时日本通过明治维新，全盘西化，在中学及大学的专业设置上，基本上是按照当时西方学校的专业进行设置，日本及美国的高等学校当时基本采用的都是近代学制，留学专业具有可比性。结合各种分类标准以及当时留学所学学科，我们将当时

---

① 陈学恂、田正平编：《留学教育》，上海教育出版社 1991 年版，第 72 页。
② 陈学恂、田正平编：《留学教育》，上海教育出版社 1991 年版，第 385 页。
③ 驻日留学生监督处：《新定留学生请假规则》，《东方杂志》1907 年第 11 期。

留日、留美时专业分布情况统计如表 3-9 所示。

表 3-9　　　　中国近代官派留日、留美专业分布

学科大类	具体学科
哲学类	哲学
	宗教、伦理、美学
法政类	法律
	政治学
	其他社会类
商学类	财经
	管理
文学类	语言文字
	文学
	艺术（戏曲、绘画、音乐等）
	新闻
历史类	历史
	考古
师范类	教育理论
	师范教育
	心理学
农学类	农学
军事类	军事理论
	轮船及武器制造
	驾驶
	兵科
医学类	医科
	生物制品
理学类	物理
	化学
	生物
	地理
	天文
	地理、地质
	大气

续表

学科大类	具体学科
工科类	机械工程
	冶金工程
	建筑工程
	水利工程
	土木工程
	化学工程
	大地测量
	矿业工程
	实业
	林业工程

二 留学专业的静态分析

考察留学生专业学习要结合当时的留学派出国与留学接收国的时代背景进行分析，近代留学生的留学专业选择以及留学专业的变化与派出政府的主观愿望有很大的相关性。

留美幼童到1881年召回时，学习时间6—9年，大多只完成基础教育或初级技术课程，在专业学习上，接受的是正规而系统的美式文化教育，学习了一些崭新的自然科学和社会科学知识，如英文、数学、天文、生物、化学、机械、土木工程、采矿等科目，从专业知识结构方面，大部分是基础的"西学"。幼童这种西式的中小学基础教育，在当时的中国并不能起到立竿见影的作用，因此，留美生回国后，一些人因所学专业在国内尚无用处，被送入新式学校，改学国内急需的其他专业，留欧生大多是23岁左右的青年，通过国内学堂的学习，留学时就已打下专业的扎实基础，英语、法语基本过关，留学对他们来说是"既宜另延学堂，教习课读，以培根柢，又宜赴厂习艺，以明理法，俾可兼程并进，得收速效"[①]。同时要求他们将国外

[①] 《李鸿章全集》奏稿卷28，时代文艺出版社1998年版，第1214页。

新样的"船身、轮机及一切军火、火陆机器,觅取图说,分别绘译"①。也就是说留欧生留学是在国内已学的专业基础上的深造提高,留学科目主要是造船和驾驶,这和海防建设的直接目标紧紧联系在一起。

到19世纪末20世纪初留日以及庚款留美时,留学生学习的内容和科目已经发生很大变化,当时日本、美国学校中的科目,留美、留日学生都有涉猎。我们分别截取了1905—1911年留日学生所学主要学科以及1909—1929年清华留美学生所学主要学科进行统计分析(见图3-5和图3-6)。

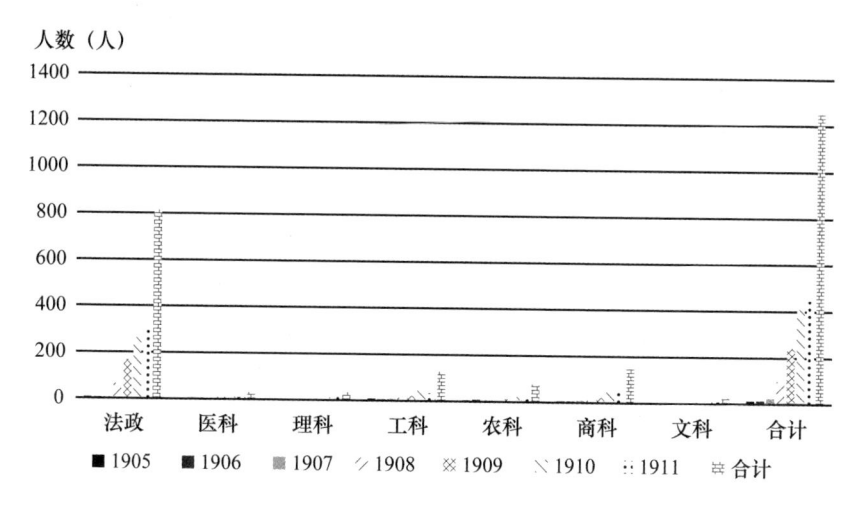

图 3-5　1905—1911 年留日学生学科统计

清末留日学生学习的主要是师范、法政、军事三个大的科目,这也反映了当时中国的国内需求。中日甲午战争以后,中国人逐步认识到中国的落后和当时积贫积弱的社会现实,新思想、新思潮不断兴起,救亡图存、科学救国、立宪救国、实业救国等都成为当时的潮流。这些思想潮流的发展、壮大,离不开教育,离不开先进思想的启蒙,因此,无论是封疆大吏,还是立宪派、维新派都非常重视教育的

---

① 《李鸿章全集》奏稿卷 28,第 1215 页。

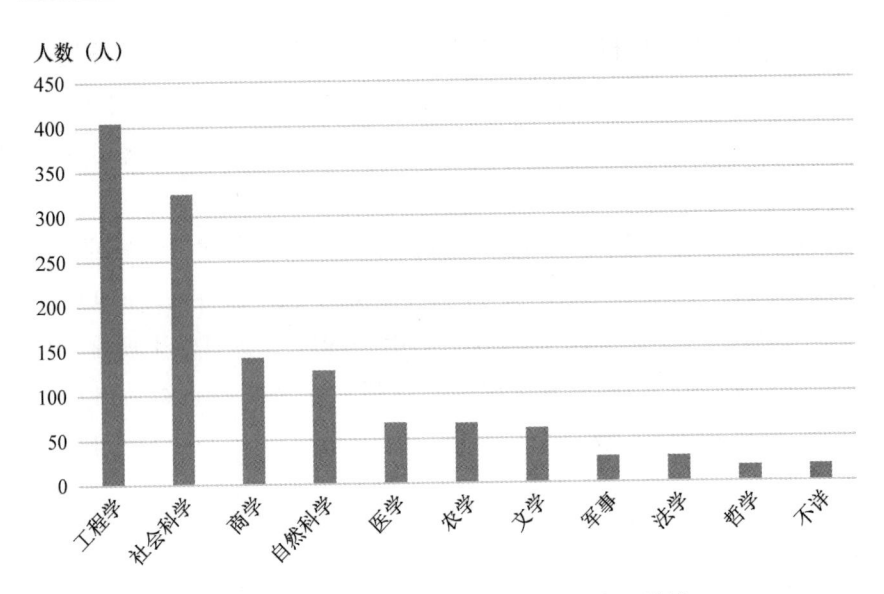

图 3-6　1909—1929 年清华留美学生专业统计

作用，各地中小学堂也如雨后春笋般地发展起来。随着学堂的兴建，师资面临严重匮乏："学堂固宜速设矣，然而非多设不足以济用。欲多设则有二难：经费巨，一也；教习少，二也。求师之难，尤甚于求费。天下州县皆立学堂，数必逾万，无论大学小学断无许多之师，是则惟有赴外国留学一法。"① 因此，派遣人们去日本学习师范，回国后迅速补充中小学堂师资，就成为当时留学的一种趋势。1903 年 12 月，张百熙在"奏派学生赴东西洋各国游学折"中进一步指出："益觉咨遣学生出洋之举万不可缓，诚以教育初基，必以培养教员入手。""应多派学生分赴东西洋各国学习专门，以备将来学成回国，可充大学教习。"② 除了师范外，法政也是当时留日学习的一个重要科目，这主要是因为当时："一切新政，如路矿、商标、税务等事，办法稍歧，诘难立至，无一不赖有法律以维持之。"③ 况且 1905 年科举制度

---

① 舒新城编：《中国近代教育史资料》上册，人民教育出版社 1961 年版，第 58 页。
② 陈学恂、田正平编：《留学教育》，上海教育出版社 1991 年版，第 19 页。
③ 朱有瓛主编：《中国近代学制史料》第 2 辑下册，华东师范大学出版社 1989 年版，第 469 页。

被废除后，知识分子在国内断了入仕的道路，他们纷纷到日本学习法政，作为当时中国留日法政生的主要学校日本法政大学也专门设立法政速成科，专教中国游学官绅。继法政大学后，东京帝国大学、明治大学、东京法学院、早稻田大学也先后为中国留学生设立了法政速成科，一时之间留日学法政的人数不断增多。据留日学生监督杨枢奏报，在1904年，日本各学校就有中国留学生1300多人，其中学习文科的就有1100多人，此外还有学习军事的200多人。当时国内师范、法律等人才缺乏，再加上在日本留学，师范和法政是速成科，留学时间短，所以学师范、法政的人很多。据统计，1906年，学师范、法政等速成科的留日学生占到当年留日学生的60%。1907年在日本东京帝国大学留学的35人中，其中学习文科的有21名，占60%，21人中，学习法政的有18名。这种学科的选择是当时时局发展的要求，随着清末新政与各地新式学堂的建立，国内急需教师和法政人才。留学日本的人大多年龄偏大，国内接受的教育参差不齐，大多是文科类的教育，因理工科的学习相对较难，因此，他们避难就易，纷纷选学法政科。

此外，军事科也是当时一个重要科目，因为当时"日本陆军经营数十年，成效显著，中国似宜添派学生来东，专送入陆军各学校，以期成就远大，用济时艰"[①]。和师范科、法政科有所不同，军事科从一开始就规定必须是官派："保送学生入日本各学堂，除农工商各项实业学堂及文科医科各专门不限人数外，其政治、法律、武备三门，宜分别限定名数，每年只准保送若干名。武备一门，非官派学生不准保送。"[②] 清政府从一开始对军事留日的管理及限制就非常严格。

所以，留日学生中师范、法政等文科学生多，一方面是当时国内外环境造成的，另一方面和清政府早期留学政策的引导也有一定的关联。但是，19世纪末20世纪初，随着新政的开展，为了发展、壮大

---

① 陈学恂、田正平编：《留学教育》，上海教育出版社1991年版，第363—364页。
② 舒新城编：《中国近代教育史资料》上册，人民教育出版社1961年版，第188页。

国内的实业,晚清政府也迫切需要留学生学习外国先进的技术和自然科学知识,所以后来晚清政府在对日和对美的留学政策中都加强了对理工科的重视。如1910年,清政府就在留学政策上明确规定:"游学欧洲之官费学生,以已入大学习医、农、工、格致四科之专门学者为限,习法、政、文、商各科者,虽入大学,不得给官费……自费生能考上大学专门学校习农、工、格致、医科,经监督处查明,确能循分力学成绩优异者,由监督处咨明本省,酌量补助学费。"[①] 所以至庚款留美学生,留学专业就发生了很大变化,这从首批庚款留美学生的专业中可以发现,如表3-10所示。

表3-10　　　　　　　首批庚款留美学生专业　　　　　　单位:人

科目	人数	科目	人数	科目	人数	科目	人数
电机	6	森林	2	土木	2	卫生	1
化工	6	造船	2	冶金	1	工业化学	1
农学	4	采矿	2	商业	1	不详	1
化学	3	机械	2	财政	1	—	—
文哲	3	教育心理	2	河海工程	1	—	—

从表3-10中可以看出,和留日学生的专业相比,留美学生的专业已经发生了根本的变化,留美学生学习的大部分是理工农医类的专业,这些专业中,工程技术类更是最主要的专业。庚款留学的首批学生47人,有39人学习了理工农医类的专业。后来的庚款留美学生的专业也没有多大的改变。如庚款留学的第二批学生70人中有65人学习理工农医,学文的仅有5人。这样一来,清末法政、师范速成科畸形发展的局面已经慢慢得到改观。据1916年中国留学生监督报告分析,在全部的1086名官费生内,农科53名,工科392名,商科64名,医科179名,师范科109名,法政科180名,其他各科109名。这和1927年环球学生会对1917年留学美国、日本官费生专业的统计

---

① 陈学恂、田正平编:《留学教育》,上海教育出版社1991年版,第305页。

比较基本一致（见表3-11），在留美、留日官费生中，所学专业以工科、医学、师范、法政等为主，留学科目渐趋平衡。

表3-11　　1917年留学美国、日本官费生专业统计　　单位：人

科目	日本	美国	总计	百分比（%）	名次（位）
文	25	11	36	2.962963	9
理	24	4	28	2.304527	10
法	18	33	51	4.197531	8
商	53	9	62	5.102881	5
医	456	2	458	37.69547	1
农	50	8	58	4.773663	6
工	279	64	343	28.23045	2
师范	64	—	64	5.26749	4
预备	267	—	267	21.97531	3
其他	58	—	58	4.773663	6
总计	1084	131	1215		
名次（位）	1	2			

资料来源：据环球学生会1927年特刊调查录等材料、表格编制，参见周棉主编《中国留学生大辞典》，南京大学出版社1999年版，第597页。

如果单从庚款留美学生的专业看，学科分类就更为平均。通过对1921—1925年清华留美学生专业进行分类可以看出（见表3-12），工程与工艺、商科、经济、农科、政治、教育等所占比重较大，宗教、外交等所占比重很小。这和当时中国的发展形势密切相关，但也看出清华留美学生在专业选择上要务实得多。他们将自己的专业兴趣与回国以后的就业密切联系在一起，作出的成就也相对较大。

表3-12　　1921—1925年清华留美学生学科分类　　单位：人

科别	1921年	1922年	1923年	1924年	1925年	总计	百分比（%）	名次（位）
工程与工艺	12	25	29	17	12	95	24.83	1
商科	10	12	16	1	11	50	13.08	2

续表

科别	1921年	1922年	1923年	1924年	1925年	总计	百分比（%）	名次（位）
经济	7	7	—	16	5	35	9.17	3
农科	4	1	8	3	11	27	7.07	4
政治	1	5	7	6	5	24	6.29	5
教育	5	9	4	—	3	21	5.5	6
未详	18	—	2	—	—	20	5.24	7
理科	2	1	3	5	8	19	4.98	8
文学	—	3	5	7	3	18	4.72	9
军事	—	2	2	—	8	12	3.14	10
医科	2	1	3	2	3	11	2.88	11
艺术	2	1	3	1	—	7	1.83	12
哲学	—	1	2	3	1	7	1.83	13
社会	—	3	2	—	1	6	1.57	14
法律	—	3	2	1	—	6	1.57	15
应用化学	—	5	—	—	—	5	1.31	16
铁路管理	1	2	—	—	1	4	1.05	17
新闻	1	2	1	—	—	4	1.05	18
机械	—	2	—	—	—	2	0.52	19
兽医	—	2	—	—	—	2	0.52	20
航空	1	1	—	—	—	2	0.52	21
纺织	1	—	—	—	—	1	0.26	22
电机	—	—	1	—	—	1	0.26	23
数学	1	—	—	—	—	1	0.26	24
宗教	—	—	1	—	—	1	0.26	25
外交	—	—	1	—	—	1	0.26	25
总计	68	88	92	63	71	382	100	

综上，我们可以看出，在中国近代官派留学教育过程中，专业学习方面，政府的作用很大，特别是早期官派幼童留美以及船政留欧的专业学习，基本上是在政府的主导下进行，船政留欧的专业限制性更强，基本就是工程、造船及驾驶。留美幼童由于年龄小，主要是学习

了一些基础的自然科学和社会科学知识,所以归国后许多人又改学或重新学习了其他专业。到了19世纪末20世纪初,情况发生了变化,虽然政府的作用依然占据主导地位,但这时影响留学专业的因素就多了起来,比如当时中国民族危亡的严重形势,救亡图存就成为留学生专业选择的一个重要因素;比如当时国内实业救国、立宪救国、科学救国三大潮流,也深深影响着留学生的专业选择,再加上地区差异、家庭的影响等,因此,留学生的专业选择也就更加多元。

三 留学专业的动态分析

中国近代处于历史大变革时期,这无疑会影响近代留学,特别是留学生专业的选择。官派留学也不例外,留学生的专业处于不断的变动中,这主要包含两层意思,一是随着时间的变迁,整个留学专业在不断发生变化;二是留学生个体的留学专业在留学过程中发生了变化。留学生整体到个体留学专业的变化,反映出当时中国的现实。

通过三批庚款留美学生专业的统计(见表3-13),我们可以看出:第一,留美学生所学科目与同时期留日学生所学科目有很大差别,受留日学生青睐的师范教育类以及军事类,在前三批庚款留美学生所学专业中基本看不见。第二,前三批庚款留美学生所学专业以工程技术、理科类为主,特别是工程技术类,说明庚款留美学生更加务实,也和当时国内的实业救国思潮密切相关。第三,经济、法政类留学生有所上升,这和当时国内商业及立宪运动的发展都有很大的关系。并且随着时局的发展,经济、法政留学生数目有所增加。

表3-13　　　　　　　清末庚款留美学生专业情况　　　　　单位:人

科别	第一批	第二批	第三批
文史哲类	3	4	8
法政类	1	4	11
师范教育类	2	3	1

续表

科别	第一批	第二批	第三批
军事类	1	—	—
农医类	6	7	5
理学类	6	8	7
工程技术类	22	39	26
经济类	3	4	6
其他	3	2	4

注：因有的学生学习了好几个专业，所以每一批专业统计的数目都要比留学生人数多。

从留学个体看，受个人兴趣和时局的影响，许多留学生的专业在留学过程中发生了变化，我们选取了其中一些代表性的人物，如表3-14所示。

表3-14　　　　留学专业转移情况

姓名	留学年份	留学国家	初学学校及专业		转学学校及专业			毕业年份	学位
			学校	专业	转学年份	学校	专业		
萨本栋	1922	美	斯坦福大学	机械工程	1925	麻省伍斯特工学院	物理	1927	理学博士
朱家骅	1914	德	柏林矿科大学	采矿工程	1920	柏林大学	地质	1921	地质学博士
陈望道	1915	日	东京物理学校	自然科学		早稻田大学 东洋大学 中央大学	法科 文科	1919	法学
梁希	1906	日德	日本士官学校	海军	1923	塔朗脱高等林业学校	林产制造化学		
张钰哲	1923	美	美国普渡大学康奈尔大学	机械建筑	1925	芝加哥大学	天体物理		
杨铨	1912	美	康奈尔大学	机械工程		哈佛大学	工商管理		

续表

姓名	留学年份	留学国家	初学学校及专业 学校	初学学校及专业 专业	转学年份	转学学校及专业 学校	转学学校及专业 专业	毕业年份	学位
刘湛恩		美		医学	1915	芝加哥大学	教育		
马寅初		美		矿冶	1903	耶鲁大学 哥伦比亚大学		1914	经济学博士
熊庆来	1913	法	巴黎矿业学校	矿业	1914	格勒诺布尔大学 巴黎大学 蒙特利埃大学 马赛大学	数学		
章鸿钊		日		数学 农学	1908	东京帝国大学	地质		
胡适	1910	美	康奈尔大学	农学	1915	哥伦比亚大学	文学 哲学		
蒋梦麟	1910	美	旧金山加州大学	农学	1912	哥伦比亚大学	哲学 教育		哲学博士
鲁迅	1902	日	弘文学院	普通科	1904	仙台医学专门学校	医学		
竺可桢	1910	美	宜诺斯大学	农学	1913	哈佛大学	地理 气象		
潘光旦	1922	美	国达茂大学	生物	1925	哥伦比亚大学	社会学		
洪深	1916	美	俄亥俄立大学	陶瓷工程	1919	哈佛大学	文学 戏剧		
郁达夫	1914	日		医科	1919	东京帝国大学	经济		
徐新六	1908	英	伯明翰大学	冶金	1912	英国维多利亚大学	经济 财政		
任鸿隽	1908	日美	东京高等工业学校	应用化学	1912	康奈尔大学 哥伦比亚大学	化学 物理		
陶行知				医学	1914	伊利诺斯大学 哥伦比亚大学	政治 教育		

虽然专业变动没有明显的普遍性和规律性，但从中我们也可以看出一些端倪。其一，是专业选择和变动的多样性和跨度性，有学科内部的转移，但更多是学科间的转移，专业选择多种多样，专业变动跨度非常大，有从工程转到理学的，有从农学转到文学、哲学的，有从自然科学转到文科的，有从医学转到教育的，等等。其二，留美学生的专业转移比留日学生的专业转移更加频繁。其三，这些留学生日后在其转移后的专业及领域里大多取得了突出的成就。其四，从专业转移的原因进行分析，留学专业的选择也深深打上了时代的烙印，但具体到每个人则原因各异，有的是怀抱着救国的理想留学，随着认识的改变而改变，有的是由于中国传统的价值观和西方价值观的冲突而改变了专业，更多的留学生是随着自己兴趣的改变而改变了自己的专业，这也是他们后来大多取得一定成就的主要原因。

第七节 中日近代留学教育比较研究综述

中国和日本在19世纪中期以前都是封建落后国家，并且几乎同时受到西方列强的侵略。19世纪中叶，在西方列强对东北亚地区的武力冲击下，清政府和德川幕府先后与英、法、美、俄等国签订了不平等条约，近代中日两国都相继结束了"闭关锁国"的状态，被动地打开国门。在西方文明的冲击下，两国国内也都产生了维新变法思想，中国先后进行了洋务运动和戊戌变法运动，日本进行了明治维新，前后都进行了30多年。但是最终，洋务运动没有使中国走上富强的道路，戊戌变法仅仅经过了103天就以失败而告结束，中国依旧积贫积弱，在封建的囚笼里痛苦挣扎。而日本经过明治维新，完全效法西方，文明开化，富国强兵，走上了资本主义道路，并且发展迅速，仅用30年时间就跃居世界前列。19世纪末，中日双方还正面进行了一场真正的较量——中日甲午战争，最终中国失败。对于中日双方在19世纪末所走的道路、进行的变革和发展，许多学者从不同的方面进行了探讨，原因也是多方面的。中日两国的改革和近代化进程是一个非常复杂的系统工程，有各种层面、各个方面的原因，是由两国国内外各种因素及其相互作用产生的合力所决定的。[1]留学教育及其产生的后果也是其中重要的一个方面，在当时的情况下，两国政府也都认为派遣留学生是最直接、最有效的学习西方先进科技文化的途径。1862年，幕府当局首次向欧美国家派遣留学生，10年后，清王朝也开始派遣留学生赴欧美学习。近代中日两国几乎在同样背景下，在同一起跑线上，开始走出国门，迈向西洋，踏上了向欧美国家学习的道路。然而相似的历史氛围，相似的目的，却结出了不同的果实，以至于影响了两国的近代化进程。对此，长期以来，学者们也有不同的论述，概括起来，有以下几个方面。

第一，指导思想的不同。为实现救亡图存、富国强兵这个总目标，中日两国都掀起了教育改革的热潮，但在改革中，两国却采取了不同的指导思想。中国洋务派采用的是"中体西用"即"中学为体、西学为用"的指导思想，只学习西方先进的科学技术，目的是维护清朝的统治。而幕末日本思想家们提出了"和魂洋才"的指导思想。这体现了中日两国对西方文化的态度，清政府在洋务时期就大体确定了"中学为体，西学为用"这一政策，从宏观上给洋务留学政策以指导。洋务派对于西方的认识，大都局限在器物的层次上，中国的改革举措，其根本目的在于通过学习西学，维护清王朝的封建统治，固守"中体"的思想，这样就阻碍了近代西方思想文化的传播，从根本上决定了清政府派遣留学生向西方学习的最终结局，也使得洋务运动时期的留学教育举步维艰。清朝末年，清政府迫于形势的需要进行新政，在教育包括留学教育方面进行了一系列改革，但终究没有脱离"中体西用"这一指导思想。而幕末日本思想家们提出的"和魂洋才"这一思想正好适应了推翻幕府统治以后的明治政府政治改革和社会发展的需要，并结合形势发展，进一步发展为"文明开化"思想。洋务运动的"中体西用"和日本明治维新的"和魂洋才"，都是根源

---

[1] 王晓秋：《东亚历史比较研究》，北京大学出版社1912年版，第23—24页。

于东方传统文化的基础上吸收西方文化的模式,但"中体西用"思想,由于其保守性、排他性,最终成了中国近代化进程的包袱和阻力。而"和魂洋才",由于其灵活性、包容性,却成了促进日本近代化进程的一种动力。① 在教育改革目的认识上的差异,对派出留学生在整个经济社会发展中功能和作用认识上的不同,是造成洋务留学教育与明治维新留学教育成效不同的重要原因。

第二,两国对待留学教育的态度不同。19世纪中期以后,西方列强相继打开两国闭关锁国的大门,两国也逐渐认识到西方的强大,但在对外关系和对留学教育的认识和态度是不一样的,中国是被迫的、消极的、被动的,日本是包容的、主动的、积极的。中国自唐代以来,经济和文化一直处于世界前列,由于闭关锁国,一向以"天朝上国"自居,传统文化根深蒂固,封建思想影响深远,对西学总体上持看不起、排斥态度,在留学教育过程中,也始终要保持自己天朝上国的尊严,始终没有清醒的、长远的认识。留学目标狭隘,目光短浅,思维僵化,短期的、功利性的留学目的,不利于留学生作用的发挥。日本历史上始终处于"边缘文明"地位,主动学习性强,强烈的危机意识铸就了这个民族主动摄取外来文化的性格。唐代日本就积极学习中国先进的文明,多次派遣遣唐使和留学生到中国唐都长安学习,并最终促成大化改新,日本历史进入一个大发展时期。明治时期,日本被西方列强打开大门以后,他们就逐渐认识到西方的强大,开始全面学习西方科学技术知识和思想文化,并且与日本本民族的文化有机结合。日本上下赴欧留学热情高,他们抱着要使日本成为"五大洲中第一之富强国"的决心。特别是知识阶层中的一些年轻藩士,态度更为坚决,直接推动了日本的"文明开化"进程。

第三,派遣过程的不同。日本被西方列强打开国门的时间比中国晚,但其官派留学教育却比中国早了近十年。这从一个侧面也反映了中日两国对于西方和西学认识的不同以及留学的决心。日本被列强打

---

① 王晓秋:《东亚历史比较研究》,北京大学出版社1912年版,第117页。

开国门以后，基于对西方的认识，特别是看到近邻中国遭受列强的侵略，被迫签订了一系列不平等条约，面临亡国灭种的危险，很快就决定官派留学，不但学习西方先进的科技知识，而且学习西方先进的思想文化，颁布"解禁令"，允许人们到海外自由留学，表现出强烈的留学热情。而中国是在被打开国门、签订不平等条约 30 多年以后，主要是为了满足洋务运动发展的需要，在容闳等人的多次建议下，才缓慢开始了官派留学教育活动，并且设置了种种限制，严守"中体西用"的方针。

第四，支持力度的不同。中国近代早期官派留学教育活动是为了洋务运动的需要。但在实施过程中，在中央和地方都没有强有力的政治支持，特别是早期的幼童留美教育活动，自始至终都受到封建顽固派的攻击、阻挠和破坏。然而面对同样的危机，日本政府则表现得很主动，特别是推翻幕府统治上台后的明治政府，与西方关系比较友好，学习西方的热情也比较高涨，掌握权力的大资产阶级和几个名藩，更是积极支持年轻人出国留学，学习国外的科技与文化。也就是说，领导晚清中国近代化、推动留学的曾国藩、李鸿章等人始终是封建统治的忠实守护者，且掌握的权力十分有限；而日本领导阶层则是积极维新的仁人志士，拥有更多国家权力，这些因素同时也影响了中日两国近代化的历史进程。

第五，留学生选拔的标准不同。对于留学生的选拔，两国也有所不同。选拔派遣的留学生不同，导致在学习西方先进技术的主动性上有很大的差距，从而影响了学习的成果。洋务时期关于留学的奏折不少，但都未对留学生的选拔明确规定，也没有统一的考核标准，完全是一种盲目的以身份为主的选拔。幼童留美的选拔标准仅是"志趣远大，品质朴实"及"年十三、四岁至二十岁为止，曾读中国书数年"。中国早期留美学生多是年龄在 12—16 岁的幼童，尚未经过专门训练，其学业基础差，深造很难。船政学堂派遣的留欧学生留欧目标更为明确，就是去学习造船和驾驶技术，留学时间短，更像是一次出国实习活动。晚清时，留日学生增多，但"流品太杂"，中央和地方选派不明确，导致"出洋学生流弊甚多"的现状。针对这种现状，1903年，清政府颁布张之洞拟奏的《约束游学生章程》，加强了对留学生特别是留日学生的管理，规定不许留学生妄发议论，干预政治，"无论所言是否，均属背其本分"，留学生除编辑教科书及翻译科学讲义外，"无论何等著作，但有妄为矫激之说，紊纲纪害治安之字句者，请各学堂从严禁阻"①。"保送学生入日本各学堂，除农工商各项实业学堂及文科、理科、医科各专门不限人数外，其政治、法律、武备三门，宜分别限定名额，每年只准保送若干名。"② 同时规定，有品行问题的学生由游学监督分别情节，减其品行分数并酌情处理。从这些规章内容中可以看出，对留学生的传统封建品行的教育与管理，仍然是清政府管理的重点。而日本留学生出身背景好，对西方先进科学技术学习的主动性和自觉性很强，在留学生选拔上尤其注重学生的探究精神和对国家的献身意志。留学生的身份，中国派出的留学人员多为平民子弟，在国内所受教育有限，且要"身家清白"。而日本派往国外的留学生官宦子弟较多，在国外学习的层次较高，为日本加速吸收西方文化在人才选拔上做了保证。后来日本将留学政策开放，自费生无任何条件，这样留学逐步走上了以实力为选择标准的道路，留学生的选拔由身份逐渐向能力过渡。

第六，留学时学习内容与学习过程的不同。在中国，由于传统文化影响根深蒂固，中西学术间的主辅之分、本末之别十分鲜明，中学始终是教育（也是留学教育）的核心，留学教育始终没有突破"中体西用"的限制。中国近代留学最初是为了洋务运动的发展，多限于技术、军事留学，实用性较强。为了加强海防发展洋务，派出去的留学生大多主攻造船、驾驶等军事及开矿等一些科技专业。到了清末，随着清末新政和国内新式学堂的兴起，法政、师范等专业占了一定的比重，但这些主要局限在到日本的短期留学，其目标也主要是为了回

---

① 陈学恂、田正平编：《留学教育》，上海教育出版社1991年版，第55页。
② 陈学恂、田正平编：《留学教育》，上海教育出版社1991年版，第58页。

国以后的就业。日本在这方面比当时的清政府要有远见,"和魂洋才"本身就具有兼收并蓄的意味,强调东西方文化、思想的融合。日本留学之始,虽然也是以学习军事、造船为主,但已注意到学习西方社会科学。幕府开港后,随着所派留学生的增多,留学涉及的科目非常广泛,并且更加重视社会科学的学习。明治新政府成立后,留学学习的科目更加明确,从军事到政治,从自然科学到社会科学,从理论到应用科学一应俱全,涉及的专业也非常丰富,从饮食服装到铁路电信,从自然科学到政治法律,从农业到商业,从民用技术到军事指挥,无所不包。

第七,归国作用和贡献的不同。中国幼童留美时期,国内保守势力强大,民众也远未开化,因而,对留学的作用认识不清,对留学生归国后的使用不够重视。幼童留美,实际返回96人,其所学专业大部分在当时的中国没有用武之地,存在学非所用的问题,且日后贡献主要集中在科技、实业领域,对社会变革的影响远不及日本留学生。日本明治维新前后,通过使团考察和留学教育,比较全面深入地了解和研究了西方文化,特别是西方的政治经济制度。明治政府深刻认识到西学的先进性,对留学生派遣的目的非常明确。留学生归国后,通过著述、翻译、学术结社等方式积极参与近代日本的思想启蒙活动,对日本的"文明开化"起了积极的推动作用。因此,在明治维新的各项改革中体现了从物质、技术、制度、文化、风俗习惯等方面全方位地学习西方,他们对于吸收外来文化的长处和扬弃本国落后的文化、体制,不但觉得"毫无可耻之处",反而以此"感到骄傲",认为"善于学习别国的长处是我国的好传统"。自始至终,日本对留学生归国后的使用一直非常重视,明治维新以后,明治政府的各界要人,大多是留学归国之人。与中国相比,一个明显的特征是日本留学生走上政界且能左右政局的人很多,留学生也成为这一时期社会制度的主要变革者。留学生归国后受到明治政府的极大重视,拥有广阔的实施政治抱负的空间,活跃于社会各界,贡献表现在各个领域,他们竭尽全力宣传移植欧美各国的政治制度、法律体系、思想文化以及军事制度。留学生通过参与立法、司法等法律活动或法学教育，对建立和健全日本近代法制，构筑资产阶级立宪国家的法律体系作出了重大贡献。留学生通过模仿欧美建立军法、军事教育体系，积极学习欧美各国的用兵战术和兵工技术，使日本在亚洲最早成为君主立宪国家并逐步实现军事近代化。洋务派所兴办的学校无论是从数量上还是从质量上都远不如明治维新，其教育活动对西方教育的吸收远没有明治维新的力度大。

  中日两国官派欧美留学是近代"西学东渐"背景下的反映，而反映的深度和广度最终决定了两国官派留学的历史进程，进而使留学效果也有诸多不同，这些相同、相似或不同的状态，最终决定了中日两国官派欧美留学的历史走向。留学生——这些近代化的推进者——在国内政治环境、社会风气、经济基础的影响下，表现出相同、相似或不同的人生际遇、历史作用，这些相同、相似或不同的人生际遇、历史作用，与其他政治、社会资源一起，促使中日两国走上不同的发展道路。

第四章　中国近代留学教育与中国近代化

第一节　清末民初留学生的职业选择变迁

近代中国的社会变迁与留学教育相伴始终，留学教育随着近代中国社会变迁的逐步深化和发展走向高潮，反过来，留学教育又推动了近代中国的政治、经济、文化等方面的变革。在这个相互交融的变革过程中，"西学东渐"贯穿始终，留学生始终占据着主体地位。随着留学专业的变迁，留学生回国后的职业选择也在发生着变化，而留学生的职业选择变迁又在一定程度上反映着中国近代社会的变化。

了解留学生归国后的贡献，首先要从他们的职业谈起。职业是社会分工的产物，查贝克认为："职业指的是在工作组织不断变化的过程中所产生的专业化形式，个人为了谋生不得不去从事这种形式。"[①] 中国传统社会里，少有职业的概念，有的是"阶层"，从一定意义上说，职业就是近代化过程中产生的或者说逐渐明确的一个概念。一直到清末，中国传统社会里一直是"士农工商"四个阶层，这一方面是与中国封建社会里自给自足的自然经济相关，另一方面也是中国封

---

① Zabeck, J., *Geschichte der Berufserziehung und ihrer Theorie*, Paderbom: Eusl – Verlagsgesellschaft mbH, 2009.

建社会里统治阶级长期实行"重农抑商"政策的产物,士最高,商最低。这其实也是一种社会身份的象征:"这种各阶层、等级之间及其在职业上的封闭性不仅与当时的政治、经济、文化结构相紧密关联,而且更为一系列的法律制度和社会习惯所肯定。"[1] 加之科举制,读书人选择职业的机会和空间也是异常狭小。入仕做官是大部分读书人一生的最高追求,或者说是职业的最佳选择,除此之外,就是塾师、幕僚之类,很少有从事科学与技术行业的,更不用说去经商、办实业,因为那些都是在"士"以下的,也就是说作为知识分子的"士"长期以来是依附于统治阶级而存在的,但他们依然处在"士农工商"的首位。

清末民初,社会经历急剧的社会变革,伴随着"西学东渐"、洋务运动、维新变法、清末新政、民主共和、革命运动等思潮与运动的兴起,科举制度废除,各种新式学堂不断涌现,迨至清末留学运动达到高潮,留学专业的丰富,这一切都导致大量的新式知识分子不断涌现,"士农工商"四阶层制也逐渐被多元化的、全方位的、新兴的丰富的职业所代替。特别是大批具有近代思想、近代专业知识的留学生的回归,逐渐改变了中国的传统职业与阶层。与人文社会科学、自然科学、工程技术、师范、法政、新闻、出版等专业相关,除了传统的官吏、政府各层人员、军官、士兵外,出现了大批诸如工程师、记者、医生、律师、教师、科学家、作家等的社会群体。这些社会群体的出现,说明人们在一定程度上可以根据社会的需求和个人的意愿自主选择自己的职业,说明19世纪末20世纪初晚清到民国年间,中国的职业结构已经发生重大变化,中国近代职业化[2]的进程大大加速。

我们选取了官派幼童留美以及庚款留美归国留学生为研究对象,对他们留学归国后的社会职业进行度量,重点考察职业的变迁情况及

---

[1] 何一民:《近代中国城市发展与社会变迁》,科学出版社2004年版,第339页。

[2] 职业化用来指受过某些专门科学教育的人,从事社会认可确立的某一专业领域内的工作,并以此工作来维持生计,这样一种过程称为职业化。

其职业的群体特征，从中我们可以看出中国近代职业的变迁。

一　数据的来源

数据主要来源于清末洋务时期的官派留美幼童以及清末新政时期和民国时期成就比较突出的庚款留美学生，考察其归国以后的职业选择以及职业变动。这样选择的原因一是他们基本涵盖了清末官派留学的精英主体，当然，这其中主要遗漏了清末新政时的官派留日归国学生，主要是因为对这部分学生的统计十分困难。二是洋务时期的官派留学以及庚款留学回国就业基本涵盖了我们考察的时间段，即19世纪80年代至20世纪30年代近半个世纪。三是这些官派留学归国的知识分子是当时中国新型知识分子的代表，他们广泛分布于中国当时新兴的各种行业。

二　主要职业变动

我们首先来看一下中国近代与归国留学生有关的主要职业变动情况。

图4-1中1为19世纪80年代，2为19世纪90年代，3为20世纪10年代，4为20世纪20年代，5为20世纪30年代。从近半个世纪留美学生归国后职业的变化情况，基本可以看出当时中国知识分子特别是精英知识分子的职业变化，也反映出19世纪末20世纪初中国社会的变化，在社会激烈变动的过程中，中国近代化在缓慢地发展。其间，知识分子，特别是留学归国知识分子保持了自己特有的发展风格。

洋务时期留学的一项重要目标就是培养外交人才，所以，19世纪八九十年代归国的留学生从事外交的人员所占的比例仍然很大，不少留学生归国后帮办洋务事业。20世纪以后，中国与外国联系更加密切，已经不需要通过留学专门培养外交人才，清末新政特别是庚款

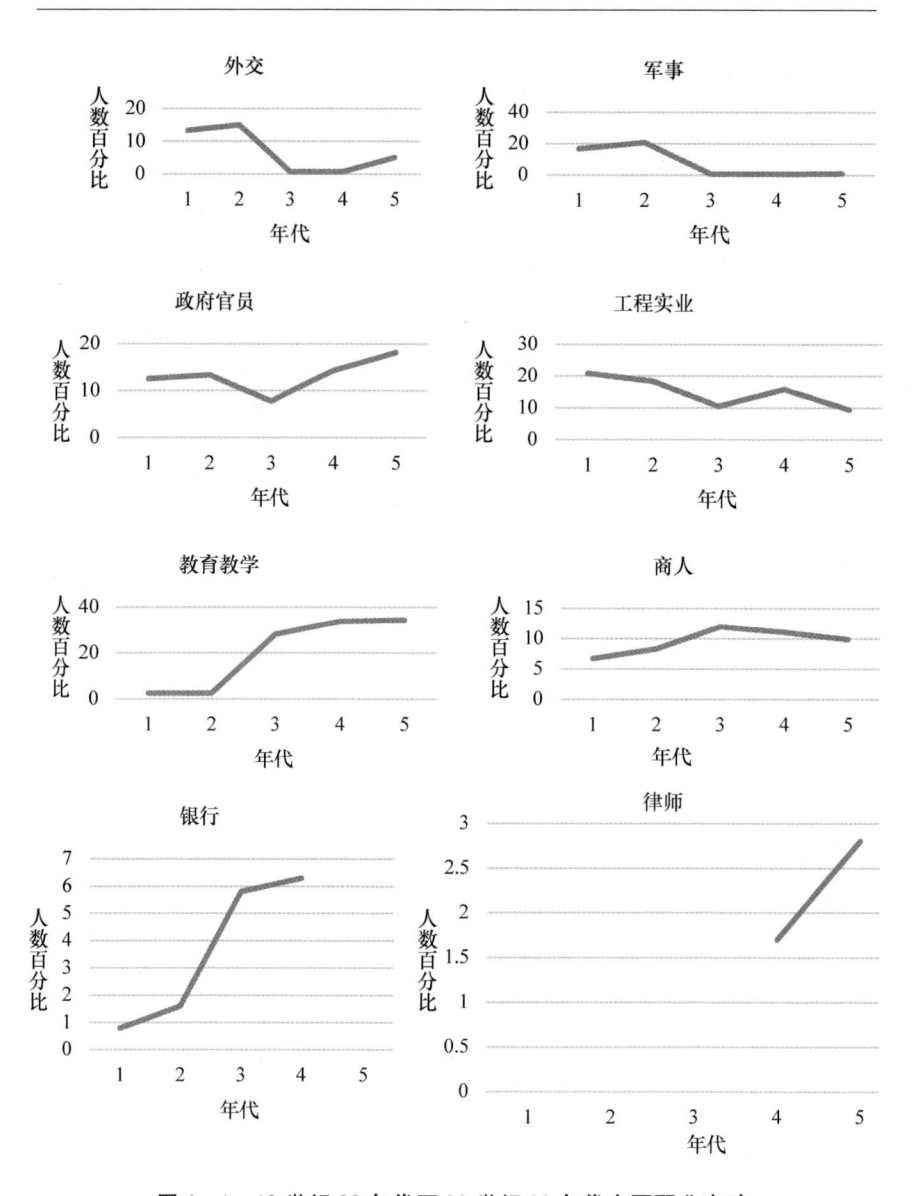

图 4-1 19 世纪 80 年代至 20 世纪 30 年代主要职业变动

根据《留美幼童归国从事职业表》《1909—1922 年清华归国学生从事职业表》《1925 年底清华归国学生从事职业表》《1925 年、1931 年中国留学归国者职业分类表》，以及本书末附录 1—4，附录 6—8 概括总结计算制成，以百分比为单位。

资料来源：[日] 阿部洋：《解放前中国的人才培养与留学美国》，《中国近代化的历史展望》，[日] 霞山会 1982 年版，第 86 页。田正平：《留学生与中国教育近代化》，广东教育出版社 1996 年版，第 108 页。周棉主编：《中国留学生大辞典》，南京大学出版社 1999 年版，第 589、602 页。

留学的主要目的是培养教育、实业、军事人才之类。因此直接从事外交的归国留学生越来越少。

军事是个例外，不能准确反映这半个世纪留学归国知识分子的职业变动轨迹，只是反映了留美学生的职业变化。相较庚款留美生，留美幼童许多人归国后到北洋海军和南洋海军等军队中服役，并且一些人参加了甲午战争和马尾海战。清末新政中有军事改革的内容，军事留学主要是留日学生、留日士官生。20世纪二三十年代归国的留学生从事军事工作的也大部分是留日学生与留欧学生，庚款留美生归国后从事军事工作的比例较少。

政府官员和从事实业的留学生变化不大，只不过19世纪末从事实业的留学生大多在筑路、采矿、电报等行业，20世纪二三十年代留学生从事的实业范围要广泛得多，除了路矿等传统行业外，开办工厂、办企业成为一些留学生的首选，这是和当时的实业救国、职业救国等思潮紧密结合在一起的。与之相联系的是商业，商人这一职业在19世纪70年代和80年代经过一段低位运行，90年代职业从业人数有了小幅增长，20世纪初的前20年人数激增并保持高位。这和中国近代民族企业的发展是密切相关的，1900年到1920年这段时间是中国近代民族企业的辉煌高峰时期，被称为"民族企业的短暂春天"，主要原因一是实业救国社会思潮的影响，二是清政府奖励实业政策的鼓舞，还有就是"一战"期间，帝国主义各国之间忙于战争，暂时放松了对中国民族企业的控制和压制。这一时期，中国实业职业人数也达到了顶峰。

变化最大的是教育，清末的教育改革和科举制度的废除引发了新兴教育的蓬勃兴起，为这一时期留学知识分子的职业选择提供便利条件，从事科学教育成为他们的主要职业取向。庚款归国留学生从事教育的很多，并且大多是从事高等教育，许多人将国外的学科、专业带到国内，创办了新兴的学科和专业，这些人大多是教授，一些人还成为大学的校长，为中国的教育近代化作出了贡献。

律师作为一种新兴的自由职业，是伴随清末宪政制度的改革，伴随着法律制度的健全和完善而逐渐兴起的。晚清新政的推行和民国政府的初建，各地都需要大量的法律工作者。从律师职业图表中，发现直到20世纪前10年以后，归国留美生才有从事律师职业的，并且人数也很少，但其后保持一种直线上升的态势。与之相近的是医生以及银行从业者，所不同的是后两种职业以前就存在，并且留美生毕业后从事医生和银行的也大有人在，只不过20世纪以后，学医的庚款留美生与学经济的庚款留美生回国后赋予了这些传统的职业以更多的"西洋"色彩。社会经济的发展和上层建筑的改革，新兴及创新职业大量产生，人们的职业选择空间更大。

从留美归国生的职业选择，我们可以看到中国近代社会转型的曲折与艰辛，一方面，社会出现大量的职业，另一方面，传统职业仍然存在，并占据主流地位；一方面留学生归国可以自由选择自己的职业，另一方面留学生归国后"职业包办"的现象仍然存在，特别是早期的留美幼童和船政留欧生，其留学完全是在洋务官员和政府的控制之下进行的，这些人的职业选择是完全由洋务官员根据政策要求来定制的。清末新政以及庚款留学时期，政府也是通过留学生归国考试来控制留学生；一方面留学生接受西方先进思想、技术，归国后可以根据自己的兴趣、所学选择职业，另一方面旧的封建意识或多或少地存留在留学生的血液里，尤其是中国当时缺乏留学生生长的土壤，从而使留学生职业选择受到种种限制。由于传统价值观的影响，大部分留学生职业取向还是主要集中在政治或者"为官"方面，"学而优则仕"的现象一直存在。

第二节　中国近代官派留学生与实业救国思潮

晚清至民国，民族危亡加深，社会历史变迁，围绕着救亡图存，产生了各种社会思潮，科学救国、实业救国、宪政救国、教育救国、农业救国、军事救国,等等。其中,实业救国是当时一种最主要的社会思潮,围绕实业救国,社会上产生了很多实业救国思想,成立了许多实业救国团体,进行了各种实业救国的尝试,产生了许多著名的实业人物,其中,官派留学生有其独有的地位。

实业,主要是指农、工、商、交通、矿业、电业等社会经济建设事业。"实业包括农、工、商、矿、交通运输等部门……实业之范围,以农、工、矿三项生产事业为主体,而旁及交通、运输等业,商业从事于原料与制品之贩运,大有助于生产事业发展,故亦当列入实业之门。"① 实业救国就是指通过兴办各种实业来实现国家及民族的富裕,挽救民族危亡。

一 洋务留学生与近代实业

近代实业的兴起,要追溯到洋务时期,洋务派为"自强求富",先后举办一些民用工业,特别是早期官派留美幼童和船政留欧生回国后,很多人在工、商、矿、交通运输等部门供职,这其中又首推铁路界。先后在铁路界任职的留学生很多,这和19世纪末20世纪初的中国筑路高潮有密切关系。留学生中,有一部分是一回国就被分配到铁路界的,还有一部分是后来转入的。据统计,曾服务于铁路界的留美幼童约30人,其中在铁路界担任重要职务的有十多人:铁路局长三人,铁路官员五人,铁路专家六人,② 他们大多成为近代铁路建设杰出的工程技术人员。在19世纪末20世纪初的早期铁路建设中作出巨大贡献的首推詹天佑。作为留美幼童,詹天佑读的是耶鲁大学土木工程专业,回国后先是被分入船政局,1888年开始转入铁路界,任京张、粤汉铁路总工程师兼会办,主持修建了中国自建的第一条铁路——京张铁路,为国家节省了大量费用,开辟了中国自办铁

---

① 张肖梅:《实业概论》,商务印书馆1944年版。
② 高宗鲁译注:《中国留美幼童书信集》,《传记文学》(台北)1979年第34卷第2期。

路之历史。① 此外，罗国瑞曾任津浦铁路南段总办、株萍铁路总工程师，曾往湖北、云南、贵州、广东等省进行铁路勘测。钟文耀、苏锐钊、吴应科、黄仲良、黄耀昌、周长龄等都在铁路界担任重要职位。任职铁路界的留美幼童数量相对较多，有第一批幼童曾笃恭、蔡锦章，第二批幼童陆锡贵、唐国安、梁普时、琅登，第三批幼童梁如浩、沈嘉树、庐祖华、林沛泉，第四批幼童邝炳光、周传谏、吴焕荣、林联盛、吴其藻等。

留欧生在铁路界任职的数量较少，但也有一些人在铁路界供事：魏瀚曾任广九铁路总办；高尔谦、郑清濂曾任京汉铁路总监督，王寿昌任会办；李大受任养路副总管，卢守孟任行车总管，他们在1909年收回京汉铁路的利权中起了十分重要的作用。但相对而言，从事铁路的留欧生人数少，职位低，作出的贡献也不如留美生（见表4-1）。

表4-1　　20世纪初部分留学生在主要铁路的任职情况

路名	留学生姓名	职务	留学经历
京张路	詹天佑 杨昌龄	会办兼总工程师（1905） 会办兼总工程师（1906） 指挥	第一批留美生 第三批留美生
京汉路	李大受 卢守孟 高尔谦 郑清濂 王寿昌	养路副总管（1906） 行车总管（1907） 总监督（1907） 总监督（1908） 会办（1908）	第三批船政留欧生 第三批船政留欧生 第三批船政留欧生 第一批船政留欧生 第三批船政留欧生
京奉路	周长龄	总办（1908）	第三批留美生
平绥路	邝景扬 杨昌龄	总工程师 运输处处长与副局长	第三批留美生 第一批留美生

---

① 高宗鲁译注：《中国留美幼童书信集》，《传记文学》（台北）1979年第34卷第3期。

续表

路名	留学生姓名	职务	留学经历
平沈路	沈嘉树 庐祖华	总出纳兼主任视察 经理、局长	第三批留美生 第三批留美生
正太路	丁平澜	总办局长	第四批船政留欧生
陇海路	卢守孟	局长	第三批船政留欧生
津浦路	罗国瑞 黄仲良	南段总办 总办	第一批留美生 第一批留美生
汴洛路	郑清濂 丁平澜	总办（1907） 总办（1908）	第一批船政留欧生 第四批船政留欧生
株萍路	罗国瑞	总工程师	第一批留美生
沪宁路	吴应科 钟文耀 黄耀昌	总办 总办 上海段经理	第一批留美生 第一批留美生 第四批留美生
漳厦路	陈庆平 王回澜	总工程师（1907） 副总工程师	第三批船政留欧生 第二批船政留欧生
粤汉	黄仲良 邝景扬	广东段总办 广东段总工程师	第一批留美生 第三批留美生
广三	苏锐钊	总经理	第一批留美生
广九路	魏瀚	总办（1909）	第一批船政留欧生

资料来源：容尚谦：《创办出洋局及官学生历史》，王敏若译，珠海出版社 2006 年版；高宗鲁译注：《中国留美幼童书信集》，《传记文学》（台北）第 34、35、36 卷；高宗鲁编译：《中国幼童留美史——现代化的初探》，台北：华欣文化事业中心 1982 年版；林庆元：《福建船政局史稿》，福建人民出版社 1999 年版。

另外，留学生在矿冶、电报业的也不少。幼童留美时，由于国内需要，一些人选择了矿冶专业或电报专业。1881 年留美幼童被撤回国，清政府根据国内需要和幼童留学时所学专业，将 8 名幼童派到开平矿务局唐山"路矿学堂"里继续学习矿业技术，这些人毕业后正式分配到开平矿务局等各大煤矿，其中在当时作出较大贡献的有邝荣光、吴仰曾、邝炳光等。邝荣光，被分配到开平矿务局，为开平煤矿工程师，由于表现突出，后来又担任直隶省许多煤矿的工程师或总工程师，还担任过同宝煤矿公司的总经理，曾发现了湘潭煤矿。①吴仰曾，被分配到开平矿务局，为开平煤矿工程师，由于表现优秀，被李鸿章送往英国伦敦皇家矿冶学院深造，学习矿业专业。从英国回来后任热河银矿总工程师，1899年，又回到开平矿务局，担任副局长兼主任检矿师。八国联军侵华时和矿工及技术人员一起粉碎了俄国企图掠夺我国煤矿资源的阴谋。②邝炳光在有色金属冶金方面贡献突出，曾撰写专著《金银冶金学》，为中国近代冶金学的开创与发展作出了贡献。③

在电报业方面，幼童回国后，根据国内需要，清政府又将20名幼童重新派往美国到美国电报局学习，但很快又将这些人撤回。由于在美国学习电报时间很短，不可能学到什么先进技术，所以回国后这些人便被分配到刚兴办的天津电报学堂。在天津电报学堂，除了极少数人教授英文课程外，大部分人继续学习电报技术。他们从电报学堂学成毕业时，国内电报事业刚刚兴办，这批人就参与进来。但初期他们主要从事的是一些发报、架设、测量、检修等最基本的工作，直到甲午中日战争以后，由于邮政事业的开发，他们才逐渐被清政府重视并重用，其中有些人还受到奖励和提拔。清末，随着"新政"的实行，清政府大力发展邮电业，一些前期有专业知识和实践经验的幼童开始在邮电部门担任高级管理职务。如朱宝奎，曾经担任过上海电报局局长，1907年他又担任邮传部左侍郎。周万鹏在1911年担任了全国电政总局的局长；④吴焕荣曾任江西省电报局局长，陶延庚曾任湖

---

① 胡光麃：《早期的矿冶人物》，《传记文学》（台北）1976年第29卷第1期，第75页。

② 高宗鲁译注：《中国留美幼童书信集》，《传记文学》（台北）1980年第36卷第6期，第76页。

③ 容尚谦：《中国近代早期留美学生小传》，李喜所译，《南开史学》1984年第1期，第186页。

④ 容尚谦：《中国近代早期留美学生小传》，李喜所译，《南开史学》1984年第1期，第183页。

北省电报局局长。①

在船政局派往欧洲留学的人中，曾有一部分专门到法、德两国学习矿务、冶炼等技术。这批人由于年龄偏大，学习的技术较为实用，加上19世纪80年代以后，随着洋务运动民办工业的兴起，开采矿山逐步展开，船政局里学习矿务特别是回国的留学生得到各地的重视，各省也纷纷向船政局调用。留欧生回国后，一度成为各省罗致的对象。如首届留欧生林庆升、张金生就被派往台湾开采基隆煤矿，罗臻禄、林怡游、池贞铨、林日章四人被派往开平煤矿。这些人在当时国内一些煤矿的发现和开采中起了决定性的作用，如林庆升、池贞铨、林日章等勘探和发现了福建穆源煤矿，池贞铨在山东登州府等地勘探铅矿，林日章还参加了开滦煤矿的勘探工作。但总的来看，这些人的影响主要是在甲午战争以后，并且做的都是些勘探等基础性工作，后来他们中担任要职的也很少。至于电报业方面，留欧生从事得很少，影响就更小。

二 中国近代官派留学生与实业教育的兴盛

与"实业救国"相辅的是实业教育的兴起，一般认为，近代中国实业教育经历了三个重要发展阶段：洋务时期、晚清时期、民国初期，实业教育不断成熟和完善。在这三个阶段中，洋务时期是初兴阶段，当时主要是创办了工业、矿业等一些新式学堂，包括军事、造船、器械、铁路、矿山等技术类学堂。维新时期也是主张设立学堂，但这时的学堂主要是为了发展教育和工商业。清末新政改革后大力推行实业教育，特别是1905年学部成立，专门设置了实业司掌管农工商专门学堂，从教育制度上对实业救国的行动予以支持。当时"弃文从商"的张謇认为实业和教育是国家富强的根本，大力发展实业教育

---

① 容尚谦：《中国近代早期留美学生小传》，李喜所译，《南开史学》1984年第1期，第186页。

和实业企业。张謇的理想是用办实业所得来资助教育，创办教育培养人才来更好地改进实业，通过创办实业，达到救国的目的。20 世纪初，实业救国的思潮迅速兴起，实业救国思潮以资产阶级立宪派为主体，这里面既有以张謇、汤寿潜、郑观应、经元善为代表的实业家，又有以李文权、康有为、严复、汪康年为代表的知识分子，既有以盛宣怀为代表的倾向举办近代化企业的官僚，也有以张振勋为代表的思想进步、视野宽阔的海外华侨，他们撰写文章，创办杂志，设立学堂、创办实业，进行各种实业救国的尝试。这些实业家创办了一批新兴的实业学校，培养实业人才，后来实业学校的功能分别为专门学校和职业学校所代替。①

在"实业教育"过程中，近代官派留学生的贡献主要在于帮助筹建各类实业学堂，充实实业学堂各类教习，以及实业留学生的派遣等方面。

甲午中日战争以后，为振兴实业，社会上兴起了兴办实业学堂的高潮。19 世纪末 20 世纪初，洋务派、维新派、立宪派和各地士绅主要在直隶、湖北、广东、福建、江苏等地设立了一批实业学堂（见表 4-2）。

表 4-2　　　　　　　　　　部分实业学堂一览

名称	年份	地点	主要创办人
山海关铁路学堂	1895	天津	李鸿章
南京储才学堂（江南高等学堂）	1986	南京	张之洞　刘坤一
南京铁路学堂	1898	南京	张之洞
江南制造总局附设工艺学堂	1898	上海	刘坤一
湖北工艺学堂	1898	武昌	张之洞
湖北农务学堂	1898	武昌	张之洞
江宁农务工艺学堂	1898	南京	刘坤一

---

① 霍益萍：《中国近代实业教育和职业教育》，《教育与职业》1988 年第 3 期，第 48 页。

续表

名称	年份	地点	主要创办人
杭州蚕学馆（浙江中等桑蚕学堂）	1898	杭州	林启
通海农学堂	1902	南通	张謇
直隶农务学堂	1902	保定	袁世凯
汉阳钢铁学堂	1902	汉阳	张之洞
北洋工艺学堂	1903	天津	袁世凯
青州蚕桑学堂	1903	青州	周馥
湖南高等实业学堂	1903	长沙	梁焕奎
湖南农业学堂	1903	长沙	赵尔巽
广东路矿学堂	1903	广州	张振勋
上海高等实业学堂	1904	上海	盛宣怀
江南高等实业学堂	1904	南京	魏光焘

资料来源：朱有瓛主编：《中国近代学制史料》第2辑，华东师范大学出版社1989年版。李国钧、王炳照主编：《中国教育制度通史》第5卷下，山东教育出版社2000年版。

当然，学堂远不止这些，据统计，到1909年，全国实业学堂达到400多所。中央及各地学堂设立后，师资是其中最大的一个问题，为此，清政府在1904年颁布了中国教育史上第一个真正实施的学制《奏定学堂章程》（又称《癸卯学制》），对实业学堂的设置进行了规范，其中规定，各级实业学堂的教员分为正教员和副教员。从国外留学归来，有国外大学堂毕业文凭的可以成为高等实业学堂的正教员，从国外留学归来，有国外大学选科毕业文凭的可以成为高等实业学堂的副教员；从国外留学归来，有国外高等实业学堂毕业文凭的可以成为中等实业学堂的教员。清政府先期主要通过外聘和派遣留学生外出学习来补充实业学堂的师资，后期主要靠在国内自己培养。留学教育促进实业教育的发展，一些留学生归国后投身实业教育，有的亲自创办新式实业学校，有的进入实业学堂继续接受培训和学习，有的充实实业学堂的师资。1899年8月军机处建议多派学生出洋"分入各国农、工、商等学堂专门肄业,以备回华传授之用处"①。总理衙门据此拟定了《出洋学生肄业实学章程》:"饬出使大臣就现派出洋学生,察其才性,择优送入农工商矿一学堂肄业"②,学成之后,"分派各省农、工等艺学堂以开风气……得有文凭之学生,甄别优劣,分发委用,量予官职,以资鼓励"③。1904年清政府饬令本省兴办实业学堂,但是师资力量捉襟见肘,不得不要求各省选择各省最急切的实业,先把学生派出去,派出的学生可以分为两班,一班可以快速学习,课程上设计一些中等课程,另一班为提高班、完备班,学习高等课程。学习中等课程的学生毕业后,可以快速在各省开办学堂,进行简单的实业技艺教学,以便为当时急需的实业服务。等到高等实业学堂学生毕业回国后,再适当增加实业学堂的课程难度,循序渐进,逐步扩充和推广。1908年,清政府又规定政府派出去的留学生必须有一定的中学毕业文凭,并且在外学习时必须学习农、工、格、致等各项专科,不能改学别的科目。④ 1909年清政府又规定,凡是自费出国学习的实业留学生,通过自己努力,考入国外大学或分科大学学习实业,政府补足官费。⑤ 由于有这一系列的奖励措施,留学学实业的人很多,当时庚款留学的学生也对实业救国十分青睐,从而使实业留学人数有大幅度提高。这一系列措施对于提高国内人对实业的认识,对于实业人才的培养,对于实业学堂师资力量的补充和提高,都无疑起了很大的作用。

庚款留美教育兴起以后,受美国工程、实业教育等社会风气影

---

① 朱有瓛主编:《中国近代学制史料》第1辑下册,华东师范大学出版社1986年版,第935页。

② 朱有瓛主编:《中国近代学制史料》第1辑下册,华东师范大学出版社1986年版,第938页。

③ 朱有瓛主编:《中国近代学制史料》第1辑下册,华东师范大学出版社1986年版,第938页。

④ 琚鑫圭、童富勇、张守智编:《中国近代教育史资料汇编——实业教育·师范教育》,上海教育出版社1994年版,第14页。

⑤ 琚鑫圭、童富勇、张守智编:《中国近代教育史资料汇编——实业教育·师范教育》,第15页。

第四章 中国近代留学教育与中国近代化

响,许多庚款留美生更加信奉"实业救国",认为"中国今日为建设时代,政治须建设,法律须建设,铁路、开矿、实业及一切之事莫非建设问题。故吾人生于今日……不可不注重实业之学"①。据统计,清末庚款留美的学生大多数学习理工科专业,像铁路工程、机械工程、矿业、银行以及传统的物理、化学、农业等。竺可桢后来就回忆道:"我们这批七十人中,学自然科学、工农的最多,约占70%以上……不仅我们这批如此,恐怕全部庚款留学生中学工农理科的都要占70%—80%。"②他们认为只要学到技术等实业方面的知识,回国后,就能拯救中国。他们大多接受了国外正规的大学或专科实业教育,普遍水平较高,许多人回国后活跃在教育第一线,为实业教育的发展作出了贡献(见表4-3)。

表4-3　　留学生翻译和编著的经济与科技类著作(部分)

		著作	翻译者	编著者	出版年份
经济类	经济原理	《原富》	严复		1902
		《生计学学说沿革小史》		梁启超	1902
		《中国国债史》		梁启超	1911
		《经济原论》	朱宝绶		1908
		《经济学概论》	熊崇煦 章勤士		
		《中国今日之经济政策》		李作栋	
	财政理论	《财政四纲》		钱恂	1901
		《欧洲财政史》	金邦平		1902
		《比较财政学》		张锡之 晏才杰	1909
		《财政学》		黄可权	1907
		《民国财政论》		杨汝梅	民国
		《民国财政史》		贾士毅	民国
		《民国元年工商统计概论》		黄炎培	民国

---

① 《留美学生年报》1910年。
② 李喜所:《清末民初的留美学生》,载《中国留学史论稿》,中华书局2007年版,第319页。

续表

		著作	翻译者	编著者	出版年份
经济类	财政理论	《中国商战失败史》		黄炎培 庞淞	民国
		《中国花纱布业指南》		穆湘明	民国
		《理财救国论》		康有为	民国
	货币银行	《中国币泉沿革》		章宗元	
		《银行及外国为替》	刘鹤年		1908
		《银行学原理》	王建祖 吴忠焘		1911
		《银行制度论》		谢霖 李徵	1911
科技类		《爱因斯坦之重力新说》	任鸿隽		
		《原子的构造》	任鸿隽		
		《爱因斯坦相对说》	杨铨		
		《原子说》	杨孝述		
		《动物与天演》	秉志		
		《天演新义》	钱崇澍		

1922年《壬戌学制》中不再提"实业教育"，代之以"职业教育"，从此，职业教育开始兴盛起来，在这期间，留学生也起了很大的作用。中国近代职业教育的规范基本是通过留学教育带来的，职业教育也成为清末直到民国时期中国教育近代化的一股重要力量。经过留学生的广泛传播，西方的职业教育思想、职业教育理念等不断传到国内，与中国当时的国情以及自然资源、工业发展状况等相适应，在留学生的推动、影响以及直接参与下，中国近代职业教育体系初步构建起来。当时，留学生引进外国职业教育思想，参考外国职业教育形式，在国内建立了许多研究和探讨职业教育的团体。1917年中华职业教育社成立，这是一个全国范围内的研究职业教育的学术团体，主旨是探索、创建中国的职业教育理论体系和职业教育实践模式。中华职业教育社的发起人和成员邹韬奋、刘湛恩、钟道赞、杨卫玉、王舜成等或在国外留学，或曾经出国考察，大多有国外经历（见表4-

4)。他们出版发行了《教育与职业》刊物，主要介绍当时世界上职业教育发达的美、日、德、英、法等国家的职业教育思想和职业教育发展情况，这样能够在职业教育思想等方面使国内的职业教育尽快与世界先进的职业教育接轨。在中华职业教育社的影响与带动下，大批回国留学生开展国内职业教育的调研和考察实践活动，研究和探索出中国的职业教育理念，建立起中国的职业教育体系。

表4-4　　　　　　中华职业教育社主要人物留学情况

留学地区	主要人员
日本	黄炎培、张謇、梁启超、陈宝泉、梁廷栋、汤化成、朱叔源、张嘉璈、朱少屏、蒋维乔、沈恩孚、汤松、朱胡彬夏、刘以钟
美国	唐绍仪、范源濂、余日章、陈容、张伯苓、周怡春、蒋梦麟、朱有渔、刁信德、朱廷祺、王正廷、邓翠英、朱胡彬夏、穆湘玥、郭秉文、陈德辉
欧洲	蔡元培、顾树森、吴廷芳

据统计，1918年全国职业教育机构有531个，1922年增至822个，1923年为1194个。1924年为1548个，1925年为1666个，1926年达1695个[①]。这其中留学生发挥了很大的作用。

第三节　中国近代留学生与中国院士群体

考察中国近代官派留学生，就不得不提到中国科学院院士。近现代中国科技的起步、发展离不开留学的作用。中华人民共和国成立后，获得"两弹一星"作用功勋奖章的科学家有23位，其中21位是留学生，这些人大多也是中国科学院院士，如竺可桢、梁思成、张光斗、钱学森等人，他们回国后，很快成为中国科技各领域的专家，对我国科技的进步与发展产生了深远影响。

有人统计，"在20、30年代较为重要的252位科学家中，223位

---

① 孙祖基：《十年来中国之职业教育》，《教育与职业》1927年第5期。

有海外留学经历，占88%。留学美国居首位，124人，占55.6%，留学日本17人，占7.6%，排第五位"①；在这124名留美生中，1900—1929年留学的有119位。

中国科学院学部成立于1954年，1955年开始评选中国科学院院士，1957年增选了一次，但这次人数极少。随后院士评选搁置了一段时间，直到1980年才又开始恢复增选。所以我们考察1928年前留学的人员，他们当中评选上院士的时间大多是在1955年和1957年。当时评选主要有五大学部，分别是数学物理学部、地学部、生物学部、化学部、技术科学部。1955年，共评选出172名院士，曾经留学过的140名，1957年补选了18名中科院院士，曾经留学过的17人，在这157名留学生中，1928年以前留学的占了76人。具体分布如表4-5所示。

中国科学院院士群体的初步形成与近代官派留学以及与之相应的"科学救国"思潮是密切结合在一起的，在近代"科学救国"与"实业救国""宪政救国""教育救国"等社会思潮一样发展迅速。其中"科学救国"在整个中国近代特别是在中国近代留学教育中，始终备受重视，留学教育的一项重要内容就是科技的引进与发展，这发轫于"师夷长技以自强"的洋务运动时期，那时译书、办新学堂和派遣留学生、介绍西方科技成为科学救国的主要表现。维新变法和清末新政时期，"科学救国"的内涵进一步深化，科学一方面是西方的科学知识、技术，另一方面就是西方科学的思维、方法、精神以及科技体制。为此，科技刊物纷纷创办，科技团体大量涌现，科技体制不断更新。民国成立后，中国科学社成立，并发行《科学》杂志，建设科学图书馆，翻译外国科技书籍，召开科学年会，传播科学精神和思想。五四新文化运动提倡科学，反对愚昧，将科学救国推向了高潮。20世纪20年代以后，以"科玄论战"为标志的科学主义盛行，人们

---

① 段治文：《中国现代科学文化的兴起（1919—1936）》，上海人民出版社2001年版，第298页。

第四章　中国近代留学教育与中国近代化

表4-5　中国科学院院士情况（1928年以前留过学的）

姓名	性别	籍贯	身份	境内毕业年份	境内毕业院校	境外毕业年份	留学地区	留学学校	专业	学位	工作单位	当选院士年份	所属学部
陈建功	男	浙江绍兴	数学家			1916	日本	东京高等工业学校和东京物理学校			杭州大学	1955	数学物理部
江泽涵	男	安徽旌德	数学家	1926	南开大学	1930	美国	哈佛大学	数学	博士	北京大学	1955	
钱临照	男	江西临川	物理学家			1922	美国	普林斯顿大学	哲学	博士	北京大学	1955	
苏步青	男	浙江平阳	数学家			1927	日本	东北帝国大学		博士	复旦大学	1955	
吴有训	男	江西高安	物理学家	1920	南京高等师范学校	1926	美国	芝加哥大学	物理	博士	中科院	1955	
严济慈	男	浙江东阳	物理学家	1923	东南大学	1927	法国		科学	博士	中科院	1955	
叶企孙	男	上海	物理学家	1918	清华学校	1923	美国	哈佛大学	物理	博士	北京大学	1955	
张钰哲	男	福建闽侯	天文学家			1926	美国	芝加哥大学	天文	博士	中科院紫金山天文台	1955	
赵忠尧	男	浙江诸暨	核物理学家	1925	东南大学	1930	美国	加州理工学院		博士	中科院高能物理研究所	1955	
周培源	男	江苏宜兴	理论物理学家	1924	清华学校	1928	美国	加州理工学院	理学	博士	北京大学	1955	

续表

姓名	性别	籍贯	身份	境内毕业年份	境内毕业院校	境外毕业年份	留学地区	留学学校	专业	学位	工作单位	当选院士年份	所属学部
傅鹰	男	福建闽侯	化学家			1928	美国	密执安大学	科学	博士	北京大学	1955	化学部
高济宇	男	河南舞阳	化学家			1927	美国	华盛顿州立大学	化学	博士	南京大学	1980	
黄鸣龙	男	江苏扬州	化学家			1924	德国	柏林大学	化学	博士	中科院上海有机化学研究所	1955	
黄子卿	男	广东梅县	化学家	1921	清华学堂	1924	美国	威斯康星大学	化学	博士	北京大学	1955	
纪育丰	男	浙江	化学家	1921	上海沪江学校	1922	美国	芝加哥大学	化学	硕士	中央卫生研究院、北京化学试剂研究所	1955	
李方训	男	江苏仪征	化学家	1925	金陵大学	1930	美国	西北大学	化学	博士	南京大学	1955	
吴学周	男	江西萍乡	化学家	1924	东南大学	1931	美国	加州理工学院	化学	博士	中科院长春应用化学研究所	1955	
杨石先	男	安徽怀宁	化学家	1918	清华学堂	1922	美国	康奈尔大学	化学	硕士	南开大学	1955	
曾昭抡	男	湖南湘乡	化学家	1920	清华学堂	1926	美国	麻省理工学院	化学	博士	武汉大学	1955	
赵成暇	男	江苏江阴	化学家			1921	英国	曼彻斯特大学	化学	硕士	中科院药物研究所	1955	
庄长恭	男	福建泉州	化学家			1921	美国	芝加哥大学	化学	硕士	中科院有机化学研究所	1955	

第四章　中国近代留学教育与中国近代化

续表

姓名	性别	籍贯	身份	境内毕业年份	境内毕业院校	境外毕业年份	留学地区	留学学校	专业	学位	工作单位	当选院士年份	所属学部
秉志	男	河南开封	动物学家	1908	京师大学堂	1918	美国	康奈尔大学		博士	中科院动物研究所	1955	生物学部
蔡翘	男	广东揭阳	生理学家			1925	美国	芝加哥大学研究院		博士	军事医学科学院	1955	
蔡邦华	男	江苏溧阳	昆虫学家			1923	日本	鹿儿岛高等农林学校	植物学		中科院动物研究所	1955	
陈桢	男	江苏邗江	动物学家	1918	金陵大学	1921	美国	哥伦比亚大学	农学	硕士	中科院动物研究所	1955	
陈焕镛	男	广东新会	植物学家			1919	美国	哈佛大学	森林	硕士	中科院华南植物研究所	1955	
陈世骧	男	浙江嘉兴	昆虫学家	1928	复旦大学	1934	法国	巴黎大学		博士	中科院动物研究所	1955	
戴芳澜	男	湖北江陵	真菌学家	1913	清华学校	1919	美国	威斯康星、康奈尔、哥伦比亚大学			中科院微生物研究所	1955	
邓叔群	男	福建福州	微生物学家	1923	清华学堂	1928	美国	康奈尔大学	林学	硕士	中科院微生物研究所	1955	

续表

姓名	性别	籍贯	身份	境内毕业年份	境内毕业院校	境外毕业年份	留学地区	留学学校	专业	学位	工作单位	当选院士年份	所属学部
丁颖	男	广东茂名	农学家	1912	广东高等师范学校	1924	日本	东京帝国大学	农学		中国农业科学院	1955	生物学部
胡经甫	男	上海	昆虫学家	1917	东吴大学	1922	美国	康奈尔大学		博士	军事医学科学院	1955	
李继侗	男	江苏兴化	植物生态学家	1921		1923	美国	耶鲁大学	林学	硕士	内蒙古大学	1955	
梁希	男	浙江吴兴	林学家	1913		1916	日本	东京帝国大学	林学		林业部	1955	
梁伯强	男	广东梅县	病理学家	1922	同济大学	1924	德国	慕尼黑医科大学	医学	博士	中山医学院	1955	
罗宗洛	男	浙江黄岩	植物生理学家	1917	上海南洋中学	1930	日本	北海道帝国大学	农学	博士	中科院上海植物生理研究所	1955	
林镕	男	江苏丹阳	植物学家			1928	法国	巴黎大学	科学	博士	中科院植物研究所	1955	
刘崇乐	男	福建福州	昆虫学家	1926	清华学校	1926	美国	康奈尔大学		博士	中科院动物研究所	1955	
刘思职	男	福建游仙	生物化学家			1926	美国	西南大学			北京医学院	1957	
马文昭	男	河北保定	组织学专家	1915	北京协和医学院	1918	美国	芝加哥大学	病理学		北京医学院	1955	

第四章 中国近代留学教育与中国近代化

续表

姓名	性别	籍贯	身份	境内毕业年份	境内毕业院校	境外毕业年份	留学地区	留学校	专业	学位	工作单位	当选院士年份	所属学部
沈其震	男	湖南长沙	医学家	1927	中山大学医学院	1931	日本	东京帝国大学	医学	博士	中国医学科学院	1955	生物学部
潘菽	男	江苏宜兴	心理学家	1920	北京大学	1923	美国	印第安纳大学	心理学	硕士	中科院心理学研究所	1955	
钱崇澍	男	浙江海宁				1914	美国	伊利诺伊大学		学士	中科院植物研究所	1955	
汤佩松	男	湖北浠水	植物生理学家	1925	清华学校	1927	美国	明尼苏达大学		学士	中科院植物研究所	1955	
徐冶	男	湖北黄陂	农学家	1924	清华学校	1929	美国	明尼苏达大学		博士	八一农学院	1955	
王家楫	男	江苏奉贤	动物学家	1924	东南大学	1928	美国	宾夕法尼亚大学		博士	中科院水生生物研究所	1955	
俞大绂	男	浙江绍兴	微生物学家	1924	金陵大学	1928	美国	衣阿华州立大学		博士	北京林业大学	1955	
王善源	男	福建福州	微生物学家			1929	荷兰	莱登堡大学	医学	博士	中国医学科学研究所	1957	
张景钺	男	江苏武进	植物学家	1920	清华学校	1926	美国	芝加哥大学	科学	博士	北京大学	1955	
张锡钧	男	天津	生理学家	1920	清华学校	1922	美国	芝加哥大学	理学	学士	中国医学科学院	1955	
郑作新	男	福建福州	鸟类学家	1926	福建协和大学	1927	美国	密歇根大学		硕士	中科院动物研究所	1980	

续表

姓名	性别	籍贯	身份	境内毕业年份	境内毕业院校	境外毕业年份	留学地区	留学学校	专业	学位	工作单位	当选院士年份	所属学部
冯景兰	男	河南唐河	矿床学家			1921	美国	哥伦比亚大学	地质	硕士	北京地质学院	1957	地学学部
李四光	男	湖北黄冈	地质学家			1919	美国	伯明翰大学	地质	硕士	地质部、中科院	1955	
孟宪民	男	江苏武进	地质学家	1921	清华学校	1924	美国	科罗拉多州立矿业学院	地质	硕士	地质部矿产物质料研究所	1955	
孙云铸	男	江苏高邮	地质学家	1920	北京大学	1927	德国	哈勒大学	地质	博士	中国地质科学院	1955	
斯行健	男	浙江诸暨	古植物学家	1926	北京大学	1931	德国	柏林大学	地质	博士	中科院古生物研究所	1955	
王竹泉	男	河北交河	地质学家			1929	美国	威斯康星大学	地质	硕士	煤炭部地质司	1957	
谢家荣	男	上海	地质学家、矿床学家			1920	美国	威斯康星大学	地质	硕士	地质部矿床地质研究所	1955	
杨钟健	男	陕西华县	地质学家、古生物学家	1923	北京大学	1927	德国	慕尼黑大学	地质	博士	中科院古脊椎动物与古人类研究所	1955	
张伯声	男	河南荥阳	构造地质学家	1926	清华大学	1928	美国	芝加哥大学	地质	学士	西安地质学院	1980	
竺可桢	男	浙江上虞	气象学、地理学家			1918	美国	哈佛大学	地理	博士	中国科学院	1955	

第四章　中国近代留学教育与中国近代化

续表

姓名	性别	籍贯	身份	境内毕业年份	境内毕业院校	境外毕业年份	留学地区	留学学校	专业	学位	工作单位	当选院士年份	所属学部
蔡方荫	男	江西南昌	土木建筑结构专家	1925	清华大学	1928	美国	麻省理工学院	建筑	硕士	建筑部建筑科学研究所	1955	技术科学部
程孝刚	男	江西宜黄	机械专家			1913	美国	普渡大学		学士	上海交通大学	1955	
侯德榜	男	福建闽侯	化工专家		清华大学留美预备学堂	1916	美国	麻省理工学院		学士硕士	化学工业部	1955	
梁思成	男	广东新会	建筑学家	1923	清华大学	1927	美国	宾夕法尼亚大学	建筑	硕士	清华大学	1955	
刘敦桢	男	湖南新宁	现代建筑史专家			1921	日本	东京高等工业学校	建筑		南京工学院	1955	
茅以升	男	江苏镇江	桥梁工程专家	1916	唐山工业专门学校	1917	美国	康奈尔大学		硕士	铁道部科学研究院	1955	
汪胡桢	男	浙江嘉兴	水利专家	1917	南京河海工程专门学校	1923	美国	康奈尔大学		硕士	水利部	1955	
汪菊潜	男	安徽休宁	铁路桥梁工程专家	1926	唐山交通大学	1928	美国	康奈尔大学	土木工程	硕士	铁道部	1957	

续表

姓名	性别	籍贯	身份	境内毕业年份	境内毕业院校	境外毕业年份	留学地区	留学学校	专业	学位	工作单位	当选院士年份	所属学部
张德庆	男	上海宝山	内燃机工程专家	1923	上海交通大学	1926	美国	普渡大学		硕士	第一机械工业部	1955	技术科学部
叶渚沛	男	福建厦门	冶金学家			1928	美国	宾夕法尼亚大学	金属物理化学	博士	中科院化工冶金研究所	1955	
章名涛	男	浙江	电机工程专家			1927	英国	纽加索大学		学士	清华大学	1955	
周仁	男	江苏江宁	冶金学与陶瓷学专家	1910	江南高等学校	1915	美国	康奈尔大学		硕士	中科院上海冶金所	1955	
周志宏	男	江苏丹徒	冶金学家	1923	北洋大学	1926	美国	卡耐基工学院		硕士	上海交通大学	1955	
朱物华	男	江苏扬州	无线电电子学家	1923	上海交通大学	1924	美国	麻省理工学院		硕士	上海交通大学	1955	

资料来源：中国科学院网站院士名单，http://www.casad.cas.cn/chnl/316/index.html；周棉主编：《中国留学生大辞典》，南京大学出版社1999年版；卢嘉锡主编：《中国现代科学家传记》，科学出版社1991年版。

弘扬科学理性、推崇科学精神，宣扬科学方法，科学具有了道德价值观层面的作用，成为指导人们道德观念和价值观的方向标。随着留学生的增多，大量学生学成归国，他们大力宣扬科学，在全国建立了数十个专门或系统的科学研究机构，促进了中国近代科技的发展。

"科学救国"思潮与民初科技的发展、科学团体机构的建立、教育科研的兴盛、科技留学生的派遣及任用等形成了良性循环，对民初科学技术群体的成长起到了极大的促进作用，也极大地推进了中国的近代化进程。辛亥革命后，在"科学救国"思潮的影响下，留学欧美学习自然科学成为一股趋势。很多以前留过学的人纷纷再次出国学习自然科学。"科学救国"与"实业救国"、"教育救国"等互相融合，推动了20世纪二三十年代科技、教育的发展，出现了一大批具有科学研究、调查能力的大学和科研机构，为中国各个学科乃至整个科学事业的发展奠定了最初的基础。这里我们仅以地质学与生物学的发展为例做一简单概括（见表4-6、表4-7）。

表4-6　　　　　　　中国近代地质学的发展与留学生

机构名称	成立年份	成立地点	主要活动及成就	重要人物（有留学背景的）
中国地学会	1909	天津	创办《地学杂志》，进行学术研讨	章鸿钊
农商部地质研究所	1913	北京	制定《地质研究所章程》，进行考古学研究	章鸿钊 丁文江 翁文灏
国立地质调查所	1916	北京	地质科研、教育、派遣留学生、科学考察、发掘	丁文江 翁文灏 章鸿钊 周赞衡 叶良辅 朱庭祜 徐韦曼 李学清 谭锡畴 谢家荣 刘季辰 王竹泉
中国地质学会	1922	北京	学术交流、《中国地质学会志》《地质论评》、获葛利普奖章	章鸿钊 翁文灏 李四光 谢家荣 丁文江
中央研究院地质研究所	1928	北京	学术研究、交流，《西文集刊》《甲种专刊》、考察、发掘	李四光 孟宪民 叶良辅 李毓尧

续表

机构名称	成立年份	成立地点	主要活动及成就	重要人物（有留学背景的）
北京大学地质系	1918	北京	教育教学、考察研究	何杰 葛利普 王烈 李四光 王绍瀛 谢家荣
中央大学地质系	1927	南京	教育教学、考察研究	竺可桢 李学清
中山大学地质系	1928	广州	教育教学、考察研究	朱家骅 朱庭祜 谢家荣 张席禔 李学清 何杰 冯景兰 张会若 乐森璕 李殿臣
清华大学地质系	1932	北京	教育教学、考察研究	翁文灏 谢家荣 冯景兰 袁复礼

表 4-7　中国近代生物学的发展与留学生

机构名称	成立年份	成立地点	主要活动及成就	重要人物（有留学背景的）
中国科学社生物研究所	1922	南京	科学实验、《中国科学社生物研究所汇报》、考察调研	秉志 胡先骕 钱崇澍 陈桢
中国生物科学学会	1925	法国里昂	科学研究、交流	刘慎谔
静生生物调查所	1928	北平	科学研究、创建植物园、生物调查研究	秉志 沈嘉瑞 胡先骕 寿振黄 张春霖 张肇骞 唐进 秦仁昌
中研院动植物研究所	1929	南京	科学调查研究、《生物丛刊》《中央研究院植物学汇报》	秉志 钱崇澍 秦仁昌 伍献文 方炳文 陈世骧 王家楫 罗宗洛 邓叔群 钱天鹤 饶钦止
北平研究院动、植、生物学研究所	1929	北平	调查研究、《国立北平研究院植物研究所丛刊》	刘慎谔 朱弘复 林镕 张玺 沈嘉瑞 朱洗
中山大学农林植物研究所	1929	广州	科学研究、《中山大学农林植物研究所专刊》	陈焕镛

续表

机构名称	成立年份	成立地点	主要活动及成就	重要人物（有留学背景的）
中国植物学会	1933	重庆	科学研究、《中国植物学杂志》《中国植物学会汇报》	钱崇澍 陈焕镛 胡先骕 秦仁昌
中国动物学会	1934	江西	科学研究、《中国动物学杂志》	秉志 胡经甫 伍献文 王家楫 任国荣 朱洗 陈桢
燕京大学生物系	1923	北京	教育教学、科学研究	胡经甫 李汝祺
北京大学生物系	1925	北京	教育教学、科学研究	张景钺 林镕 杨钟健 雍克昌 崔之兰
清华大学生物系	1926	北京	教育教学、科学研究	钱崇澍 吴韫珍 汤佩松 陈桢 戴芳澜 李继侗 沈同 赵以炳 崔之兰
北京协和医学院	1917	北京	教育教学、科学研究	林可胜 张锡钧 吴宪 冯兰洲 马文昭
中央大学生物系	1924	广州	教育教学、科学研究	秉志 胡先骕 蔡翘 钱崇澍 伍献文
浙江大学生物系	1929	杭州	教育教学、科学研究	贝时璋 罗宗洛 蔡邦华 张肇骞 谈家桢

第一，我们看学部的分布情况。

在1928年前留学的76名院士中，主要是由生物学部和技术科学部的留学生构成，合起来达到45人，这主要是因为两个学部专业综合性较强，涵盖的学科比较多，其中很多学科还相互交叉，科学家基数本来就多。在这两个学部中，生物学部的留学生相对更多，这也是由于生物学部包含的专业多，如生物、农学、动物学、植物学、林学、医学等，涵盖的领域较广（见表4-8）。

第二，从籍贯上看，仍然以传统的江苏、浙江、福建、广东等东南沿海地区为主。其中，江苏省所占比例最大，这和该地历史传统、经济文化发展、人文环境、教育发展状况等相吻合，这也再次证明了近代官派留学与历史、经济、教育等方面有密切的联系（见表4-9）。

表4-8　中国科学院院士学部分布统计（1928年前留过学的）

学部	数学物理学部	化学学部	生物学部	地学学部	技术科学部
人数（人）	10	11	29	10	16
比例（%）	13	15	38	13	21

表4-9　中国科学院院士籍贯统计（1928年前留过学的）

籍贯	人数（人）	比例（%）	排名（位）
江苏	17	22	1
浙江	14	18	2
福建	10	13	3
广东	6	8	4
江西	5	7	5
河北	4	5	6
河南	4	5	6
湖北	4	5	6
上海	4	5	6
安徽	3	4	7
湖南	3	4	7
陕西	1	1	8
天津	1	1	8

第三，从留学国别来看，主要分布在6个国家和地区，其中，美国所占比例遥遥领先，占到了72%，这些人绝大多数是庚款留美学生。日本占第二位，但仅占总数的11%，这与当时庞大的留日学生数量是不相称的。究其原因，一是虽然留日学生数量大，但其中很大一部分是学习军事、师范、法政类，学习科技的相对较少。二是留日学生良莠不齐，部分留日生水平不高，许多留学生在国内接受的教育非常有限，从而影响了留学的质量。三是虽然日本明治维新后也是全

盘接受西方近代教育体制，但日本的高等教育和欧美相比来说，还是有一定的差距。并且当时日本在科技方面和美国也是有差距的。还有一个突出的因素，就是清华学校留学前的选拔与教育，当时除了华罗庚等少数自学成材者和詹天佑等少数留美幼童外，绝大多数庚款留美生都在国内受到过正规的、良好的中、高等教育，尤其是清华学校的教育（见表4-10）。

表4-10　　中科院院士留学地区统计（1928年前留过学的）

国家	人数（人）	比例（%）	排名（位）
美国	55	72	1
日本	8	11	2
德国	5	7	3
法国	3	4	4
英国	2	3	5
荷兰	1	1	6

第四，从获得的学位看，在1928年前留过学的中国科学院院士中，1928年前获得博士学位的就占到总数的41%，这归功于他们在留学期间接触到先进的科技知识、受到良好的高等教育、接受高水平的科研训练。不少人以优异的成绩取得了博士学位并在国际学术界获得很高的声誉。在那个时代，是非常不容易的事情，这也充分说明"科技救国"在当时社会所起的作用（见表4-11）。

表4-11　　中科院院士的学位情况（1928年前留过学的）

学位	人数（人）	比例（%）	排名（位）
博士	31	41	1
硕士	24	32	2
头等荣誉	1	1	6
学士、硕士	2	3	5
学士	8	11	4
无学位	10	13	3

第四节　中国近代留学生与中国军事近代化

军事近代化是在中国近代落后挨打、与外国打交道以及向西方学习的过程中逐步完成的，其间留学生特别是军事留学生起了很大的作用。洋务运动时期，清政府以"师夷长技以制夷""师夷长技以自强"为目标，谋求从器物到技术，从造船到驾驶，从军事才能到精神等全方位的军事自强。随着洋务运动与清末新政的展开，一批批军事留学生陆续派遣并且陆续回国投身于军事工业建设、军事学堂教育、编练新军当中，在协助购买军舰等军事设备、建设南北洋海军、创办军事工业、投身军事学堂教育、编练新式海陆军、培养近代军事技术人才等方面发挥了突出作用，推动着中国的军事近代化。洋务运动时期把海防当成国家的"久远之图"[1]，选派沈葆桢、李鸿章分别督办南北洋事务，创建南北洋海军。南北洋海军的建设急需人才，所以留学生归国后，首先需要他们的就是军队。早期留欧生回来后大多在船厂、军舰上工作。留美幼童留学期间大多没有学习与海军相关的专业，但1881年被撤回国的94名留美生中，有一批人被分配到当时刚刚成立的海军舰队及附属单位工作，这比同期归国的第一批留欧学生人数要多得多。在海军服役的43名幼童中，有16名被派往福州船政学堂，学习驾驶技术，余下的20多人被分到天津北洋舰队的各单位。所不同的是，留欧生由于专业技术水平高，一回来就成为各炮舰和各造船厂的技术骨干人员，掌握实权。而幼童留美生，都要先进入海军学校进行一段时期的"补课"，学习相应的海军技术，他们在各舰队和船厂的地位也相对较低。正是依靠中国近代最早的这批官派留学生，洋务派加快了"强兵"的步伐。留学生利用自己所学，主要在监造船舰和驾驶、指挥船舰两个方面发挥作用。在监造舰船方面，留

---

[1] 中国史学会主编：《洋务运动》（一），上海人民出版社1957年版，第154页。

学生回国后很多人担任了福州船政局的监工、工程师、总工程师，后来中日、中法海战中的大部分中国战舰即由他们监造（见表4-12、表4-13）。

表4-12　　　　福州船政局部分工程师（有留学背景的）

姓名	学习、实习的学校、工厂	职务	届数
魏瀚	法国削浦官学、巴黎矿务学堂	制造道员（四品）	制造1届
陈林璋	法国削浦官学、巴黎矿务学堂	制造道员（原五品守备）	制造1届
陈兆翱	法国削浦官学、仙答佃洋枪厂、巴黎矿务学堂	制造道员（后升游击，三品）	制造1届
郑清濂	法国削浦官学、巴黎矿务学堂	制造道员（原四品都司）	制造1届
李寿田	法国削浦官学、巴黎矿务学堂	制造道员（原五品守备）	制造1届
吴德章	法国多朗官厂、卢爱里与布哈土炮厂、巴黎矿务学堂	制造道员	制造1届
杨廉臣	法国多朗官厂、卢爱里与布哈土炮厂、巴黎矿务学堂	制造道员	制造1届
魏暹	法国阿克工艺学院	制造道员	制造1届
林庆升	法国鲁苏民办厂、巴黎矿务学堂、德国哈次矿局	监工（工程师）、四品都司	制造1届
汪乔年		制造道员	制造1届
林日章	法国鲁苏民办厂、巴黎矿务学堂、德国哈次矿局	监工、七品县丞	制造1届
池贞铨	法国鲁苏民办厂、巴黎矿务学堂、德国哈次矿局	监工（工程师）、五品守备	制造1届
王桂芳	法国汕萨穆铁厂、赛隆艺校、白代果铁厂	监工（工程师）、千总（六品）	艺圃1届
任照	法国汕萨穆铁厂、赛隆艺校、白代果铁厂	监工（工程师）、千总（六品）	艺圃1届
吴学锵	法国匠首学堂、腊县船厂	监工（工程师）、千总（六品）	艺圃1届

资料来源：沈岩：《船政学堂》，科学出版社2007年版。

表4-13　　　　　福州船政局留法学生监造船只（部分）

船名	船型	料质	监造者
开济	快碰	铁胁双重木壳	吴德章、李寿田、杨廉臣
横海	兵	铁胁木壳	吴德章、李寿田、杨廉臣
镜清	快碰	铁胁双重木壳	吴德章、李寿田、杨廉臣
寰泰	快碰	铁胁双重木壳	吴德章、李寿田、杨廉臣
广甲	兵	铁胁木壳	魏瀚、陈兆翱、郑清濂、杨廉臣
平远	钢甲	钢甲钢壳	魏瀚、陈兆翱、郑清濂、杨廉臣
广庚	兵	钢胁木壳	魏瀚、陈兆翱、郑清濂、杨廉臣
广乙	猎舰	钢胁钢壳	魏瀚、陈兆翱、郑清濂、杨廉臣
广丙	猎舰	钢胁钢壳	魏瀚、陈兆翱、郑清濂、杨廉臣
福靖	猎舰	钢胁钢壳	魏瀚、陈兆翱、郑清濂、杨廉臣、李寿田
通济	练船	钢胁钢壳	魏瀚、陈兆翱、郑清濂、杨廉臣、李寿田
福安	运船	钢胁钢壳	魏瀚、陈兆翱、郑清濂、杨廉臣、李寿田

资料来源：池仲佑：《海军实纪》，载张侠等编《清末海军史料》，海洋出版社1982年版，第151—152、181—183页。

北洋海军设提督1名，总兵2名，副将5名，参将4名，游击9名，都司24名，守备60名，留学生在其中占据将近1/3的位置，尤其是参将以上重要官职，基本由留学生担任（见表4-14、表4-15）。

表4-14　　　　　留学生在北洋海军任职统计　　　　　单位：人

官员设置	总数	留学生任职	留学生所占比例（%）
提督	1	0	0
总兵	2	2	100
副将	5	3	60
参将	4	3	75
都司	24	7	29
守备及以下	60	16	27
总数	96	31	32

表4-15　　　　　　　任职于北洋舰队的部分留学生

姓名	职务军阶	所在舰船	留学批次
林曾泰	管带、左翼总兵	镇远铁甲战舰	第一批留欧生
曹嘉祥	大副、守备	镇远铁甲战舰	第三批留美幼童
刘步蟾	右翼总兵	定远铁甲战舰	第一批留欧生
沈寿堃	大副、守备	定远铁甲战舰	第三批留欧生
李鼎新	副驾管、游击	定远铁甲战舰	第二批留欧生
吴应科	大副、都司	定远铁甲战舰	第二批留美幼童
徐振鹏	大副、守备	定远铁甲战舰	第三批留美幼童
陈金揆	大副、都司	致远巡洋舰	第四批留美幼童
叶祖珪	管带、中军右营副将	靖远巡洋舰	第一批留欧生
刘冠雄	大副、都司	靖远巡洋舰	第三批留欧生
林永升	管带、左翼右营副将	经远巡洋舰	第一批留欧生
方伯谦	中军、左营副将	济远巡洋舰	第一批留欧生
沈守昌	大副、都司	济远巡洋舰	第四批留美幼童
黄祖莲	二副、守备	济远巡洋舰	第四批留美幼童
邝炳光	大副、守备	济远巡洋舰	第四批留美幼童
黄建勋	左翼右营参将	超勇巡洋舰	第一批留欧生
林超颖	后军参将	扬威巡洋舰	第一批留欧生
林颖启	管带、参将	威远练船	第一批留欧生
萨镇冰	后军参将	威远练船	第一批留欧生

资料来源：沈岩：《船政学堂》，科学出版社2007年版；张侠、杨志本等编：《清末海军史料》，海洋出版社1982年版。

在中日甲午、中法等战役中，福州船政学堂派遣的留学生都展现了杰出的指挥才能和高度的爱国及献身精神。第一届留欧生刘步蟾，在中日甲午海战期间任北洋海军舰队右翼总兵，同时兼定远舰管带，负责前锋领队。在海战中，他临危受命，作战勇猛，一次又一次击退日舰的进攻，最后，在战船炮弹全部打完的情况下，为了不让战舰落到日本人的手中，就果断下令炸沉定远舰，最后自刎殉国，展现了高尚的民族气节。在甲午海战中，像刘步蟾这样壮烈牺牲的海军将领还有林永升、林泰曾、黄建勋等人，他们都是船政留欧生。

甲午战争后，早期留学生出身的海军将领伤亡损失很大，其余的也因战争失败而受处分遣送回家，如叶祖珪、黄鸣球、林颖启、李鼎新、萨镇冰等人。20 世纪初，在清末新政的过程中，清政府要重建海军，严重缺乏高级海军人才，又重新起用叶祖珪等人，并委任他们以重要职务。1899 年 4 月，光绪帝召见前北洋海军副将叶祖珪、副将衔补用参将萨镇冰，开复革职处分，分别赏加提督衔、总兵衔。后叶祖珪、萨镇冰又被清政府破格擢用，1904 年 7 月，叶祖珪升为广东水师提督；① 1905 年 5 月，萨镇冰被任命为广东水师提督②；1909 年 8 月，萨镇冰开缺作为海军提督，并"赏一等第三宝星"，1910 年 12 月，统制巡洋长江舰队。③ 当时严复、李鼎新、郑清濂、郑汝成等早期留学生也在海军中任职，有些人还担任了海军总长（见表 4-16）。这些人在晚清的军事改革中起了巨大的作用。短短的几年里，在他们的主持、推动和领导下，近代海军的建章立制等工作取得很大进展。海军部先后制定颁行了《海军部官制》《海军司令处条例》等 61 件有关近代海军建制的各项法规、规章，中国近代海军建章立制等工作进展很快，有力促进了近代海军规范化、法制化的步伐。④

表 4-16　　　　　　　　　担任海军总长的留学生

姓名	届数	职务
叶祖珪	驾驶 1 届	1904 年总理南北洋水师，振威将军
萨镇冰	驾驶 2 届	1917 年、1919 年、1920 年任海军总长
刘冠雄	驾驶 4 届	1912 年、1917 年任海军总长
李鼎新	驾驶 4 届	1911—1912 年任海军总长
程璧光	驾驶 5 届	1917 年 6 月任海军总长

资料来源：沈岩：《船政学堂》，科学出版社 2007 年版。

---

① 张侠、杨志本等编：《清末海军史料》，海洋出版社 1982 年版，第 587 页。
② 张侠、杨志本等编：《清末海军史料》，海洋出版社 1982 年版，第 587 页。
③ 张侠、杨志本等编：《清末海军史料》，海洋出版社 1982 年版，第 589 页。
④ 池仲祐：《海军大事记》，载中国史学会主编《洋务运动》（八），上海人民出版社 1961 年版，第 507—514 页。

1895年甲午战争的失败，使清政府痛感军事人才的严重缺乏，朝野上下逐步认识到在军事技术、军事观念全面落后的情况下，借鉴近邻日本军事改革的成功经验，培养近代化的军事人才乃当务之急，是清末军事近代化的必由之路。因此，从1900年到1911年，清政府选拔派遣了9期一共656名青年学生到日本留学，进入日本陆军士官学校，专门学习军事，这些人就是"留日士官生"。

　　为了能培养优秀的军事人才，维护自己的统治，清政府在留日军事学生的选拔上，要求十分严格。1904年，练兵处奏定学生游学章程16条规定："学习兵事，专为国家振武之用，自应由官遣派，不得私自往学。其有现时业经在日习武之自费生，应由驻日大臣及监督察其志趣向上、学业精勤、年限未满者，随时咨明练兵处，贴给旅费，改为官费生，以资造就。自此次定章后，凡赴日本学习武备之自费生，即行禁止，以归一律。"[①] 1906年，清政府又制定了《陆军学生游学欧美暂行办法》12条，对选派的士官生进行了各种条件的限制，首先，要求品德必须高尚，要"身家清白，品行纯正，志趣远大，情性朴诚素无嗜好过犯者"[②]。对于中学，要求"必须文理晓畅，能解释经史大义者"，对外语的要求也很高，要求"所派往某国之语文必须通晓，以有三年以上之程度为合格"。同时，对年龄、外貌也有严格规定，"年龄限15岁以上，24岁以下""相貌须魁伟，五官须端正，四肢须灵活，言语须清楚，声音须宏亮，耳力须聪达"[③]。并且规定了具体的考察办法，"各省旗选定后，将该生姓名、年籍、三代、履历、学诣、品格、并非独子及承重，出具确实考语，咨送练兵处，以便汇齐考验；如不合格，仍行遣回，由原送省旗酌送相当学堂肄习"[④]。

　　总体来看，从1900年到1911年，清末9期留日656名士官生的派遣呈现中间多、两头低的情况，第一期和第二期人数比较少，最少

---

① 舒新城：《近代中国留学史》，上海文化出版社1989年版，第55页。
② 舒新城：《近代中国留学史》，第43页。
③ 舒新城：《近代中国留学史》，第43页。
④ 舒新城：《近代中国留学史》，第43页。

的是第2期，士官生只有25人，从第3期开始留学的士官生开始猛增，到第6期达到高峰，多达205人，可是从第7期开始，留学的士官生又明显减少。从第3期开始人数猛增的原因主要在于1904年日俄战争日本在战场上的节节胜利再次检验了日本军事力量的强大，进一步刺激和坚定了清政府学习日本军事的热情和决心。1902年以后，留日陆军生陆续回国，按照考试规定，成绩合格授予协军校，优秀则直接授予副军校（中尉）。这时，由于先期回国的留日陆军生人数较少，而此时清廷的编练新军工作陆续展开，急需大量的陆军人才，所以学习了先进军事技术的归国留日士官生，很快得到了清政府的重用，很多都被破格起用，而这些人也大多能"独当一面，有所作为"，"人才极一时之盛"①，对中国军事近代化也起到了巨大推动作用。

第五节　中国近代留学生与中国政治近代化

　　整个近代，很多留学生留学的初衷仍然是"学而优则仕"，加上当时中国面临民族危亡以及中国社会的巨大变革，这些留学生回国后选择了从政的道路。

　　留学生从政主要有三条道路，一是加入大官僚的幕府或者通过其推荐，二是通过留学生毕业生考试，三是自荐。从人数上看，从政的留日生远多于留美生，但从成就上看，留美生远高于留日生。从领域看，从政留学生在外交领域的成就最大（见图4-2）。早期留美生刚回国时，出于办洋务的需要，再加上得天独厚的外语优势，一部分人如唐绍仪、蔡绍基、周长龄、梁如浩、林沛泉、吴仲贤等充任了西文翻译、洋务委员，从事对外交涉事宜。但这些人也和从事其他职业的早期留美生一样，在甲午战争前并没有得到重用，只能担任一些低级职员。但由于他们年龄很小时就在美国学习，时间长达7—10年，外

---

①　刘真、王焕琛：《留学教育：中国留学教育史料》（一），台北："国立"编译馆1980年版，第376页。

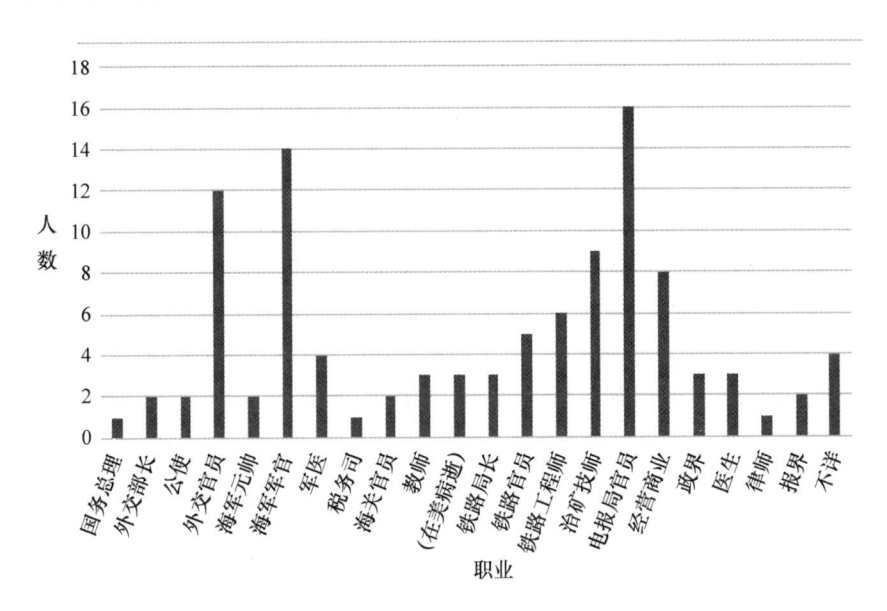

第四章　中国近代留学教育与中国近代化　　207

图 4-2　留美幼童返国后职业分配

资料来源：参照书末附表一、附表二、附表三、附表四。

语水平较高，西学基础知识也较为扎实。因此，随着近代中国社会的发展，他们施展的舞台越来越宽。甲午战争以后，清政府推行"新政"，提出创办新式工业、学堂等措施，需要大批人才，留学生的地位迅速提高，留美生受到青睐，特别是在外交界，留美生普遍提升较快，获得高级职位的也较多。特别是随着清末民初中外交涉的事宜越来越多，以及驻外使馆的不断增加，为他们提供了大量施展才华的机会，这些早期留美生成为驻外使节的不二人选，中国近代意义上的外交官大多从他们之中产生。据统计，从事过外交工作的早期留美生有30人左右，其中内阁总理1人、外交总长1人、侍郎1人、公使2人、其他外交官员12人（见表4-17）。[①] 外交方面成就最大的有梁敦彦、唐绍仪、梁诚等。梁敦彦，留学归国后，1886年进入张之洞幕，此后十几年来，他从知州、知府很快就升为候补道，后来他又转

---

① 高宗鲁译注：《中国幼童留美书信集》，《传记文学》（台北）1979年第34卷第2期，第60页。

入外务部，最后官至外务部右侍郎、尚书。唐绍仪留学归国后，1885年，他担任袁世凯汉城公署的西文翻译兼洋务委员，后利用和袁世凯的关系长期在朝鲜领事馆工作，并一度担任总领事。唐绍仪的才干，特别是其外交才能，深得袁世凯的赏识。1901年到1904年，唐绍仪担任天津海关道、西藏议约全权大臣、外务部侍郎、邮传部尚书等职。1904年，唐绍仪以西藏议约全权大臣的身份到达印度，与英国代表就西藏问题进行谈判，谈判中他充分施展自己的外交才能，据理力争，最后双方于1906年4月27日在北京签订《中英续订藏印条约》，英国不得不承认中国对西藏的主权。1912年3月，中华民国成立后，唐绍仪任中华民国的第一任内阁总理，成为民国外交和政治方面的重要人物。梁诚，也是一名著名的外交官："就一个外交官而言，他的天赋及成就都很高。"① 1902—1917年，梁诚担任美、西、秘三国公使，长期驻在美国，担任公使期间，他通过调查，了解到中国对美的辛丑赔款超过了美国的实际损失额，因此他多方联系，充分运用其外交手段，要求美国政府重新勘算赔款数目，将多出的部分退还给中国。后来他又力推美国将庚子赔款的一部分拿出来资助学生留学美国，并最终促使了庚款留学的成行。②

表4-17　　　　　　　　在外交界任职的留美幼童

姓名	任职情况	留学批次（批）
蔡绍基	天津外事局局长	1
罗国瑞	中国驻华盛顿大使馆翻译秘书	1
钟进成	美国驻中国领事馆翻译	1
欧阳庚	中国驻纽约领事馆领事	1
张康仁	中国驻西雅图领事	1
梁敦彦	外务部侍郎、尚书	1
刘家照	天津外务局	1

---

① 高宗鲁译注：《中国留美幼童书信集》，《传记文学》（台北）1986年第48卷第1期，第112页。

② 罗香林：《梁诚的出使美国》，香港：复兴印务图书文具有限公司1977年版。

第四章　中国近代留学教育与中国近代化

续表

姓名	任职情况	留学批次（批）
黄开甲	上海外务局	1
钱文魁	中国驻法国使馆官员	1
陆永泉	中国驻纽约领事馆领事	1
钟文耀	中国驻华盛顿大使馆翻译秘书、马德里临时代办、马尼拉总领事	1
吴仲贤	驻朝鲜领事、驻日本横滨总领事、驻墨西哥代办	2
容揆	驻华盛顿大使馆代办	2
蔡廷干	外交总长、华盛顿代表团中国顾问	2
张祥和	在外交界服务，任职于西班牙和秘鲁	2
王凤喈	中国驻伦敦使馆官员	2
苏锐钊	先后担任马尼拉、新加坡、巴塔维亚、旧金山、伦敦的总领事，中国驻日本东京大使馆的秘书	2
温秉忠	美国驻新疆领事馆、南京、天津外事局	2
陈佩瑚	美驻中国广州和香港领事馆	2
王良登	中国驻纽约总领事、驻古巴哈瓦那总领事	2
周长龄	曾出使朝鲜，外务部参议	2
朱宝奎	外交部次长	3
梁如浩	外务部参事、外交总长	3
唐绍仪	外务部侍郎、外交总长	3
梁丕旭	任中国外交部驻德国、华盛顿、西班牙、秘鲁的外交代表	3
唐荣浩	山东省外事局局长	3
林沛泉	驻朝鲜海关代表	3
刘玉麟	分往领事馆工作，曾在欧美不少国家充任领事，任过中国驻圣·詹姆斯展览会的代表	4
吴其藻	驻朝鲜领事	4
邝国光	湖北省政府外交秘书	4
梁诚	驻美、西、秘三国公使	4

在中外文化交流方面，很多留美生回国后一直和美国政府及在美友人有联系，为以后的中美文化交流作出贡献。幼童唐国安后来担任清华学堂校长，促进庚款留学活动的开展，使大批青年学生赴美留

学；幼童蔡廷干用英文撰写了《唐诗英韵》（1830年由芝加哥大学出版）；邝其照广泛传播英语知识，前后花费五年时间写成了《英文成语词典》（1881年在纽约出版）。《唐诗英韵》和《英文成语词典》在美国曾产生过较大影响。[①]

由于早期留欧生所学主要是海军技术专业，他们学成回国后也主要服务于海军，因而留欧生在外交界的成绩没有留美生那么大，但也有一些人为中外交流作出过贡献。如第二届船政留学生李荣芳，曾经担任清政府驻法参赞官署的翻译。1881年船政留学生郑诚，曾经担任驻美使臣郑藻如的翻译；罗丰禄在1896—1902年，同时担任清政府驻英国、比利时、意大利的公使；吴德章在1902—1904年担任清政府驻奥匈帝国的公使。此外还有魏瀚、王寿昌、郑清濂、高尔谦等人，他们在19世纪末中国向西方争回权利的斗争中出了自己的一分力量。在将西方学说、思想文化传播到中国的过程中，早期留欧生的作用也很突出，这中间最著名的当数马建忠和严复。马建忠参考英文、法文、拉丁文等西方语言文字研究中国古文字，编撰的《马氏文通》，是中国近代第一部语言文法新书，为中国人学习汉语和西文作出贡献，并且其"华学既有根柢，西学又有心得；历试以事，均能折中剖析，不激不随"[②]，他借鉴西方资产阶级经济思想提出的"民富说"，影响了当时及以后中国的思想界、经济界、政治界。严复翻译的《天演论》《原富》等书，在中国最早系统地介绍了西方的哲学、政治学、经济学、教育学以及科学方法论，有力地推动了中国思想、文化的近代化。

随着近代化的逐步深入，经过戊戌变法维新思潮等近代思潮的影响，到19世纪末，中国社会处于大变革中，此时，数以万计的留学大军特别是留日学生关心时政、参与政治，推动着社会的政治变革。留学生特别是留日学生成为清末立宪政治与武装革命的主力军和核心

[①] 高宗鲁译注：《中国留美幼童书信集》，《传记文学》（台北）1980年第36卷第6期，第76页；第37卷第3期，第112页。

[②] 中国史学会主编：《洋务运动》（八），上海人民出版社1961年版，第246页。

力量，推动着中国的政治走向近代化。

1906年，清政府正式宣布"仿行宪政"，陆续设立了一些政治、法律改革的考察、研究、编撰等机构，诸如考察政治馆、宪政编查馆、官职编制馆、修订法律馆等，这些机构在当时虽说是相对新式，但并不是清政府的核心机构，又需要有才识、有眼光的人，因此，留学生就成为这些机构的主要力量。宪政编查馆是从事宪政编查、建设工作的一个机构，是"宪政之枢纽"，其一成立，就汇集各路宪政精英分任馆务，其中大多数是留学生，又以留日法政留学生为主。1907年，宪政编查馆共有成员59人，其中留学出身的29人，在这29人中，除5人为留美生外，其余24人均为留日学生。并且关键部门中，留学生更是占有绝对优势。立宪和修律是宪政编查馆的主要工作，清末预备立宪过程中制定和颁布的许多文件、法律法规都出自留学生之手。例如，我国历史上第一个宪法文件《宪法大纲》，主要是由留日学生汪荣宝、曹汝霖等起草，而随后的"资政院议员选举章程"，"实为汪荣宝和章宗祥所拟就，而汪荣宝出力尤多"[①]。这些法律法规大都仿行日本的宪法和法律法规，虽然由于王公贵族的阻扰，多遭篡改，但这些法律法规本身就带有近代的法制观念、宪政意识。当时留学生积极参加资议局和资政院的诸多工作，并在此基础上，组织了一些立宪团体和政党，在清末预备立宪的过程中展现了应有的价值（见表4-18）。

表4-18　　　　清末预备立宪中的立宪团体与留日学生

名称	创办时间	创办地点	主要创办留学生
政闻社	1907年10月	东京	梁启超　蒋智由
预备立宪公会	1906年年底	上海	孟昭常　周延弼　雷奋　杨廷栋　高凤谦　李家鳌　孟森
宪政公会	1907年春夏之交	东京	杨度　熊范舆　沈钧儒
地方自治研究会	1906年	上海	雷奋

---

① 尚小明：《留日学生与清末新政》，江西教育出版社2003年版，第15页。

续表

名称	创办时间	创办地点	主要创办留学生
宪政研究会	1906 年	上海	马良 雷奋
政与会	1908 年	福州	林长民 刘崇佑
立宪国民社	1909 年	浙江	沈钧儒 褚辅成 陈敬弟
宪政筹备会	1909 年	汉口	汤化龙 张国溶
直隶宪政研究会	1909 年	直隶	谷瑞芝
汉口宪政同志会	1910 年	汉口	汤化龙 张国溶
尚志会	1910 年	北京	籍忠寅
宪友会	1911 年 6 月	北京	谢远涵 雷奋 梁善济 萧湘 汤化龙 林长民
辛亥俱乐部	1911 年 6 月	北京	长福 罗杰 易宗夔 黎尚雯 胡骏 杨度 陈明超 田桐 魏宸组
政学会	1911 年春	北京	汪荣宝 曹汝霖 章宗祥 陆宗舆

资料来源：李喜所、刘集林编著：《中国留学通史》（晚清卷下），广东教育出版社 2010 年版，第 428—433 页。

总的来看，尤其是在清末，留日学生在政界、军界的影响比较大。清政府最初考录官员的时候，将留学生考试与官员选拔考试混在一起，并且对留学生多种诱导，鼓励留学生从政。这对留日学生非常有利，所以，速成科、师范科、法政科留日学生从政现象非常普遍，"中国人留学日本史，一方面是近代中国的文化史，另一方面又是近代中国的政治史"[①]。

"在辛亥革命（1911）以前的革命活动中，与其说是留日生起了重大作用，毋宁说是以留日学生为主体而实践了革命。"[②] 辛亥革命的成功，虽然最终依靠的力量是新军与会党，但领导力量则是团结在同盟会周围的留日学生，"可以说，没有 20 世纪初年的留日热就难有埋葬清廷的辛亥革命"[③]。"在有传可考的 328 名革命党人中，留日出

[①] ［日］实藤惠秀：《中国人留学日本史》，谭汝谦、林启彦译，生活·读书·新知三联书店 1984 年版，第 339 页。
[②] ［日］实藤惠秀：《中国人留学日本史》，谭汝谦、林启彦译，第 350 页。
[③] 李喜所：《中国近代社会与文化研究》，人民出版社 2003 年版，第 593 页。

身者有 285 名。"① 同盟会领导集团中大部分成员是留学生，其中绝大部分又是留日生，比较著名的有孙中山（1878 年留学檀香山）、黄兴（1902 年留日）、宋教仁（1904 年留日）、胡汉民（1902 年留日）、汪精卫（1904 年留日）、廖仲恺（1902 年留日）、刘揆一（1903 年留日）、秋瑾（1904 年留日）、陶成章（1902 年留日）、陈其美（1906 年留日）、陈独秀（1901—1908 年三度留日）、蔡元培（1907 年留德）等。辛亥革命的成功，离不开留学生回国后在新军和会党中所做的艰苦细致的工作。新军和会党中的成员本身一大部分就是留学生，他们在辛亥革命中起到了主力军的作用。如 1911 年黄花岗 72 烈士中有 8 人是留日学生，士官学校毕业的 22 人。武昌起义爆发后，各省纷纷宣布独立，留学生在其中更是起了决定性的力量，当时全国独立的 23 个省区中，至少有 17 个都督、革命军总司令等主要领导来自留学生，特别是留日生。1911 年云南起义，以蔡锷为首的留日生领导比较多，多达 31 人。

南京临时政府各部领导成员基本上是由留学生担任的（见表 4-19）。

表 4-19　　　　　　　　南京临时政府领导成员留学情况

职务	姓名	留学国家
参谋总长	黄　兴	日本
参谋次长	钮永建	日本、德国
陆军总长	黄　兴	日本
陆军次长	蒋作宾	日本
外交总长	王宠惠	日本、美国
外交次长	魏宸组	法国
财政总长	陈锦涛	日本、美国
财政次长	王鸿猷	比利时
教育总长	蔡元培	德国
教育次长	景耀月	日本

---

① 王奇生：《中国留学生的历史轨迹》，湖北教育出版社 1992 年版，第 205 页。

续表

职务	姓名	留学国家
司法总长	伍廷芳	英国
司法次长	吕志伊	日本
海军次长	汤芗铭	法国
内务次长	居　正	日本
实业次长	马君武	日本、德国

资料来源：李喜所、刘集林编著：《中国留学通史》（晚清卷下），广东教育出版社2010年版，第456—457页。

在随后建立的中华民国临时政府里面，留日学生所占比重也极大，中华民国临时政府有15位总长、次长留过学，这其中又有8位是留日学生。

清末民初，很多著名的思想家、政治家都留学过日本，如陈独秀、李大钊、周恩来、廖仲恺、何香凝、李达、李汉俊、吴玉章、沈钧儒、张闻天、彭湃、董必武、邓子恢、周逸群、居正等。在北洋政府的历届内阁中，留日学生占有很大的比重。如在孙宝绮临时内阁中（1914.2.12—5.1），26位内阁成员，14位是留日生，占一半以上。在北洋政府48届内阁中，有13届是留美生组阁。其中不乏有国务总理、外交次长等高级职位（见表4-20）。

表4-20　　　　　　　北洋政府中的留美学生（部分）

姓名	留学学校	曾经担任的职务
唐绍仪	哥伦比亚大学	国务总理、外交总长、交通总长
周自齐	哥伦比亚大学	国务总理、交通总长、教育总长、财政总长
颜惠庆	弗吉尼亚大学	国务总理、外交总长
顾维钧	哥伦比亚大学	国务总理、外交总长
王正廷	耶鲁大学	国务总理、外交总长
王宠惠	耶鲁大学	国务总理、教育总长
梁如浩	斯梯文工业学院	外交次长
施肇基	康奈尔大学	外交次长、交通总长

第四章 中国近代留学教育与中国近代化

续表

姓名	留学学校	曾经担任的职务
陈锦涛	耶鲁大学	外交次长
蔡廷干	新不列颠中学	外交次长
梁敦彦	耶鲁大学	交通总长
孙多珏	哥伦比亚大学	交通总长
全绍清	哈佛大学	教育次长
邓翠英	哥伦比亚大学	教育次长
陈锦涛	耶鲁大学	财政总长
钟世铭	哈佛大学	财政总长
章宗元	加利福尼亚大学	财政次长
项骧	哥伦比亚大学	财政次长

资料来源：书末附表一、附表三；周棉主编：《中国留学生大辞典》，南京大学出版社1999 年版；徐友春：《民国人物大辞典》，河北人民出版社 1991 年版。

留美生从政的人数远不如留日生，留美生从政的人员大多是以前的留美幼童，后来的庚款留美生从政的非常少。这种现象的出现，主要和清末民初留日、留美学生所学的专业、科目有很大关系，留日生大多学习的是师范、法政、军事等速成科，这些科目的学生在国内当时除了去学堂，就只能去从政。而庚款留美生大多选择的是农、工、商、矿等自然学科，留学时间要求比较长，学成回国后，主要在高校和研究机构等部门工作。但是在政府高层从政的人数上，留日、留美人数差别并不大，甚至留美生一度还超过留日生（见表 4 - 21）。1916 年，有人统计，留学美国回国担任职务的有 340 人，其中从政的达到 110 人，这些人除了 8 人是在省级一级政府里任职外，其余的均在中央一级的行政、司法、立法部门工作。

表 4 - 21　　　　北洋政府历届内阁总长留学情况　　　　单位：人

内阁	总长人数	留美人数	留日人数
唐绍仪（前后两届）	19	6	4
陆徵祥（前后两届）	19	3	4

续表

内阁	总长人数	留美人数	留日人数
赵秉钧	10	1	2
熊希龄	10	1	1
徐世昌（前后两届）	18	4	4
李经义	9		1
段祺瑞（前后五届）	45		13
王士珍	9		2
钱能训	9		2
靳云鹏（前后两届）	18	2	2
梁士怡	9	2	
颜惠庆（前后三届）	27	8	3
王宠惠	9	1	2
汪大燮	9	1	3
张绍曾	9	1	5
高凌霨	9	2	3
孙宝绮	9	4	2
黄郛	9	2	4
徐世英	9	2	3
贾德耀	9	2	3
顾维钧	9	1	2
潘复	9		1

在北伐战争中，留日生也作出很大贡献。1927年，日本教育家松本龟次郎曾指出："今日中国军人中，位居上将者，有三分之二曾留学过我国。"[①] 当时军队上的许多要人，如吴禄贞、孙传芳、蒋作宾、何应钦、蓝天蔚、阎锡山、赵恒惕、汤恩伯等都是留日学生。

---

① ［日］松本龟次郎：《中华留日教育小史》，载王奇生《中国留学生的历史轨迹》，湖北教育出版社1992年版，第230页。

第六节　中国近代留学生与中国教育近代化

在中国近代转型的过程中，留学教育本身就是对中国传统教育体制的一个重大突破，是中国教育近代化的重要步骤和成果，这又反过来极大地促进了中国教育近代化的进程。19世纪末20世纪初，美国教育已经建立起自己的完整体系，在高等教育方面，学制严整，学科齐全，学位授予规范。当时，美国高等教育主要有两类，一类是初级大学，这类大学实行两年制，主要进行职业教育与训练，另一类是四年制的普通文理学院，提供完整的高等教育。所以美国的高等院校有初级学院、四年制学院、大学、专业学院，包括地方大学、州立大学、私立大学、公立大学等，可供选择的大学各种各样。留学生在美留学，一方面是学习专业知识，另一方面是接触美国当时先进的高等教育，回国后，许多留学生又从事了教育工作，进而促进了中国教育走向近代化。

一　近代官派留学教育对中国大学教育学科制度的影响

中国古代没有学制，有的是私塾、书院教育，不管是官学还是私学，学习的课程是四书五经之类的经学，没有什么分科教学。19世纪末20世纪初，留学生教育兴起，留学生在国外学习的过程中，自然而然接触到西方大学先进的教育及学科制度，正是在他们的积极推动下，西方的各类学科开始逐步引入中国。

百日维新期间，诏令全国将旧式书院改为学堂，在京师设京师大学堂。京师大学堂成立后，梁启超主要参照了近代日本教育以及西方教育体制，拟定了《京师大学堂章程》，章程具有近代性，为我国近代学制的建立奠定了基础。到了1901年清末新政，一项重要内容就是改革教育，在清政府制定的章程里，明令将全国各地的书院按其情况分别改为大、中、小学堂，规定在省城的基本改为大学堂，在府和直隶州的一律改设为中学堂，在州县的一律改设为小学堂，同时规定全国各地要多设置一些蒙养学堂。1902年8月，清政府公布的《钦定学堂章程》是我国教育史上第一部较完整的学制，但因故未能实行。1904年，清政府制定《奏定大学堂章程》，其中关于学制提出了八科分学的方法，大学将分为八科四十三门，八科分别是经学、政法、农学、工学、商学、医学、格致、文学，章程里还首次确立了大学的堂—科—门三级学科组织体系。1924年，民国时期颁布的《国立大学校条例》，明确规定国立大学设立的科目为文、理、法、农、工、商、医等科，在各科下设立系。1929年颁布的《大学组织法》，正式确立了大学"校—院—系"三级学科组织体系，中国近代大学学制基本与西方接轨。在这些章程和学制的制定过程中，留学生由于其留学经历尤其是在国外接受近代学制教育的经历，对近代西方学制比较熟悉，这些留学生，特别是留美学生归国后，许多人选择了高校就业，在一些高校里担任领导或教师（见图4-3），因而在学制的制定与颁行过程中起了很大的作用。

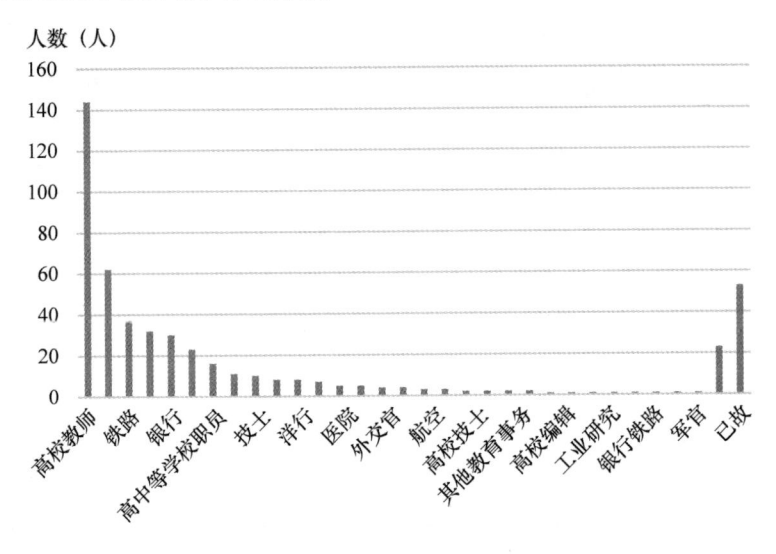

图4-3 1909—1920年清华留美学生归国职业统计

资料来源：书末附表三；黄利群：《中国近代教育史研究文集》，白山出版社2000年版，第93页。

在各个大学，留学生对各学科的创设作出的贡献更大。在国内政局动荡不安的年代里，留学生在中国近代高等教育理科、自然科学以及人文社会科学主要学科的创立和发展演变过程中发挥着积极的作用（见表4-22、表4-23）。

表4-22　　近代高等教育理科、自然科学主要学科的设立和重要事件

学科	重要事件	留学生（创立者、负责人、教授等）
数学	1895年北洋大学设立几何学、三角勾股学、微分学	陈锦涛
	先后在大同学院、东南大学、交通大学设立数学系	胡敦复
	1920年南开大学设立算学系	姜立夫、刘晋年、江泽涵、吴大任、陈省身
	1921年东南大学设立数学系	熊庆来
	1922年武汉大学设立数学系，1928年浙江大学设立数学系	陈建功、华罗庚、陈省身、苏步青、江泽涵、吴文俊
	1927年清华大学设立算学系	郑之蕃、周培源、赵访熊
	1929年上海交通大学成立科学学院	黎照寰、胡敦复
	1935年数学学会成立	胡敦复、冯祖荀、周美权、姜立夫、熊庆来、陈建功、苏步青、江泽涵
物理	1918年北京大学设立物理系	何育杰
	1920年南京高等师范学校设立物理学	胡刚复
	1922年南开大学设立物理系	饶毓泰
	1926年清华大学设立物理系	叶企孙
	1928年中央研究院物理研究所成立	胡刚复、吴有训、严济慈、钱学森
	1929年筹建浙江大学物理系	王守竞
	1932年中国物理学会成立	李书华、叶企孙、吴有训、严济慈、周培源先后为会长
化学	1917年南京大学创设中国较早的化学课程和实验室	张子高
	1918年北京大学设立化学系	丁绪贤
	1922年南开大学设立化学系	邱宗岳、杨石先

续表

学科	重要事件	留学生（创立者、负责人、教授等）
化学	1922 年东南大学设立化学系	王琎
	1926 年清华大学设立化学系	杨光弼
	1922 年中华化学会成立	庄长恭、王箴
	1932 年中国化学会成立	陈裕光、曾昭抡、吴承洛、张洪沅、范旭东先后为会长
地质	1913 年地质研究所成立	丁文江、翁文灏、叶良辅、谢家荣、朱庭祐、李学清、王竹泉、谭锡畴
	1918 年北京大学设立地质系	何杰、王烈、李四光、王绍瀛、谢家荣
	1920 年南京高等师范学校设立地学系	竺可桢、张正平
	1922 年中国地质学会成立	章鸿钊、翁文灏、李四光
	1927 年中央大学设立地质系	竺可桢、李学清
	1928 年中山大学设立地质系	张席禔、何杰
	1932 年清华大学地学系	翁文灏、谢家荣、袁复礼、冯景兰
	1941 年金陵女子大学设立地理系	刘思兰
生物	奠定基础	秉志、胡先辅、钱崇澍、
	1916 年北京大学设立生物系	张景钺、杨钟健、林镕、雍克昌、崔之兰
	1917 年北京协和医学院成立	林可胜、张锡钧、吴宪、马文昭、冯兰洲
	1921 年南京高等师范学校、东南大学设立生物学系	秉志、胡先骕、陈桢、邹秉文、钱崇澍、戴芳澜
	1922 年中国科学社生物研究所成立	秉志、胡先辅、钱崇澍
	1922 年武汉大学设立生物系	张珽、高尚荫、汤佩松
	1924 年中山大学设立生物系	陈焕镛、朱洗、张作人
	1926 年清华大学设立生物系	钱崇澍、陈桢、汤佩松、李继侗、赵以炳、沈同、崔之兰、寿正黄、沈家瑞
	1927 年上海中央大学医学院设立生理学	蔡翘
	1929 年浙江大学设立生物系	贝时璋、罗宗洛、张肇骞、蔡邦华、谈家桢
	1930 年山东大学设立生物系	童第周、喻兆琦、曾呈奎

续表

学科	重要事件	留学生（创立者、负责人、教授等）
工程	1928年东北大学设立建筑学	梁启超
	1932年清华大学设立机械工程系和电机工程系	庄前鼎、顾毓秀
	1920—1930年，历任交通大学唐山学校教授、副主任，东南大学教授、工科主任	茅以升

表4-23 **近代人文社会科学主要学科的创立及重要事件**

学科	重要事件	主要留学生（创立者、负责人、教授等）
社会学	1898年严复译《群学肄言》	严复
	1900年章太炎译《社会学》	章太炎
	1913年沪江大学设立社会学系	葛学溥
	1916年北京大学设立社会学系	康宝忠
	1926年清华大学设立社会学系	陈达、李景汉、潘光旦、吴景超
	1929年中央大学设立社会学系	孙本文
	1929年中国社会学社成立	孙本文
	1938年云南大学设立社会学系	吴文藻
经济学	1915年北京大学设立经济系	马寅初
	1922年中国经济学社成立	马寅初
	1916年清华大学设立统计学，成立中国统计学社	刘大钧
	北京大学、复旦大学、四川大学、光华大学设立现代会计学	谢霖
	1926年清华大学成立经济学系	朱彬元
	1927年南开大学成立社会经济研究委员会	何廉
语言学	1898年马建忠写作《马氏文通》	马建忠
	1923年胡以鲁写成《国语学草创》	胡以鲁
	先后在上海大学、复旦大学、安徽大学教授语言学	陈望道

续表

学科	重要事件	主要留学生 （创立者、负责人、教授等）
语言学	先后在北京师范大学、清华大学教授语言学	杨树达
	1916 年中华民国语言研究会成立	蔡元培
	1925 年清华大学教授语言学	赵元任
哲学	宣扬杜威的实验主义学说	胡适
	宣传德国柏格森学说	张君劢、张东荪
	宣传新实在论	陈大齐、冯友兰、金岳霖
	1926 年创办清华大学哲学系	金岳霖、冯友兰
	1937—1946 年创制新理学体系	冯友兰
心理学	1917 年北京大学成立心理学实验室	伍廷芳、王宠惠、陆懋德、钱端升
	1920 年北京高等师范学校创办心理实验室	刘绍禹
	1929 年中山大学建神经生理学试验室	汪敬熙
	1930 年浙江大学建心理学实验室	黄翼
	1936 年成都大学建心理学实验室	刘绍禹

二 近代官派留学教育对中国大学师资力量的影响

在洋务运动时期，国内具有近代思想、知识的人才非常缺乏，洋务派主要采取两种办法解决人才问题，一是创办新式学堂，二是派遣留学生，洋务派派遣留学生最初也只是为了解决办洋务缺乏人才的问题。中国仿照西方建立的具有一定近代性质的第一所新式学堂是 1862 年洋务派创办的京师同文馆，到 1900 年洋务派创办的最后一所学堂江苏武备学堂，在近 40 年的时间里，随着洋务运动的兴起与衰落，洋务派前前后后建立了近 40 所学堂，如福州船政学堂、广东实学馆、天津电报学堂等。洋务派创办的学堂大体分为三类：第一类是外语学堂，主要培养外语类翻译人才；第二类是工业技术学堂，主要培养洋务派军事工业、民用工业中的技术人员；第三类是军事学堂，主要培养驾驶和造船技术的人员。在这些新式学堂中，除了传统的道德教育外，主要教授的是旧式教育所没有的近代自然科学与技术知识。19世纪末20世纪初，为了宣扬维新变法，康有为、梁启超、谭嗣同等维新派先后创办了一批宣传变法理论的新式学堂，如万木草堂、时务学堂、南洋公学等，培养维新变法人才，其中康有为在北京创办的万木草堂和谭嗣同、黄遵宪在湖南长沙创办的时务学堂影响最大。百日维新期间，政府明令在京师设立京师大学堂，全国改设高、中、小学堂，学习中学和西学。清末新政时期，更是明令全国各地书院分别改为大中小学堂，各地纷纷响应，新式学堂如雨后春笋般兴盛起来，据统计，1903年全国有大大小小的新式学堂769所，仅仅一年的时间，到1904年就猛增到4476所，又过了一年，到1905年又猛增到8277所。起初，许多学堂都雇用洋教习或外籍教师，但雇用洋教习终不是办法，特别是随着清末新式学堂的迅猛发展，新式学堂普遍面临着师资特别是受过新式教育的教师严重不足的问题。为此，在留学上，清政府也给予从事师范的留学生以许多优惠政策，从而使清末留学日本的师范生迅猛增长。1907年5月，学部颁布命令，官费留学生回国后，为了尽义务，都要先做5年教师，5年义务年限未满之前，不能从事其他工作。由于政策的规定，很多留学生回国后，都在大学、高中小学堂里担任教师，有人统计，当时在大学和高等教育机构的任职人员中，绝大部分是归国留学生。大批留学生回国，一方面解决了当时师资的燃眉之急，壮大和补充了当时急缺的教师队伍；另一方面留学生带来了新的思想和先进的教育理念、教学方法和自然、社会科学文化知识，他们将这些应用到中国近代教育尤其是高等教育的教学与改革中，深深影响着中国近代教育的改革与发展（见表4-24）。

在20世纪初的中国高等教育中，留日生和留美生是主要的师资来源，但由于留学国家、留学经历的不同，特别是所接受的教育观念以及知识的不同，导致留日生与留美生在回国后的教育教学中，呈现出不同的特点。

表4-24 留学生开设的课程、编著的专著、教材(部分)

时间	姓名	课程(所在大学)	专著	教材
清末	陈独秀			《小学万国地理新编》
	陈宝泉			《国民必读》《民教相安》
1916年	邹秉文	在南京高等师范学校开设植物病理学		《植物病理学概要》
	钱崇澍	在东南大学开设植物学、植物生理学、植物分类学		
1917年	胡明复	在上海大同学院、东南大学、南洋大学创设数学系		
	张子高	在南京高等师范学校开设现代化学		
	蔡元培	在北京大学创设心理学实验室和心理学实验课程		
1918年	何玉杰	在北京大学创设物理系,讲授物理		
	竺可桢	在武昌高等师范学校创设物候学讲授博物地理、天气气象等课程		
1919年	陈鹤琴 廖世承	在南京高等师范学校开设测验课	合译《比奈—西蒙智力测验法》	
1920年	姜立夫	在南开大学创设数学系,讲授数学		
	竺可桢	在南京高等师范学校创办地学系,讲授地质		
	胡刚复	在南京高等师范学校创办物理系,讲授物理		
	秉志	在南京高等师范学校开设普通动物学		

续表

时间	姓名	课程（所在大学）	专著	教材
1920年	廖世承 陈鹤琴	在南京高等师范学校开设测验课		
1921年	廖世承 陈鹤琴		《智力测验法》	
	秉志	在南京高等师范学校创办生物系，讲授生物		
	邱宗岳	在南开大学开设定性分析、无机化学		
	吴宓	在东南大学开设比较文学		
	张耀翔	在东南大学开设教育测验课		
	夏元㻛	在北京大学开设相对论和理论物理		
1923	钱崇澍 邹秉文 胡先骕			《高等植物学》
	杨石先			《无机化学》《有机化学》
1924年	钱崇澍 陈桢			《普通生物学》
1925年	赵元任	在清华大学开设音韵学		
1927年	郑之蕃	在清华大学创办算学系		
1928年	萨本栋 吴有训	在清华大学创办物理系		《普通物理学》《普通物理学实验》
1931年	张克忠	在南开大学创办化工系		
	江泽涵	在清华大学开设拓扑课		
1933年	陈嵘		《造林学概要》《造林学概论》	

续表

时间	姓名	课程（所在大学）	专著	教材
1935年	张洪源 谢明山			《化学工程机械》
1936年	金岳霖		《逻辑》	
1937年	陈 嵘		《中国树木分类学》	
1938年	吴 宓		《世界文学史大纲》	

其一，留日学生关心救亡，有明显的革命性。这是由当时的中国时局以及留日学生的组成与特点所决定的。清末，国内政局动荡不安，维新变法、民主革命等思想与思潮兴盛，很多留学生在国内就已经接受了君主立宪、民主共和等思想，他们到日本后，一方面带着民主、革命的信仰来留学，另一方面在日本进一步接触到民主、共和思想。除了官派留学生外，绝大多数留日学生是自费学生，他们受政府的约束少，人员参差不齐，留学的形式和留学的学校也是各不相同，速成居多，除了学习外，他们参加和组织了一些团体，许多是革命团体。

留美学生大多是庚款留学生，受政府的约束大，大多学习自然科学知识，到美国后大多进入各个名牌大学，学业压力大，所以他们主要关心的是学业，民主、革命的思想对他们影响较小。他们的改革主要在教育方面，由于在美国留学时，他们接触到大量的西方当时比较先进的教育方式、思想和理念，同时也接触到西方的一些民主思想和自由体制，他们回国后创办学校，就希望学校能脱离政治，相对自由。

其二，留美学生主张教育改革，具有民主、平民教育理念。留日生大多学习的是师范教育，并且是速成教育，在日本留学时间短，大多没有形成一定的思想与观念。留美生在美留学时间长，大多都拿到了学位，不但学习了知识，更重要的是接受了欧风美雨的洗礼，其中很多人具有民主及平民主义教育理念,他们对西方教育中的民主及平民教育理念极为赞赏和接受,相信通过平民教育就可以改造社会。胡适、蒋梦麟、晏阳初、陶行知等人都是平民教育的倡导者。他们认为,平民教育是改造社会的出发点,人民是国家的根本,通过平民教育能够提高整个国民的素质和知识、能力,从根本上唤醒民众,参与政治与民主改革,平民教育是民主政治的基础,因此,中国要走向民主共和,就要先从平民教育做起。

其三,在留美生的教育主张里,民生教育和科学教育是联系在一起的,他们在主张民主教育的同时,也积极主张科学教育,所以五四运动提倡"民主"与"科学"。这里的科学教育并不单单是科学本身,而是指当时围绕着科学而展开的科学教育思潮,因此,民主与科学就成为新文化运动、五四运动以后一股进步的思想潮流。任鸿隽在论及科学和教育的关系时曾说:"科学之范围愈广,其教育上之领域亦日增,教育之事,无论自何方面言之,皆不能离科学以从事。要之,科学于教育上之重要,不在物质上之智识,而在其研究事物之方法。尤不在研究事物之方面,而在其所与心能之训练。科学方法者,首分别事类,次乃辨明其关系,以发见其通津,习于是者,其心尝注重事实,执同求果,而不为感情所蔽,私见所移。所谓科学的心能者,此之谓也。……以此心能求学,而学术乃有进步之望。以此心能处事,而社会乃立稳固之基。此岂不胜于物质知识万万哉!"[①]

三 近代官派留学教育与大学校长群体

留美学生特别是一些官派留美生回国后,大部分在高校任教。据统计,在1909—1922年,通过庚款留美的学生516人,回国后在高校任教的占32%左右。他们当中许多是著名的教育家:胡适、梅贻琦、陶

[①] 樊洪业、张文春选编:《科学救国之梦——任鸿隽文存》,上海科技教育出版社2002年版,第67页。

行知、蒋梦麟、吴贻芳、郭秉文、陈鹤琴等。很多人在大学里担任大学校长等重要职务，有力促进了中国高等教育的近代化（见表 4-25）。

表 4-25　　　　　　担任过大学校长的近代留学生

姓名	留学情况	任校长情况
林联辉	留美幼童	1894 年北洋军医学堂总办 第一个官办医校校长
唐绍仪	留美幼童，哥伦比亚大学	1903 年北洋大学堂督办
方伯梁	留美幼童，哈佛大学博士	1903 年唐山路矿学堂总办
梁敦彦	留美幼童，耶鲁大学	1904 年北洋大学堂督办
梁如浩	留美幼童，史蒂文工学院	1905 年唐山路矿学堂总办 1907 年北洋大学督办
蔡绍基	留美幼童，耶鲁大学	1908 年北洋大学督办
温秉忠	留美幼童	1909 年暨南学堂总理
唐国安	留美幼童，耶鲁大学法律	1912 年清华学校首任校长
周怡春	威斯康星大学研究生	1913 年清华大学校长
罗家伦	先后在普林斯顿大学、 哥伦比亚大学学习	1928 年 9 月—1930 年 5 月清华大学校长 1932 年 8 月—1941 年 6 月中央大学校长
吴南轩	加利福尼亚大学硕士研究生	1931 年 4 月—1931 年 10 月清华大学校长
梅贻琦	芝加哥大学机械工程硕士研究生	1931 年 12 月—1948 年 12 月清华大学校长
蒋梦麟	曾在加州大学学习， 获哥伦比亚大学师范学院 哲学博士研究生	1927 年 7 月—1930 年 7 月国立第三中山大学校长，浙江大学校长 1930 年 12 月—1945 年 6 月北京大学校长
张伯苓	在哥伦比亚大学研究教育	1919—1948 年南开大学校长
冯熙运	哈佛大学法学学士 芝加哥大学哲学博士	1920—1924 年北洋大学校长
查良钊	哥伦比亚大学	20 世纪 20 年代河南大学校长
程天放	伊利诺伊大学硕士研究生	1929 年安徽大学校长 1932 年 4 月—1933 年 3 月浙江大学校长
邓翠英	哥伦比亚大学师范学院	1920 年 10 月—1921 年 5 月厦门大学校长 1927 年河南大学校长
陈裕光	哥伦比亚大学化学硕士、哲学博士	1927—1951 年金陵大学校长
胡刚复	康奈尔大学	1925 年北京女子大学校长 1927 年大同大学校长
郭任远	加利福尼亚大学博士	1933 年 4 月—1936 年 2 月浙江大学校长

续表

姓名	留学情况	任校长情况
何炳松	威斯康星大学学士 普林斯顿大学政治学硕士	1935年9月—1946年暨南大学校长
李蒸	哥伦比亚大学师范学院哲学博士	1931年7月—1937年北平师范大学校长
陆志韦	芝加哥大学哲学博士	1934—1937年燕京大学校长
刘湛恩	芝加哥大学硕士 哥伦比亚大学师范学院博士	1928—1938年沪江大学校长
茅以升	康奈尔大学土木工程硕士 加州理工学院工学博士	1924—1926年河海工科大学校长 1928—1932年北洋大学校长
任鸿隽	哥伦比亚大学化学硕士	1935年9月—1937年6月四川大学校长
姜琦	哥伦比亚大学师范学院硕士	1925年7月—1927年暨南大学校长
朱文鑫	威斯康星大学学士	1924—1927年东华大学校长
竺可桢	伊利诺伊大学学士 哈佛大学博士	1936年4月—1949年浙江大学校长
周诒春	威斯康星大学硕士	1933—1934年燕京大学校长
杨振声	哥伦比亚大学博士	1930年5月山东大学校长
赵天麟	哈佛大学法学博士	1914年1月—1920年1月北洋大学校长
钟荣光	哥伦比亚大学师范学院	1924—1938年岭南大学校长
朱经农	哥伦比亚大学师范学院硕士	1931年齐鲁大学校长
郭秉文	哥伦比亚大学硕士、博士	1922—1925年 东南大学兼上海商科大学校长
胡刚复	哈佛大学硕士、哲学博士	1945—1950年上海大同大学校长
许心武	衣阿华大学工学硕士	1931年河南大学校长
李登辉	耶鲁大学学士	1913—1936年复旦大学校长
凌冰	哥伦比亚大学哲学博士	1928年河南中山大学校长
郭泰祺	宾夕法尼亚大学博士	1917—1918年，1926—1927年 武昌商科大学校长
王正廷	密歇根大学、耶鲁大学	1921年中国大学校长
杨永清	华盛顿大学文学硕士	1927—1930年东吴大学校长
张凌高	德卢大学教育学博士	1933—1950年华西协和大学校长
吴贻芳	密执安大学生物学博士	1928—1951年金陵女子大学校长
杨荫榆	哥伦比亚大学教育学硕士	1924年2月—1925年8月北京女子师范大学校长

从表 4-25 中可以看出，中国近代著名大学的校长大多有留学背景，在留学国家中，美国遥遥领先。并且他们在美国大多在哥伦比亚大学等名牌大学留学，很多人学习的就是教育学或与之相关的学科，并获得硕士或博士学位，他们担任大学校长，对推动国内大学的近代化进程贡献巨大。

为促进教育近代化与教育救国，留学生特别是留美生在留学之余，针对国内教育的滞后，他们组织和建立了一批科学团体，聚集了一批志同道合的人进行交流与研讨，对国内近代各学科的形成起到巨大推动作用。日后中国的许多学会和组织就是在这些科学团体的基础上发展和壮大起来的（见表 4-26）。

表 4-26　　　　　　留学生与近代科学团体的建立

名称	成立年份	创立者或首任负责人
中国地学会	1909	章鸿钊
中国科学社	1915	任鸿隽 秉志 胡明复
中国农学会	1916	过探先 邹秉文
中国工程学会	1918	陈体诚 张贻志
中华心理学会	1921	张耀翔 路志韦 刘廷芳
中国地质学会	1922	章鸿钊 丁文江
中国生物科学学会	1925	刘慎谔
中国生理学会	1926	林可胜 吴宪
中国古生物学会	1929	孙云铸
中国植物病理学会	1929	邹秉文 戴芳澜
中国化学工程学会	1930	顾毓珍 张洪源 张克忠
中国物理学会	1930	王琎 吴承洛 陈裕光
中国测验学会	1931	路志韦 艾伟
中国植物学会	1933	钱崇澍 胡先骕 陈焕镛
中国动物学会	1934	王家楫 秉志
中国心理学会	1937	唐钺 路志韦 张耀翔

结　　语

中国近代留学教育是随着中国近代社会的变迁而发展的，从 1872 年幼童留美开始到 1928 年庚款留美结束，经历了开创、发展、高潮等阶段，中国留学生的足迹遍及当时先进的欧美、日本等国，而半个多世纪的历史过程，恰恰是中国社会发生巨大变革的时期。从制度上看，统治中国两千多年的封建王朝逐步走向了灭亡；从思想文化上看，围绕救国救民、救亡图存，各种社会思潮展开各种论争，中国社会的政治、经济、军事、思想、文化等各方面出现重大变化。留学生是社会变革的产物，留学运动的展开，既是当时西方先进文化对中国冲击的结果，也是中国内部对西方先进文化认识逐步深入、积极主动应对的一个过程；既是中国当时先进的知识分子积极推动的一个结果，也有封疆大吏曾国藩、李鸿章、左宗棠、沈葆桢、张之洞等人的努力促成。反过来，作为重要的人力资本，留学生又成为推动中国发生巨大变革的一支重要力量，是当时中国立宪、改良、革命等事件的主力军和推动者，对近代中国社会的政治、经济、军事、科技、思想、文化、教育诸方面产生了深刻的影响。可以说，中国从传统社会向近代社会的逐步转型始终是和留学生群体的努力密不可分的，尤其是在民国时期以及日后，大批归国留学生以其广阔的视野、渊博的知识和出色的才干很快在社会建设各方面崭露头角，引领潮流，极大地推动了中国教育、科技、政治、军事等方面的近代化进程。

从近代历次官派留学教育的组织者清王朝、国民政府、北洋军阀政府来讲，其留学的主观动机和客观效果之间也发生着统一和背离的双重效果。从派留学、储人才、自强求富等方面的留学目标来看，清王朝、国民政府、北洋军阀一次次的短期目标也基本达到，洋务时期的留欧学生回国后无论是在海军、铁路、矿业、工厂等方面，还是在外交、教育、通信等方面都对当时洋务事业的发展起了巨大的推动作用；清末新政及民国时期的大批留学生回国，任职中央到地方各级机构，在政治、外交、军事、思想、文化、教育各领域发挥着积极的建设作用。反过来，清王朝、北洋军阀政府派遣的留学生恰恰又成为他们的掘墓人，尽管历次官派留学生知识水平参差不齐，价值取向不一，但他们在接受与推广新知识、新技术、新思想、新观念的举动是一致的，与专制、落后的封建清王朝、北洋军阀政府是相对立的。清政府花巨资一次次派遣留学生本意都是学习西方先进技术，富国强民，维护自己的统治，而正是在留学过程中接受了西方立宪、民主、共和等先进文化的留学生，回国后传播改良、革命思想，推动、影响和领导着清末的改良和武装革命运动，最终推翻了清朝的统治。

在近代官派留学教育的过程中，一直充斥着传统与现代、实用与理想、维护与变革等方面的冲突，从人力资本的利用效率方面，既存在积极利用、充分发挥人力资本效用的一面，又存在人力资本大量闲置、浪费的一面。这在洋务运动时期的留学教育中表现得尤为明显，整个幼童留美过程中始终存在传统与现代、中学与西学之间的斗争，幼童越来越西化的倾向，显然是清政府所不能容忍的，这也导致了幼童的中途撤回，回国后的幼童在很长一段时间内大多没有工作，用非所学。新政时期，在归国留学生中，也出现大量用非所学的现象，学习师范的、学工艺技术的回国后从政从军的事例比比皆是。清政府试图通过留学生归国考试的方式笼络人才，结果大批学习理、工、农、艺、师范的留学生被授予各类官职，这些小官职大部分又都是闲职，导致大批归国留学生终日闲散，无所事事，留学期间学习的专业知识大多用不上，造成人力资源的巨大浪费。

近代的官派留学，无论是洋务时期的官派留学还是新政时期的官派留学，都是在个别精英官员主导下进行的，这对推动留学教育的实行、进行与发展无疑是有巨大益处的，但这种由中央与地方主导的留学教育功利性、区域性特征特别明显。应急的功利主义留学理念始终伴随着清末的官派留学，洋务运动时期，洋务派官员看到的只是西方的"船坚炮利"，留学基本上是军事留学，即便是军事留学，也局限于驾驶、制造，留学生回国后为国家的海军造船、制造、驾驶等事业直接服务。新政时期，留学除了学习军事外，更多的是配合新政学习一些农工格致之类的实用技术。对人文、社会科学等一些基础科学人才的培养很少提及，并且一再限制留学生对西方思想、制度、战略等层次知识的吸收和学习，这种功利主义留学理念使中国失去了许多全面学习当时西方文化进而推动社会发展的良好机会。

  对中国近代官派留学教育进行研究，使我们更深地了解到中国近代化道路的曲折和艰辛。总结近代官派留学教育的经验教训，对我们今天大规模的留学教育仍具有借鉴意义。

附 录

附表一 第一批留美幼童情况

姓名	字号	籍贯	出生年份	专业学位	主要职业和主要活动
蔡绍基	述堂	广东香山	1859	人律	回国后任上海大北电报公司翻译。后随同袁世凯办理朝鲜通商洋务。后来先后任天津外事局局长、北洋大学校长、天津海关总监、天津海关道台等职。1933年去世
罗国瑞	岳生	广东博罗	1861	手艺	在美国时曾任中国驻华盛顿大使馆翻译秘书。回国先在上海水利管理局任职，不久后帮助修建大冶至青山的铁路。后勘测贵州云南铁路和汉口广东铁路，勘测并帮助修建津浦铁路南段工程
黄仲良	奭廷	广东番禺			先后任中国驻旧金山领事，汉冶萍铁路公司秘书，粤汉中国广州段总办、津浦铁路总办等职
张康仁		广东香山	1859	人律	回国后不久又去美国继续留学，留学后在檀香山、旧金山从事律师职业。曾担任中国驻美国西雅图的领事，在美国去世

续表

姓名	字号	籍贯	出生年份	专业学位	主要职业和主要活动
潘铭钟		广东南海	1862		在纽约特洛耶专科学校学习，十六岁时病逝于该地
黄锡宝		福建同安	1860		回国后不久死于上海
陈巨镛		广东新会	1860	技艺	留学归来后分任福州船政学堂，在一次游泳训练中跳水受伤，不治而死
程大器	汝珊	广东香山	1859		留学归来后在上海江南制造总局兵工学校教书，一直到去世
邓士聪	达庐	广东香山	1859	机器	留学归来后分到福州船政学堂，毕业后在北洋舰队实习，后到达广东进入商界，最后在香港去世
钱文魁		江苏上海	1859	中馆	前往法国，担任中国驻法使馆官员
吴仰曾	述三	广东四会	1862	手艺	1881年幼童革命撤回时，他继续留在哥伦比亚大学攻读矿业。后来又去英国皇家矿业学院攻读，在伦敦学习采矿工程，回国后在南京政府和浙江、直隶省工作，曾在开平矿务局服务多年。后来他还被清政府授予科学博士，并充任清政府学部顾问，晚年一直在开滦煤矿工作
蔡绍章	云松	广东香山	1859		回国后先是进入商界，后来到沪宁铁路任职，在上海去世
詹天佑	眷诚	安徽徽州	1861	土木工程	1887年毕业于耶鲁大学，回国后在福州船政学堂任教，毕业后留校任教习，到广东黄埔水师学堂任教，不久又被调到京沈铁路任京沈铁路工程技术员。他先后担任粤汉铁路的总工程师，京张铁路工程的主持者，1881年幼童革命命撤回时，他继续留在美国深造。逝世于汉口
谭耀勋	慕陶	广东香山	1862	人律	1881年幼童撤回时，继续留在美国学习。1883年从耶鲁大学毕业，但同年不幸病逝
钟进成	勉之	广东香山	1859		回国后在美国驻中国领事馆工作，先后服务于广东、香港、厦门和重庆等地

续表

姓名	字号	籍贯	出生年份	专业学位	主要职业和主要活动
钟文耀	紫垣	广东香山	1860	法律	回国后先分到上海水利管理局，后历任中国驻华盛顿大使馆翻译秘书、马德里临时代办、驻马尼拉总领事、上海—南京—宁波铁路总办及该铁路公司主席以及铁道部顾问等职。退休后寓居上海
欧阳庚	少白	广东香山	1858	技艺	1881年在耶鲁大学毕业并取得机械工程学位。回国后，先在福州船政学堂工作，1884年起任旧金山副领事，1906年改任温哥华领事，后来又改任巴拿马总领事，印尼雅加达总领事，1917—1921年担任驻英公使馆一等秘书，后任智利临时代办
邝荣光	镜河	广东新宁	1863	开矿	回国后先在唐山开平煤矿工作，后来担任直隶省林西、临清煤矿采矿工程师多年，退休后居天津
梁敦彦	崧生	广东顺德	1857	法律	回国后先分任在天津电报学堂教习，后进入张之洞总督府工作，为两广督署文案。此后先后担任汉口和汉阳海关道台、天津海关道台、外务部右侍郎、外务部尚书、会办大税大臣，国务大臣，弼德院顾问大臣等职务。辛亥革命时期，奉命出使德美两国。民国元年留居欧洲，后回国担任交通总长。1917年张勋复辟被任命为外务部尚书、议政大臣，复辟失败后被通缉，后被赦免，病死于天津
刘家照	月初	广东香山	1861	法律	归国后过着悠闲的绅士生活，后任天津外务局工作，死于广东
黄开甲	子元	广东镇平	1860	法律	返华后与钟文耀、罗国瑞在上海"外务局"服务，后充任盛宣怀的秘书、轮船招商局的经理、国家电报局总办；1904年跟随贝子溥伦访美，并参加了美国"圣路易世界博览会"，担任中国馆副馆长。日俄战争后为中国代表之一，出席"波特茅斯和平会议"。1906年1月25日，在日本病故
黄（曹）吉福	俊德	江苏川沙	1860		回国后经营法律事务所，死于上海

续表

姓名	字号	籍贯	出生年份	专业学位	主要职业和主要活动
陆永泉	盈科	广东香山	1859	技艺	回国后先被分到福州船政学堂学习，没等毕业又返回美国学习。在中国领事馆工作，担任驻纽约领事，后在办公室被人刺死
陈荣贵	辅朝	广东新会	1859	开矿	分在中国机械采矿公司，并服务多年，死于天津
史锦镛	瑞臣	广东香山	1858		私人经商，死于上海
容尚谦	辉珊	广东香山	1863	开矿	回国后先到福州船政学堂学习，毕业后上扬武号旗舰，1884年中法战争参加七星塔战役，旗舰被击沉后，他潜水生还。后来担任环泰舰舰长并参加了中日甲午战争。战后担任航运公司经理，负责京沈铁路的客运和货运，退休后寓居上海
牛尚周	文卿	江苏嘉定	1862		回国后先在电报局工作，后来到上海江南制造总局充任帮办，死于上海
何廷梁	柱臣	广东顺德	1860	人伍	回国后在天津医学堂学习，毕业后担任海军医生，早亡
石锦堂		山东济宁	1859		回国后不久在山东济宁去世
曾笃恭	子安	广东海阳	1857		回国后先是担任北华每日新闻的编辑，曾在南京政府外事局工作，任津浦铁路秘书，死于天津

资料来源：钱实甫：《清季新设职官年表·人名录》；[美] 勒法格 (Thomas E. La Fargue)《中国幼童留美史》(Chinas First Hundred) 附《中国遣送留美学生名单》(A List of the Students of the Chinese Educational Mission)；徐润：《徐愚斋自叙年谱》；罗香林：《容闳与中国新文化运动之启发》《新亚学报》1956年第2期；容尚谦，The Chinese Education Mission and its Influence, Tien Hsia Monthly。李喜所，刘集林：《中国留学通史·晚清卷》。

附表二　第二批留美幼童情况

姓名	字号	籍贯	出生年份	专业学位	主要职业和主要活动
蔡廷干	耀堂	广东香山		中馆	回国后先在大沽炮台鱼雷队工作，在中日甲午战争中曾指挥威海卫海卫鱼雷舰队。1912年，担任袁世凯总统府高等军事顾问。1913年任税务处会办，1914年兼任袁世凯英文秘书长。1919年后担任中国红十字会副会长。1921年10月担任华盛顿会议中国代表团顾问，1923年后担任整理内外债委员会委员，关税会议筹备委员会副主任，1924年担任税务处会办。1926年被杜锡珪内阁任为外交总长，未就任，并很快请准辞职。1935年病逝于北京
容揆	赞如	广东新会			1884年从耶鲁大学毕业后，于1890年进入中国驻美公使馆担任译员，后又担任中国驻华盛顿使馆代办。曾负责庚款留学监督工作，此后一直在中国驻美使馆工作，达半个多世纪，1943年去世
丁崇吉	舲仙	浙江定海	1860	中馆	回国后先分任大沽炮台鱼雷队，后来前在上海信使晚报工作，同时在上海海关服务。后来退职开办了兴中商业公司
李恩富	少洲	广东香山	1860	人律	回国后又回到美国继续留学，后在耶鲁大学毕业。毕业后在美办报，经商。回国后，在广州用中英两种文字出版报纸
张祥和		江苏震县	1863	技艺	回国后长期任外交界工作，先后任职于西班牙和秘鲁，后在北京经商
曾溥	子穆	广东海阳			在耶鲁大学湖菲尔德学院毕业后，又前任德国弗赖堡留学，曾担任过采矿工程师。不久在香港去世
唐国安	介臣	广东香山	1860	人律	回国后被派往唐山机械采煤公司工作，曾参与修建京沈铁路。一度帮助筹建并主持清华学堂的工作，此后一直与清华学堂有联系。在北京去世

续表

姓名	字号	籍贯	出生年份	专业学位	主要职业和主要活动
宋文翙	叔仪	广东香山	1861		回国后先在福州船政学堂学习，后来被派往北洋舰队，曾参加黄海战役。后来担任长江舰队一艘炮舰的舰长
邝景垣		广东南海	1861		死于广东老家
梁普照	子临	广东番禺	1861	开矿	回国后先在唐山采矿工程公司工作，不久升为公司帮办。后来到渣甸、仔地臣开办的轮船公司工作，宜昌开埠后并任该公司代办。死于宜昌
吴仲贤	伟卿	广东四会	1860	中馆	回国后先在天津海关工作。后又参加领事馆的外交工作，先后担任中国驻朝鲜领事、驻日本横滨总领事，驻墨代办，汉口海关监督等职务。国外担任"移民局"局长，1924年担任世界大战中国人民财产处置局"局长。一生曾经获得三等嘉禾勋章和二等嘉禾勋章功嘉禾勋章
梁金荣	仪廷	广东香山	1860	中馆	回国后分在电报局工作，后来担任江西电报局局长
王凤喈		浙江慈溪	1860	开矿	充任中国驻伦敦馆官员，死任伦敦
张有恭		广东香山	1862	中馆	淹死于上海黄浦江
梁普时	子丰	广东番禺	1863	中馆	回国后先在天津大沽炮台鱼雷艇队工作，后来被调往北洋舰队。后来先后担任北京沈铁路，死于上海
吴应科	盈之	广东四会		技艺	回国后先在福州船政提督旗队的中尉。后来先后担任北京电报局总办，上海江南船坞修造厂厂办，在中日甲午战争中的黄海大战中担任丁汝昌主任审计官，黎元洪总统顾问，巡洋舰队司令，海军副司令等职务。1913年辞职，交通局主任审计官，隐居北京

续表

姓名	字号	籍贯	出生年份	专业学位	主要职业和主要活动
苏锐钊	剑侯	广东南海	1860	技艺	回国后先在福州船政学堂学习，毕业后被派往广东黄埔水师学堂任教。后与盛宣怀领事馆的外交事务，充任驻马尼拉、新加坡、巴塔维亚、旧金山和英国伦敦的总领事，后来先后担任中国驻日本东京大使馆的秘书、北京外交部顾问、广州至三水铁路的总经理。晚年退居上海
陆锡贵	显臣	江苏上海	1861	中馆	回国后先被分到唐山采矿公司工作，后来担任京沈铁路总工程处工作。死于上海
黄有章		广东香山	1861	中馆	回国后在家过农村士绅式的生活
陈乾生		浙江鄞县	1860		回国后不久在天津偶然被义和团杀死
容尚勤	临佑	广东香山			回国后隐居，曾教书。死于广州
唐元湛	路园	广东香山	1861	中馆	回国后先到上海电报局工作，后来担任上海商业储蓄银行经理。死于上海
邓桂庭		广东香山	1861	中馆	回国后先在福州船政学堂学习，没毕业就到日本经商。死于日本神户
邝咏锺		广东南海	1861	技艺	回国后先到福州船政学堂学习。后参加中法战争，在七星塔战役中阵亡
卓仁志		广东香山	1862		回国后到上海电报公司工作，在上海苏州河淹死
温秉忠	荩臣	广东新会	1862	技艺	回国后先在上海参与经办棉纺织厂，此后在美国驻新疆领事馆工作，后又参加南京、天津外事局的工作。1905年到1906年随端方、戴鸿慈赴美、德、俄等国进行宪政考察。最后在粤汉铁路局任主任。任北京海关总务司的负责人和苏州海关监督，死于上海
方伯樑	柱臣	广东开平	1861	技艺	回国后先进入电报局工作，后来担任张家口铁路电报局主任。死于上海
李桂攀	步云	广东香山	1860	中馆	回国后不久又前往美国留学，后在美国经商，死于纽约

续表

姓名	字号	籍贯	出生年份	专业学位	主要职业和主要活动
陈佩瑚	碧珊	广东南海	1863	入伍	回国后先后在美驻中国广州和香港领事馆工作。死于香港
王良登	辅臣	浙江定海	1861	中馆	回国后被分到天津大沽炮台鱼雷队，曾经参加中日甲午战争，后来又调到威海卫鱼雷队。后来任京沈铁路和天津制币厂工作。后来任中国驻纽约总领事，驻古巴哈瓦那总领事，参加修建杭州至长沙铁路

资料来源：同附表一。

附表三 第二批留美幼童情况

姓名	字号	籍贯	出生年份	专业	主要职业和主要活动
唐绍仪	少川	广东香山	1860	中馆	回国后先到海关工作，后充任袁世凯的秘书，担任领事。先后担任天津道台，驻西藏代表，奉天巡抚，袁世凯总统的国务总理，返回香港经商，并参与筹建香港大学，广东中山县模范县长，国民政府高级顾问等职务。1938年在上海寓所被恐怖分子暗杀
周长龄	寿臣	广东新安	1861	中馆	回国后先是被分配到海关。后担任天津轮船商业局的经理，京沈铁路董事，营口海关道台，外务部参议，民国建立以后，定回香港经商。香港洁净局议员，定例局华人非官守议员，被英王乔治五世封为爵士勋衔及终身荣誉议员。被委任为非官守太平绅士，担任东亚银行，行政局非官守议会香港分会主任，历任东亚银行，中华娱乐置业公司，中华百货公司东方置业公司的董事会主席，香港电车电灯电报电话公司董事等职

续表

姓名	字号	籍贯	出生年份	专业	主要职业和主要活动
朱宝奎	子文	江苏常州	1862	人律	回国后担任盛宣怀的秘书，后任中国轮船电报公司经理。后来先后担任天津上海电报局局长、交通局帮办、外交部次长。死于上海
曹嘉祥	希麟	广东顺德	1864	中馆	回国后被分到天津水师学堂，参加1894年黄海战役，并在战斗中负伤。后负责海容舰。担任天津警察局局长。晚年经商，死于天津
周万鹏	翼云	江苏宝山	1864	小馆	回国后一直在电报局工作。死于上海
林沛泉	雨亭	广东番禺	1863	中馆	回国后先被派为驻朝鲜海关代表，后来参与修建京沈铁路。此后经商。晚年退居苏州
唐致尧		广东香山	1862	中馆	回国后经商，后来参与修建京沈铁路。曾主管天津税务局
薛有福		福建漳浦	1863	技艺	回国后分配到福州船政学堂。参与中法战争，在七星塔战役中的旗舰扬武号上牺牲
曹嘉爵		广东顺德	1863		留学时病死于美国
朱锡绶	静生	江苏上海	1865	小馆	回国后被分配到电报局，不久去世
袁长坤	静生	浙江绍兴	1863	中馆	回国后被分配到电报局，后来担任电报局局长兼教育部副主考
祁贤倬	吕才	广东南海	1863		回国后被分到唐山采矿工程公司工作，参加中法战争，不久去世
杨兆楠		广东南海	1862	技艺	回国后被分到福州船政学堂，参加中法战争，在扬武舰上牺牲
杨昌龄	寿南	广东顺德	1863		回国后先后分到大沽炮台，后来相继担任南京武备学堂教员、京沈铁路监工、交通局经理和南京沈铁路指挥。死于天津
孙广明	新甫	浙江钱塘	1861		回国后一直从事电报事业。死于北京

续表

姓名	字号	籍贯	出生年份	专业	主要职业和主要活动
梁如浩	字孟亭，亦作梦亭	广东香山	1863	中馆	回国后后在天津西局兵工厂绘图员，后任德籍顾问穆林德随员，赴朝鲜筹设海关。为驻朝鲜通商事务大臣袁鸿章幕僚。中日甲午战争陆征祥随员，以后陆续任职奉锦山海路、关内外铁路总办，天津海关监督，牛庄海关道，上海海关道，后辞职，出任民国外交总长，后辞职，曾出席华盛顿会议，任中国代表团高等顾问。清朝灭亡之后，出任民国外交总长，后辞职，曾出席华盛顿会议，任中国代表团高等顾问。后来担任接收海卫委员会委员长。退休后定居天津
邝景扬	星池	广东南海	1862	机器	回国后被分到唐山采矿工程公司工作。曾先后担任粤汉铁路广东段的总工程师和京张铁路的总工程师。死于天津
容耀垣	星桥	广东香山	1865	中馆	回国后被分到天津水师学堂学习，毕业后经商，后担任孙中山总统府顾问。香港等地经商，后担任孙中山总统府顾问。死于上海
吴敬荣	荩臣	安徽休宁	1864	小馆	回国后被分到天津水师学堂学习，1889年担任"敏捷"号练习舰帮带大副。后调任广"广丙"号，巡洋舰管带，授澄海营守备。曾参加中日甲午战争黄海战役。1895年日军进攻威海北帮炮台，他所带领的协守水手跟随绥军西撤，甲午战争后敌革职。后来被元洪担任黎元洪府重新起用，任"宝璧"号兵船管带，署广东水师赤溪协副将。民国时曾担任黎元洪顾问。死于天津
卢祖华	怡堂	广东新会	1864	中馆	回国后先被分到大沽炮台，后来到唐山采矿工程公司工作。曾参加修建京沈铁路，后为该铁路的经理。死于广州
徐振鹏	季程	广东香山	1864	小馆	回国后先被分长福州船政学堂学习，后来调到北洋海军，曾参加中日甲午战争黄海战役。后来历任长江舰队司令、海军部次长、巡洋舰环泰号舰长等职。死于北京

续表

姓名	字号	籍贯	出生年份	专业	主要职业和主要活动
程大业		安徽黟县	1863	小馆	回国后先被分到电报局工作，后来担任满洲里电报局局长，曾一度经商
徐之煊		广东南海	1863	小馆	淹死于大沽炮台
曹茂祥		江苏上海	1865	中馆	回国后被分到天津医学堂学习，毕业后担任海军医生
宦维城		江苏丹徒	1865	小馆	回国后一直在天津经商
祁祖彝	听轩	江苏上海	1863	小馆	回国后先在四川民事局工作，后来担任安东道台。死于安东
唐庚龄		江苏上海	1863	中馆	早亡
黄季良	佐廷	广东番禺	1862	中馆	回国后被分到福州船政学堂学习，参加中法战争，在七星塔战役中的扬武舰上牺牲
郑廷襄	兰生	广东香山	1862	小馆	"郑氏挂钩"和许多其他大沽炮台鱼雷舰队，后辞职继续在美国留学。他发明了火车上的干电池储存器布鲁克林公司的经理，纽约克罗顿自来水公司的顾问工程师等职。死于纽约
沈嘉树		江苏宝山	1854	小馆	回国后先被分到江南制造总局，后来参加修建京沈铁路，为发薪出纳员及总监察员

资料来源：同附表一。

附表四　第四批留美幼童情况

姓名	字号	籍贯	出生年份	专业	主要职业和主要活动
刘玉麟	葆林	广东香山	1863	中馆	回国后先被分到领事馆工作，曾在欧美不少国家任领事，任过中国驻圣·詹姆斯展览会的代表。后退居澳门

续表

姓名	字号	籍贯	出生年份	专业	主要职业和主要活动
黄耀昌	文南	广东香山	1863	小馆	回国后先被分到上海棉纺织厂工作，后来转任汉口太古洋行轮船公司的代办。曾经参加上海至南京铁路的兴建，并任上海铁路段的经理。同时兼任北京至汉口铁路北京段的经理。死于上海
潘斯炽	剑云	广东南海	1864	中馆	回国后被分到上海官办棉纺织厂工作，后来担任南京造币厂的经理。曾经前往北京考察政府工作。死于北京
吴其藻	敏齐	广东香山	1864	中馆	回国后被分到福州船政学堂学习，毕业后在海军工作，中日甲午战争为开济巡洋舰舰长。后来调到朝鲜领事多年。还曾在盐务局和上海商务局工作。死于上海
盛文扬		广东香山	1864	中馆	回国后被分到电报局工作，后任福州候补巡抚。死于福州
陈绍昌		广东香山	1863		早亡
林联辉	丽棠	广东南海	1861	中馆	回国后被分到北洋医学堂学习，后担任北洋医院院长。死于天津
沈德耀	祖勋	浙江慈溪	1862		回国后经商。死于上海
朱汝益	润田	江苏华亭	1865	小馆	回国后被分到北洋医学堂学习，毕业后参与修建京沈铁路
梁丕旭	镇东	广东番禺	1864	中馆	回国后长期任外交界工作，曾任中国参加庆祝英国女王维多利亚在位六十周年代表团的秘书，被英国政府授以圣麦克和圣乔治高级爵士勋章，先后担任中国驻德国、华盛顿、西班牙、秘鲁的外交代表，担任粤汉铁路广东段的经理。死于广州
邝炳光	元亮	广东新宁	1863		回国后被分到大沽炮台鱼雷舰队，后来在北洋舰队远号巡洋舰上工作，具体指挥济鸥号炮舰，曾经后参加兴建汉阳铁厂、京沈铁路，主持过直隶、山东、湖北等省的一些工程。著有《金银冶金学》。死于上海

续表

姓名	字号	籍贯	出生年份	专业	主要职业和主要活动
陶廷赓	协华	广东南海	1864	中馆	回国后被分到电报局工作,后来担任吴淞学校的教员,担任湖北电报局长。退居上海
唐荣俊	杰臣	广东香山	1862	中馆	回国后一直经商,死于上海
金大廷	巨卿	江苏宝山	1863		回国后先被分到北洋医学堂学习。在义和团运动中不幸被杀
冯炳忠	序东	广东鹤山	1864	中馆	回国后被分到电报局工作。死于广州
邝国光	观廷	广东新宁	1863	中馆	回国后先被分到天津水师堂,后来到北洋舰队旗舰定远号上工作。后来担任湖北省政府的外交秘书,参与武昌织布局的管理工作,晚年担任上海江南船厂经理。死于上海
吴焕荣	维青	江苏武进	1863	小馆	回国后先被分到电报局工作,后来担任江西电报局局长,曾经参加修建京沈铁路,担任议冶萍铁厂在上海的代办。死于上海
陆德彰	厚庵	江苏川沙	1863	小馆	回国后一直在上海电报局工作
林连盛	仪廷	广东南海	1862	中馆	回国后被分到电报局工作,后来又后到京沈铁路和盐税局工作。死于上海
唐荣浩	芝田	广东香山	1863	中馆	回国后曾经担任山东省外事局局长和山东省候补道台。死于山东济南
梁金鳌	秀山	广东南海	1865		早亡
陈金揆	度臣	江苏宝山	1864	小馆	回国后分任天津水师学堂,又被派往威远练船见习,1883年被派为扬威舰二副。后经扬威舰管带邓世昌赏识,推荐,升朴为扬威舰大副。光绪十二年,清政府在英德两国订购的致远、靖远、经远、来远四艘巡洋舰建成,李鸿章派员出洋接带,协助邓世昌管驾致远并沿途操练,回国后,以接船有功,赏戴蓝翎,授五品军功,1889年,海军衙门成立后,升署中军中营都司,任致远舰帮带,兼领大副。甲午海战爆发后,协助管带邓世昌指挥致远作战,壮烈牺牲
沈德辉	祖荫	浙江慈溪	1864		死于上海

续表

姓名	字号	籍贯	出生年份	专业	主要职业和主要活动
王仁彬		江苏吴县	1864	矿冶	早亡
周传谔		江苏嘉定	1863		死于江苏嘉定
周传谏	正卿	江苏嘉定	1865	矿冶	回国后先是参加修建京沈铁路，在总工程师办公室工作。后来前住直隶、山东、山西、河南、江西、湖北、贵州和安徽等地的铁路、矿山和商业部工作
谭耀芳		广东香山	1866		死于广东
陈福增		广东南海	1862		早亡
沈寿昌	清和	上海洋泾	1865	物理化学	回国后先是被分到天津水师学堂转习海军，后又派赴威远练船贝习，期满后，任威远舰贝习副。1882年朝鲜壬午之变，丁汝昌奉命率威远、扬威三舰前往朝鲜，迅速平定事变，粉碎日本的阴谋。沈寿昌因功拔补把总，获五品军功。后来升任济远号巡洋舰大副。海军衙门成立后，署北洋海军中军左营都司，不久，又升帮带，兼领济远舰大副，1894年，应朝鲜政府要求，派兵赴朝帮助镇压农民起义，在丰岛海战中战死
黄祖莲		安徽怀远	1865	矿冶	回国后进入天津北洋海军中军左营中守备，充济远舰驾驶二副。后调充广东水师广丙舰帮带大副，1889年，率舰北上威海中军左营大副，论功以都司升用，甲午战争爆发后，优患国事，曾向提督丁汝昌献策，严守海口，在中日甲午战争黄海海战中壮烈牺牲

资料来源：同附表一。

附表五　第一批船政留欧生情况

基本情况			留学时期				归国以后	
姓名	字号	籍贯	生卒年份	留学以前	时间	学习、实习地点	专业	主要活动	归国时间	主要职业主要活动
马建忠	别名马斯才，字眉叔	江苏丹徒（今镇江）	1845—1900	1853年，进入徐汇中学，后又入耶稣会在上海设立的初学院作修士，学习法文、拉丁文、英文、希腊文等外语。1870年，经马建勋引荐成为李鸿章的幕宾随办洋务	1877年	法国政治学堂	交涉、法律、格致、政治、文辞	游历英、德、奥、比利时、意大利等国。参观工厂、学营、学校、军校，访问法国的家庭学者政要，悉心研究中西文化的异同，提出了借款修建铁路，培养外交人才，创设海军等具体建议，认为外国富强的原因在于护商、设学校，开民智，设议院等，竭力主张通商致富，并对不平等关税制度进行抨击	1880年	回国后入李鸿章幕下。1882年，受李鸿章派遣去朝鲜，协助朝鲜政府与美、英、法三国签订了商约。1884年，挫败日本企图掌握朝鲜阴谋，中法战争结束后，担任招商局会办。1890年，撰写《富民说》上呈李鸿章。受李鸿章委派为上海机器织布局总办，后去职回籍。1895年襄助李鸿章去日本签订《马关条约》。1896年出版《适可斋记言记行》。此后，一直理首整理《马氏文通》一书，该书是奠定中国语法学基础的开山之作。1900年去世

续表

基本情况			留学时期				归国以后	
姓名	字号	籍贯	生卒年份	留学以前	时间	学习、实习地点	专业	主要活动	归国时间	主要职业主要活动
陈季同	字敬如	福建闽县	1852—1905	1867年考入福州船政学堂前学堂学生，学习法语、船舶制造等专业。毕业后留校，充办公所翻译	1875年随日意格出国参观学习。1877年以文案身份去法、英	法国巴黎政治学堂	文案、律例	主要办理公事，以都司衔兼任留学使团文案。1878年7月，随李凤苞赴德，兼办文案翻译事件，积功升游击，并赏加副将衔。1883年，李鸿章又派其随曾纪泽出使公使馆任参赞。不久，调任清政府驻德国法国使馆军事参赞，并为船政局购买船舰	1880年	1891年，卷入清政府对外借款的财政纠纷，因为驻法公使薛福以"逮欠洋债"事参劾，4月被召回国，革职审讯，李鸿章怜其才，得以复原职，留北洋办理洋务。甲午战争以后，以副将身份进入台湾，协助筹划防台事务，积极参与抵抗日军。随后避居上海：1900年，曾参与"东南互保"，1905年，在南京因病辞世

续表

基本情况			留学以前	留学时期				归国以后	
姓名	字号	籍贯	生卒年份		时间	学习、实习地点	专业	主要活动	归国时间	主要职业主要活动

姓名	字号	籍贯	生卒年份	留学以前	时间	学习、实习地点	专业	主要活动	归国时间	主要职业主要活动
罗丰禄	字稷臣	福建闽县	1850—1903		1877年	英国伦敦格林威治皇家海军学院	化学、物理、气象学	主要办理公事（先后兼任驻英国公使馆翻译，驻德国公使馆翻译）	1880年	回国后入北洋大臣李鸿章幕府，兼任李鸿章的英文翻译。1883年5月，调升北洋营务处道员，后协同北洋水师提督丁汝昌及林泰曾等起草《北洋海军章程》。1896年清朝廷谕命以二品顶戴记名海关道，赏四品京卿，出任驻英兼意、比三国公使

续表

基本情况			留学以前	留学时期				归国以后	
姓名	字号	籍贯	生卒年份		时间	学习、实习地点	专业	主要活动	归国时间	主要职业主要活动
刘步蟾	字子香	福建侯官	1852—1895	1867年考入福州船政学堂，学习驾驶、枪炮等技术，以第一名的成绩为该堂的首届毕业生	1875年	英国高士堡学堂学习并上军舰实习，后上英国地中海舰队旗舰马那杜号上实习	驾驶	先在马那杜铁甲船练习。后巡历大西洋、地中海，学习设防、备战、枪炮及布置水雷。1878年12月因病自塞普路斯离舰前住巴黎休养。1879年2月病好复返伦敦，复奉命上拉里号在地中海实习	1880年	回国后在北洋留职，派充镇北炮舰管带，曾与林泰曾合撰《西洋兵船炮台操练大略》。1885年赴德国协领定远等舰，授参将，不久升充定远管驾炮舰管带，赏加强勇巴图鲁勇号。后又被任命为北洋舰队右翼总兵，兼舰队旗舰定远号管带，黄海海战在丁汝昌负伤后，代为指挥督战，他身先士卒，击中日舰创日方旗舰松岛号。黄海海战后，主力吉野号，刘步蟾因功升记名提督，威海卫海战中，自杀殉国

续表

基本情况			留学以前	留学时期			归国时间	归国以后主要职业主要活动
姓名	字号	籍贯	生卒年份		时间	学习、实习地点	专业	主要活动		
林泰曾	字凯仕	福建闽县	1851—1894	1867年考入福州船政学堂学习航海驾驶。1971年上建威练船实习，1874年冬调任建威练船大副，曾随日意格赴英采办军用器物并考察西方船政，后都司留闽补用	1875年	英高士堡学堂学习，并上军舰实习	驾驶	先在勃来克伯林铁甲舰实习，后巡历大西洋、地中海，学习设防、备战、枪炮布置水雷诸事	1879年	回国后任飞霆炮舰管带，1880年升游击。后随丁汝昌到英国接带新购的超勇、扬威两舰，以功升为参将，并赏加果勇巴图鲁勇号。1882年升为副将，1888年北洋水师正式成军后，被特授为左翼总兵兼镇远舰管带，次年加提督衔。中日甲午战争爆发后，主张主动进攻的策略，得到丁汝昌的赞同。在黄海大战中，指挥镇远舰，与定远等舰密切配合，多次重创敌舰，被赏霍春助巴图鲁勇号。1894年11月，镇远舰在返威海卫途中，因避鱼雷而误擦暗礁，底板破裂。自认失职，忧愤自杀

续表

基本情况			留学以前	留学时期			归国以后	
姓名	字号	籍贯	生卒年份	留学以前	时间	学习、实习地点	专业	主要活动	归国时间	主要职业主要活动

姓名	字号	籍贯	生卒年份	留学以前	时间	学习、实习地点	专业	主要活动	归国时间	主要职业主要活动
魏瀚	名植夫，字季潜	福建闽县	1850—1929	1867年考入福州船政学堂，为首期学生，学习法语、船舶制造等专业，获得船政大臣沈葆桢、监督日意格等人的赏识	1875年	法国削浦官学	制造	先在法国马赛、瑟堡兵工厂实习，后入法国削浦官学，学习制造算理和船身轮机，并游历比利时等国	1879年	是中国第一代军舰制造专家。回国后，先是出任福州船政局"总司制造"，组织研制了中国第一艘巡洋舰"开济号"；制造了中国第一艘铁甲船"龙威"舰；参与制造了中国第一艘钢甲鱼雷猎舰"建威"舰，主持和参与制造了"镜清""寰泰""横海""广甲""广乙""广丙""广庚""福靖""通济""福安""龙骧"12艘猎艇。1904年，调任广东、黄埔船局，主管鱼雷局，还兼任黄埔鱼雷学堂、黄埔水师学堂总办，黄埔水师兼办工业学堂。后又被调任邮政部"丞参上行走"。1910年9月，出任海军部造船总监。1912年，福州船政局政局局长，被国民政府授予海军中将。1929年5月20日，病故

续表

基本情况			留学以前	留学时期				归国以后	
姓名	字号	籍贯	生卒年份		时间	学习、实习地点	专业	主要活动	归国时间	主要职业主要活动
陈兆翱	字鹤亭	福建闽县	1854—1899	1867年考入福州船政学堂，为首期学生，学习法语、船舶制造等专业，获得船政大臣沈葆桢、监督日意格等人的赏识，以学业成绩第二名毕业	1875年	先在法国马赛、孙两厂实习，后入削浦官学	制造	在法国削浦官学，学习制造算理和船用轮机，并游历比利时等国。留学期间，创制新式锅炉和抽水机，抽水机项目填补当时世界技术空白，获得以兆翱名字命名的陈兆翱螺丝，是中国近代一位为世界科技作出贡献的发明家。随后改进轮船车叶	1879年	是中国近代轮机制造的奠基者。1879年12月，学成回国，赏监湖处总工程师，戴监湖，任船政轮船轮机机设计与监造。不久，升舰若，先后参加"开济号"、"平远号"等十余艘舰船的制造，炮舰的新式舰船设计与监收参加赏赐。多次受到嘉奖，晋升至总兵。1883年，自行建造第一艘巡海快船"开济号"。1886年4月，奉派登艇察并验收中国向德国购买的鱼雷快艇"福龙号"。1889年由魏瀚等监造的中国第一艘钢甲巡洋舰"平远号"，船政先后建成的"广甲"、"广乙"、"广庚"、"福靖"、"通济"、"福安"等舰艇，均由陈兆翱总管船机方面的设计与制造

续表

基本情况			留学以前	留学时期			归国以后	
姓名	字号	籍贯	生卒年份		时间	学习、实习地点	专业	主要活动	归国时间	主要职业主要活动

姓名	字号	籍贯	生卒年份	留学以前	时间	学习、实习地点	专业	主要活动	归国时间	主要职业主要活动
黄建勋	字菊人	福建永福	1852—1894	1867年考入福州船政学堂后学堂，学习驾驶	1877年	1877年10月上西印度舰队伯利洛芬兵舰实习，任见习二副	化学、力学、驾驶	先赴美伯利洛芬兵舰实习，后又从英国海军炮队学习，萃和美国水雷营军官马格斐学习军火、电气、水雷等	1880年	回国后任福州船政学堂后学堂驾驶教习，次年补守备，加都司衔。不久敕李鸿章调入北洋，充任大沽水雷营管带。1882年奉命署理镇西炮舰管带。1887年，调任超勇快船管带。海军衙门成立后，署理左翼右营参将，1891年以功加副将衔。在甲午黄海战中，黄建勋指挥超勇与扬威相互配合，奋勇抵抗，先后击中日舰吉野、高千穗、秋津洲。落水去世

续表

基本情况			留学以前	留学时期			归国以后	
姓名	字号	籍贯	生卒年份		时间	学习、实习地点	专业	主要活动	归国时间	主要职业主要活动

姓名	字号	籍贯	生卒年份	留学以前	时间	学习、实习地点	专业	主要活动	归国时间	主要职业主要活动
蒋超英	宁锡彤	福建侯官	1852—1912	1867年1月,福州船政学堂首届学生,进入后学堂学习驾驶。1871年5月堂课毕业,派登"建威"练舰实习,1872年,毕业	1877年	英国狄芬土铁甲船实习	驾驶	先在英国狄芬土铁甲船实习,后学军火、水雷、电气等	1879年	回国后分派南洋水师。1880年初任"扬武"木壳兵船管驾,1882年调任"镇东"炮艇管带,1883年5月,出任"澄庆"兵船管带,中法马江海战时,率"澄庆"兵船驰援福建水师,在石浦海战中,"澄庆"兵船不幸沉没。1890年9月,出任南京江南水师学堂总教习,兼提调,并兼任"寰泰"练舰管带,正教习,江南水师学堂会办。1905年3月,升任南京江南水师学堂总办兼监督。民国成立后,任海军部视察。1912年9月29日,病故于福州

续表

基本情况			留学以前	留学时期			归国时间	归国以后主要职业主要活动
姓名	字号	籍贯	生卒年份		时间	学习、实习地点	专业	主要活动		
林颖启	字讱季	福建闽侯	1852—1914	考入福州船政学堂，为该校第二届学生。毕业后派登扬武练船见习	1877年	英国格林尼次海军学校	驾驶	先在西班牙爱勤考特兵舰实习，后监督李凤苞又延聘英国水师炮队教习苏苓授林颖启等炮垒，军火诸学，又从美国水雷官马格裴学习水雷、电气诸学。在留学期间，还留意西方的政治情况	1880年	回国后，分派北洋，授为精练前营游击，委带威远练船。甲午战争前，多次到朝鲜查看情况，并护送对敌进攻牙山清军，提出对敌主动进攻的主张。北洋舰队全军覆没后，被革职，听候查办。后出任康济练船管带，1900年，任海天舰舰管长。1914年，被任命为海军港司令，授海军中将，不久病故

续表

基本情况			留学以前	留学时期				归国以后	
姓名	字号	籍贯	生卒年份		时间	学习、实习地点	专业	主要活动	归国时间	主要职业主要活动
林永升	字钟卿	福建侯官	1853—1994	1867年考入福州船政学堂学习航海驾驶；1871年上建威练船实习；1875年调赴扬武练船，任船政学堂教习，奖补千总	1877年	英国格林尼次官学	驾驶	先入英国格林尼次官学，后上马那杜法，学习行船管理后，游历地中海、大西洋、美国、非洲、印度洋	1880年	回国后升守备，加都司衔。1881年由李鸿章调往北洋，任镇中炮舰管带，1882年又调任康济舰管带。1887年，任经远舰管驾，1889年海军衙门成立后，署理左翼左营副将。1891年，升保副将，补缺后升总兵，并赏换奇穆巴图鲁勇号，实授中军右营副将。1894年甲午战争爆发后，督历士卒操练，讲求战术，英勇抗战。黄海战时阵亡

续表

姓名	基本情况			留学以前	留学时期				归国以后	
	字号	籍贯	生卒年份		时间	学习、实习地点	专业	主要活动	归国时间	主要职业主要活动
江懋祉					1877年	西班牙爱勤考特兵舰实习	驾驶	先在西班牙爱勤考特兵舰实习，后学水雷、电气、军火等	1880年	回国后1881年9月任"建胜号"炮舰管驾
萨镇冰	字鼎铭	福建侯官	1859—1952	1869年，考入福州船政后学堂，为第二届驾驶班学生。毕业后，被派上扬武练船见习远航外海，南至新加坡、槟榔屿、小吕宋，北至日本	1877年	英国格林尼茨官学	行船、理法、驾驶	在英国海军莫那克兵舰实习，游历地中海、大西洋、美国、非洲、印度洋等	1880年	回国后分到南洋水师，任澄庆炮舰大副，1882年调任天津水师学堂教习，1886年任威远兵船管带，1887年，改任康济练船管带，1889年，以参将衔补都司，升署精练左营游击。甲午战争爆发后，被丁汝昌调任守卫南口日岛炮台，在威海卫战役中，指挥日岛炮台守军配合北洋舰队，奋力抵抗。北洋海军覆没后，被革职，回福州老家，以教习西学为生。1898年，调任北洋通济号练习舰管带。1899年，以总兵衔补用参将升任北洋海军帮统领，兼海圻号管带。1903年，补授

续表

基本情况			留学以前	留学时期			归国以后	
姓名	字号	籍贯	生卒年份		时间	学习、实习地点	专业	主要活动	归国时间	主要职业主要活动
萨镇冰	字鼎铭	福建侯官	1859—1952	1869年，考入福州船政后学堂，为第二届驾驶班学生。毕业后，被派上扬武练船见习远航外海，南至新加坡、槟榔屿，小吕宋，北至日本	1877年	英国格林尼次官学校	行船、理法、驾驶	在英国海军莫那克兵舰实习，游历地中海、大西洋、美国、非洲、印度洋等	1880年	广东南澳镇总兵，1905年，升任总理南北洋海军兼广东水师提督。1909年，奉命专任海军提督。1911年，袁世凯组织内阁，为海军大臣。民国时，历任吴淞商船学校校长、陆海军统率办事处大办事员、海军总长、参政阁粤巡阅使、国务总理代国务总长、福建省省长等职。1933年被福建人民政府聘为高级顾问。1949年被邀为中国人民政治协商会议全国委员会委员，兼任中央人民革命委员会委员。1952年，因病去世

续表

基本情况			留学时期				归国时间	归国以后主要职业主要活动
姓名	字号	籍贯	生卒年份	留学以前	时间	学习、实习地点	专业	主要活动
叶祖珪	字桐侯	福建侯官	1853—1905	为福州船政学堂学生，1871年毕业，被派上建威练船见习，巡历南洋新加坡、槟榔屿、渤海湾、辽东半岛各口岸	1877年	英国格林尼次官学	驾驶	先入英国格林威治，学习行船理法。后上勃来克伯林兵船实习，改在芬昔素耳兵船实习，游历地中海、大西洋、美国、印度洋、非洲等	1880年	1881年8月，在英国订造的镇中、镇边两舰驶抵大沽，以都司衔尽先守备，管带镇边。1887年，奉命接带在英法订造的致远、靖远、经远、来远四舰，节省费用数十万两，得捷勇巴图鲁勇号。1889年，升署中军右营副将，委带靖远舰。1891年，赏换纳钦巴图鲁名号。1894年黄海海战中，指挥靖远、紧傍旗舰定远，奋勇拼战。全军覆没后，被暂行革职，后果复，赏加提督衔。1903年，以提督衔授温州镇总兵，并升广东水师提督。1904年，总理南北洋海军兼广东水师提督，1905年，在上海病故

续表

基本情况				留学时期				归国以后	
姓名	字号	籍贯	生卒年份	留学以前	时间	学习、实习地点	专业	主要活动	归国时间	主要职业主要活动
方伯谦	字益堂	福建侯官	1852—1894	为福州船政学堂学生，1871年毕业，被派上建威练船见习，巡历南洋新加坡、槟榔屿、渤海湾、辽东半岛各口岸	1877年	英国格林尼次官学	驾驶	先入英国格林尼次官学，学习行船理法，后上恩廷甫兵船实习，旋改登兵船实习，游历地中海、美国、非洲、印度洋	1880年	1884年，任威远练船管带，1889年6月，升署中军左营副将，委带济远舰。1891年，赏戴勇巴图鲁勇号。1894年，率济远舰、广乙等舰护送运兵船到牙山。丰岛海战中，被日舰道击，济远舰先挂白旗，后又加挂日本海军旗。返回威海后，济远舰逃出阵外，首先驶回旅顺，报称"船头裂漏水"。海战后，捏造事实，黄海海战中，济远舰逃出阵外，附丁汝昌实"敌临阵退缩，著即行正法"，9月24日，在旅顺被斩首

续表

基本情况			留学时期			归国以后	
姓名	字号	籍贯	生卒年份	留学以前	时间	学习、实习地点	专业	主要活动	归国时间	主要职业主要活动

| 严宗光（严复） | 字又陵，又字几道 | 福建侯官 | 1854—1921 | 1867年，入福建船政学堂，为首届学生，先在白塔寺后在船政学堂学英文，后为船政学堂驾驶班学生。毕业后派登建威号练习实习舰，先后历北洋各口及厦门、香港、新加坡、槟榔屿各埠 | 1877年 | 英国抱士穆德学校、格林尼次官学 | 驾驶 | 先后入英国抱士德穆学校、格林尼次官学，曾游历英国，主要学习数理、化学、气学、格致、驾驶、枪炮、营垒、格斗等。毕业后，派上英国"纽咯什尔"军舰实习半年，并且认真考察、研究了西方的社会制度和社会政治学说 | 1879年 | 回国后，进入福建船政学堂任教习。1881年，又调入天津水师学堂任教习，后升天津水师学堂会办，北洋水师学堂总办。甲午战争后，在天津《直报》上，连续发表《论世变之亟》《原强》《救亡决论》《辟韩》等论文，主张向西方学习，实行政治改良。不久，翻译出版了赫胥黎的《天演论》，以"物竞天择，适者生存"的进化论观点唤起国人救亡图存。戊戌变法失败后，继续在天津水师学堂任总办，又先后译出《原富》《群学肄言》《名学》《社会通诠》《法意》 |

续表

基本情况			留学以前	留学时期			归国以后	
姓名	字号	籍贯	生卒年份		时间	学习、实习地点	专业	主要活动	归国时间	主要职业主要活动
严宗光（严复）	字又陵，又字几道	福建侯官	1854—1921	1867年，入福建船政学堂，为首届学生，先在白塔寺船政学堂学英文，后为船政后学堂驾驶班学生。毕业后派登建威号实习，先后巡历北洋各口及厦门、香港、新加坡、槟榔屿各埠	1877年	英国抱士穆德学校、格林尼次官学	驾驶	先后入英国抱士穆德学校，格林尼次官学，曾游历法国，主要学习数理、算学、格致、枪炮、营垒、格练等。毕业后，派上英国"纽约什尔"军舰实习半年。并且认真考察、研究了西方的社会制度和社会政治学说	1879年	等一批西方名著。义和团运动爆发后，参加唐才常组织的中国国会，被推为副会长。1901年，任开平矿务局总办，1905年，协助马相伯创办复旦公学，曾短期任第二任校长。1908年，任清政府学部审定名词馆总撰。1910年，为清政府海军部参谋官，赏海军协都统衔。辛亥革命后，任海军部一等参谋官。辛亥革命后，在政治上主张复辟帝制，曾列名参与发起孔教会。1921年10月27日病逝

续表

基本情况			留学以前	留学时期			归国时间	归国以后主要职业主要活动
姓名	字号	籍贯	生卒年份		时间	学习、实习地点	专业	主要活动		
何心川	字镜秋	福建侯官	1856—1926	1867年考入福州船政学堂后学堂第一届驾驶班。1871年登"建威"练船练习，巡历南至新加坡、槟榔屿各口岸，北至直隶湾、辽东湾各口岸	1877年	英国格林尼次官学	驾驶	先入英国格林尼次官学，学习测量、格致等学，后任普提何兵船实习，巡历非洲西南各洋。先被英国皇家海军学院录取学习驾驶。后上英"蒂提西阿"舰实习	1880年	回国后，1885年5月奉派南洋水师，任"开济"快船管驾，1886年调"镜清"快船管带。民国建立后，1912年9月任海军部视察，12月授海军上校。1913年10月出任"镜清"舰舰长，1914年3月调任"肇和"巡洋舰总教官。5月晋升海军少将。1919年1月给予三等文虎章。1926年6月病故

续表

基本情况			留学以前	留学时期			归国时间	归国以后主要职业主要活动
姓名	字号	籍贯	生卒年份		时间	学习、实习地点	专业	主要活动		
郑清濂	字景溪	福建闽县	1852—1927	1866年，考取马尾求是堂艺局，是前学堂制造班学习法文，后入前学堂制造班学习造船	1877年	法国削浦官学	制造	先入法国削浦官学，学习制造船身轮机，后参观英、法、比利船厂，轮机厂和格炼钢铁厂，曾赴汕答细洋枪官厂学习验料练造等法，学业完成后在洋监定远等舰三年	1883年	回国后为马尾船政工程处制船总司，监造"蓑泰""开济""广甲""广乙""平远"等9艘舰船，擢副将加总兵衔。1880年，先担任马尾船政前学堂教习，后在船政处任制船总司，官为都司，赏戴花翎。1905年春，擢用福建船政会办，升副将，加总兵衔，管理船政工作处。许洛铁路总办，京汉铁路总监督。1910年授海军部军正参谋官，领任海军正同考官，并为留学廷试海军正参谋官。1913年，敕委为福州铁路局局长，不久调任京汉铁路局局长，又晋授海军造船局局长，加少将衔。1913年10月，任福建船政局局长

续表

基本情况			留学以前	留学时期				归国以后	
姓名	字号	籍贯	生卒年份		时间	学习、实习地点	专业	主要活动	归国时间	主要职业主要活动
林怡游					1877年	法国削浦官学	制造	先入法国多郎官厂，习制造船身轮机，后参观英法比国船厂、轮机厂和熔炼钢铁厂，曾赴汕答佣洋枪官厂学习验料练造等法，学亚完后在洋监造"定远"等舰3年	1883年	
陈林璋					1877年	法国削浦官学	制造	先入法国削浦官学，学习制造船身轮机，后参观英法、比国船厂、轮机厂和熔炼钢铁厂	1880年	

续表

基本情况			留学以前	留学时期				归国以后	
姓名	字号	籍贯	生卒年份		时间	学习、实习地点	专业	主要活动	归国时间	主要职业主要活动
杨廉臣		福建			1877年	法国多郎官厂	制造	先到法国多郎官厂，学习制造船身。后来参观英、法、比国船厂，轮机厂和熔炼钢铁厂，并前住卢爱里和呵布炮陆军各炮厂专门学习制造钢炮	1880年	回国后任船政工程处制机总工程师，授守备（五品）加帮司衔。先后设计、监造开济、横海、镜清等一批新式军舰，为中国近代著名造机专家。参与建造了中国第一艘钢壳钢甲军舰平远号、高速驱逐舰建威号、建安号。1907年升任船政提调

续表

基本情况			留学时期			归国时间	归国以后主要职业主要活动
姓名	字号	籍贯	生卒年份	留学以前	时间	学习、实习地点	专业		
吴德章	字焕其	福建闽侯	1854—？	1866年考入福州船政学堂，为前学一届制造班学生。毕业后进入船政局船厂，与船政制造班同学自行设计制造的第一艘军舰"艺新"号，被沈葆桢誉为"中国发创之始"	1877年	法国多郎官厂	制造	先进入法国多郎官厂，学习制造船身轮机，后参观英、法、比国船厂，轮机厂和熔炼钢铁厂，并前往卢爱里和布土水师陆军各炮厂专习制造钢炮	1880年	回国后任福州船政局监工，船政总监。在马尾造船厂，与魏瀚、陈兆翱、李寿田、郑清廉、杨廉臣等人密切合作，先后制造了近代第一艘巡海快船"开济号"、第一艘钢甲巡洋舰"龙威号"，大型钢管鱼雷快艇"广乙""广丙"十几艘军舰。1897年6月2日调第四届出洋留学生监督。1902年4月出任清政府驻奥地利国公使。民国建立后，于1912年10月出任北京政府海军部技正。海军部军械司机械科科长。1912年12月授海军造舰主监。1925年7月晋授海军造舰总监。1927年8月任安国军政府海军事部署技正。1928年8月任南京政府海军总司令部参议

续表

基本情况			留学以前	留学时期			归国时间	归国以后
姓名	字号	籍贯	生卒年份		时间	学习、实习地点	专业	主要活动		主要职业主要活动
李寿田					1877年	法国多郎官厂	制造	先入法国多郎官厂，学习制造船身轮机，后参观英法比国船厂、轮机厂和熔炼钢铁厂	1880年	回国后监造船机，根据分工，郑清濂与魏瀚、吴德章监造船身，陈兆翱、李寿田、杨廉臣监造船机，船图仿自法国1885年创造的双机钢甲兵船"柯袭德士迪克""士飞礼""则靠"三船
梁炳年					1877年	法国多郎官厂	制造	在法国多郎官厂，学习制造船身轮机，劳累过度，在洋病故	1880年	
林庆生					1877年	巴黎矿务学校	矿务	先在科鲁苏召厂学习矿务学，后转入巴黎矿务学校，曾任德国哈次考察各矿局和矿山	1880年	

附　录　271

续表

基本情况			留学以前	留学时期				归国以后	
姓名	字号	籍贯	生卒年份		时间	学习、实习地点	专业	主要活动	归国时间	主要职业主要活动
林日章					1877年	巴黎矿务学校	矿务	先在科鲁召苏学习矿务学，后转入巴黎矿务学校，曾在德国哈次考察各矿局和矿山	1880年	回国后任船政轮机厂工程师，补授七品县丞。曾先后参加勘探、开采开平煤矿、福州穆源铁矿等工程，洋务派最早采用西法炼银的主持人和矿务、制机专家
张金生					1877年	巴黎矿务学校	矿务	先在科鲁召苏学习矿务学，后转入巴黎矿务学校，曾在德国哈次考察各矿局和矿山	1880年	

续表

基本情况			留学以前	留学时期			归国以后	
姓名	字号	籍贯	生卒年份		时间	学习、实习地点	专业	主要活动	归国时间	主要职业主要活动
池贞铨					1877年	巴黎矿务学校	矿务	先在科鲁苏召厂学习矿务学，后转入巴黎矿务学校，曾任德国哈次考察各矿局和矿山	1880年	回国后被任命为造船十三厂中拉铁厂的拉铁监工，五品守备衔。1889年，为解决燃料问题，他和张金生、林学诗三人对中国煤矿资源进行大规模勘探，先后赴湖南、贵州、陕西、四川、山西等省有关地区进行勘探和调查。1890年发现湖北大冶王三石煤矿和江夏马鞍山煤矿。从1891年起他参与筹建了中国近代第一个大型钢铁工厂——汉阳铁厂，中国第一个用近代技术开采的露天铁矿——大冶王三石铁矿，配套的大冶王三石煤矿，以及相配套的大冶王三石煤矿、江夏马鞍山煤矿、江西萍乡铜矿。1907年创办赣州铜矿。

续表

姓名	基本情况			留学以前	留学时期				归国时间	归国以后主要职业主要活动
	字号	籍贯	生卒年份		时间	学习、实习地点	专业	主要活动		
罗臻禄	字醒生	福建闽县	1846—1904	1867年考入福建马尾船政学堂,学习船制造。毕业后留船政局从事造船	1877年	洽答田官学,巴黎矿务学校	矿务	先人洽答田官学,学习矿务学,后转入巴黎矿务学校,曾赴德国哈次考察各矿山和矿局	1880年	回国后在马尾船厂工作,曾与魏瀚等人一道自行设计建了早期轮船"艺新号"。中法战争后,被两广总督张之洞聘请为广东矿务委员,并参加了粤晋陕豫等省的矿产调查。中日甲午战争后,曾任山东省矿务工作,继续从事矿务督办。1904年又到俄罗斯等地勘矿,后因病去世
王桂芳					1878年	法国汕萨穆铁厂、赛隆艺	矿务	先人法国汕萨穆铁厂,学习炼铁,炼钢一年,后任赛隆艺学习算学、轮机及化学试验五金等事	1880年	回国后在船政各厂任于总(六品)工程师等,主持炼铁

续表

姓名	基本情况			留学以前	留学时期			归国以后	
	字号	籍贯	生卒年份		时间	学习、实习地点	专业	主要活动	归国时间	主要职业主要活动
吴学锴					1878年	法国汕萨穆铁厂、赛隆艺	矿务	先入法国汕萨穆铁厂，学习一年，后任赛隆艺学习算学、轮机及分化试验五金等事	1880年	回国后在船政各厂（车间）任干总（六品）工程师等，指挥铸铁
任照					1878年	法国汕萨穆铁厂、赛隆艺	矿务	先入法国汕萨穆铁厂，学习一年，后任赛隆艺学习算学、轮机及分化试验五金等事	1880年	回国后在船政各厂（车间）任干总（六品）工程师等，负责炼钢
陈可会					1878年	腊县船厂、监工学堂	制造	先入腊县船厂制造技艺，后转入监工学堂习鱼雷艇	1880年	
刘茂勋					1877年	马赛铸铁厂、监工学堂	制造	先入马赛铸铁厂，学习制造技艺，后转入监工学堂，进多郎官厂实习	1880年	

续表

基本情况			留学以前	留学时期				归国以后
姓名	字号	籍贯	生卒年份		时间	学习、实习地点	专业	主要活动	归国时间	主要职业主要活动
裘国安					1877年	法国白海土登官学	制造	先入马赛木模厂，学习制造技艺，后入法国白海土登官学，旋在多郎官厂学习汽缸学	1880年	1885年8月4日，李鸿章电令驻德公使许景澄在德国订造两艘巡洋舰，"经远"、"来远"两舰由曾宗瀛、裘国安、黄戴监造
郭瑞珪					1877年	法国白海土登官学	制造	先入马赛木模厂，学习制造技艺，后入法国白海土登官学，旋在多郎官厂学习汽缸学	1880年	
张启正					1878年	法国匠首学堂	制造	先入法国匠首学堂，后学习鱼雷雷艇	1880年	
叶殿铄					1878年	法国监工学堂	制造	先入法国监工学堂，后学习鱼雷雷艇	1880年	

附表六 第二批船政留欧生情况

姓名	时间	国家及学校	专业及学位	归国时间
黄庭	1881年	法国	营造	1884年11月归国
王回澜	1881年	法国	营造	1886年2月归国
李芳荣	1881年	法国	枪炮	学完在使馆充任翻译
王福昌	1881年	法国	硝药	1885年11月归国
魏瀚	1881年	法国	制造	1885年4月归国
陈才瑞	1881年	法国	鱼雷	1883年11月归国
陈兆艺	1881年	英国	驾驶	1883年11月归国
李鼎新	1881年	英国	制造	1883年11月归国
陈伯璋	1881年	德国	鱼雷	
王庆瑞	1881年	法国	制造	在洋病故

附表七 第三批船政留欧生情况

姓名	留学年份	学习、实习地点	专业	留学时主要活动	归国后主要活动
陈恩焘	1886		测绘兼驾驶	先由英国海军部送上巡海练船，游历东南西洋欧美亚澳各国，后人法国海军部海图衙门学习绘图	回国后北洋海军正式建军。受李鸿章亲自提名，被任命为总管全军军械，授游击衔，直属北洋海军提督丁汝昌提标，负责考核，稽查北洋海军的军械、弹药等事项。1894年参加了黄海海战，作战英勇，受重伤。后改任教育界工作。先后在山东、天津等地主持山东高等学堂（今山东大学）、北洋译馆、直隶大学堂，创办新式教育，培养人才为山东大学堂的第一任监督。1911年，辛亥革命，响应辛亥革命。福部特派都督府外交司司长。1913年任福建都督府外交司兼外交部特派厦门交涉员。1914年，授海军少将。1918年任厦门海关监督兼海军务司司长，1921年又兼海军海道测量局局长。1921年成为中国第一任的海道测量局长
贾凝喜			测绘兼驾驶	先由英国海军部送上巡海练船，游历东南西洋欧美亚澳各国，后学雷学，上英属地中海海军部丹麦雷铁甲兵船实习	光绪十五年（1889）归国

续表

姓名	留学年份	学习、实习地点	专业	留学时主要活动	归国后主要活动
刘冠雄	1886	英国兵部武力士炮厂	枪炮、阵图兼驾驶	先由英国海军部送至枪炮练船厂学习大炮、洋枪、阵图和修理制造，旋上英国海军部爱伦求克等兵船学习留学	1887年夏，奉命为"靖远"大副，协助管带叶祖珪驾驶"靖远"回国。后擢升五品军功，赏戴蓝翎。1889年初升署中军右营都司，充"靖远"舰帮带大副。1895年协助叶祖珪指挥"靖远"舰参加作战。北洋海军全军覆没后被免职。1898年调任"海琛号"巡洋舰管带，后又调任"海天号"巡洋舰管带。1900年与林颖启率各舰赴上海参加"东南互保"活动。1906年管理德州兵工厂。1909年夏调充上海北洋海防营务处。1911年充总办水师营务处。辛亥革命时敕孙中山聘为顾问。袁世凯时任命其为海军总长，授海军上将。1913年协同陆军镇压"二次革命"。并暂行兼领海军总司令。1922年任福建镇抚使，次年又任闽海疆防御使，授熙威上将军。后去职寓居天津年段祺瑞再任其为海军总长，赴天津养病。1917
黄鸣球	1886	英国兵部武力士炮厂	枪炮、阵图兼驾驶	先由英国海军部送至枪炮练船厂学习大炮、洋枪、阵图和修理制造，旋上英国海军部爱伦求克等兵船学习留学	回国后入北洋海军供职，历任"康济号"练习舰三副，"超勇号"巡洋舰二副，"镇边"号炮舰管带，署理后军前营都司。甲午战争中参加威海卫保卫战。北洋海军覆没后先后在京师大学堂、烟台海军学校任教职。民国元年出任福建省浦城县电报管理局长。1914年任海军部航海科科长，后调升为"肇和"舰少将舰长。1915年被剥夺官职，由海军部收监审处。1916年获准保外就医，后船舶沉丧生

续表

姓名	留学年份	学习、实习地点	专业	留学时主要活动	归国后主要活动
邱志范	1886	英国兵部武力士炮厂	枪炮、阵图兼驾驶	先由英国海军部送至枪炮练船练习，后入英国兵部武力士炮厂学习大炮、洋枪、阵图和修理制造，旋上英国海军部爱伦求克等兵船学习雷学	光绪十五年（1889）归国
周献琛	1886	法国糯次安伯伦铁甲兵船	测绘兼驾驶	先由英国海军部送上巡海练船游历南洋东洋欧美亚澳各国，后入法国糯次安伯伦铁甲兵船学习练船、驶风、用帆等	光绪十五年（1889）归国
王学廉	1886	英国格林书院	枪炮、阵图兼驾驶	先入英国格林书院肄习算学、格物、水机等术，后上枪炮练船实习操机、转轮、列阵等	光绪十五年（1889）归国
郑汝成	1886	英国格林书院	枪炮、阵图兼驾驶	先入英国格林书院肄习算学、格物、水机等术，后上枪炮练船实习操机、转轮、列阵等	回国后先在北洋海军工作，不久充"康济"船大副。1891年担任威海水师学堂任正教习，1895年，调入天津水师学堂任正教习。1905年担任北洋武备速成学堂总办。1907年，担任海军部海军处军要司司长。1910年担任筹办海军事务处军法司司长，后担任军制司司长。1911年担任烟台海军学堂监督，兼海军部一等参谋官，授海军协都统衔。1912年，担任袁世凯总统府侍卫武官，授海少将。1913年中将，奉派上海统辖驻沪海陆各军及江南制造总局。1915年10月受封为将军府彰威将军，11月10日遇刺身亡

续表

姓名	留学年份	学习、实习地点	专业	留学时主要活动	归国后主要活动
陈林衡	1886	英国格林书院	枪炮、阵图兼驾驶	先入英国格林书院肄习算学、格物、水机等学，后上枪炮练习船实习操机、转轮、列阵等	光绪十五年（1889）归国
沈寿堃	1886	英国格林书院	枪炮、阵图兼驾驶	先入英国格林书院肄习算学、格物、水机等学，后上枪炮练习船实习操机、转轮、列阵等	回国后先在北洋海军舰上工作，擢蓝翎五品顶戴补用千总。后担任"定远"船枪炮大副。1894年黄海大战中在定远舰督炮击敌，重创日舰"松岛""比睿""赤城"，因功免补都司，并加副将衔。1895年海战中指挥"定远"发炮，击毁军9号艇，但定远同时被鱼雷击中，被解职。1899年海圻号"巡洋舰帮带。1905年奉派帮统南北洋海军，1909年授海军协都统。1912年北京政府海军部任命其为高等顾问，朴授海军中将，1913年又任命其为第一舰队队司令，因病未就。1917年兼充高等审检厅评事。1918年北京政府海军部任命其为中日共同防敌协商海军委员长，在北京与日本海军代表签订《中日海军共同防敌军事协定》。1921年4月8日死于上海
郑文英	1886	英国格林书院	枪炮、阵图兼驾驶	先入英国格林书院肄习算学、格物、水机等学，后上枪炮练习船实习操机、转轮、列阵等	光绪十五年（1889）归国
王桐	1886	英国格林书院	兵舰、管轮机学	先入英国海军部格林书院肄业，后任英国海军部莫纳克尔克铁甲兵船习管轮	光绪十五年（1889）归国

续表

姓名	留学年份	学习、实习地点	专业	留学时主要活动	归国后主要活动
伍光建	1886	格林威治皇家海军学院，次年转攻伦敦大学	兵船、管轮机学	先入英国海军部格林书院肄业，学习三角、代数、水学、动力学等，后住英国公司和金士哥利士书院肄业一年	回国后历任出使日本大臣，随员出国考察政治，学部咨议官、海军处顾问、军枢司司长等。1910年清廷赏文科进士出身，任副会长，张謇等发起组织中国教育会，复旦大学教授。民国成立后，历任南京政府财政部顾问、盐务署参事、著有《中国英文读本》等。他还是我国用白话翻译外国作品的开创者，译著有《侠隐记》《悲惨世界》等。1943年6月在上海去世
陈鹤翱	1886	格林书院	兵船、管轮机学	先入英国海军部格林书院肄业两年，学习三角、代数、水学、动力学等，后住外耳和金迈尼土哥利士书院肄业一年	在洋病故
曹廉箴	1886	格林书院	兵船、管轮机学	先入英国海军部格林书院肄业两年，学习三角、代数、水学、动力学等，后住外耳和金迈尼土哥利士书院肄业一年	光绪十五年（1889）归国
陈燕年	1886	格林书院	兵船、管轮机学	先入英国海军部格林书院肄业两年，学习三角、代数、水学、动力学等，后住外耳和金迈尼土哥利士书院肄业一年	光绪十五年（1889）归国

续表

姓名	留学年份	学习、实习地点	专业	留学时主要活动	归国后主要活动
张秉奎	1886		海洋公法和外语	先学拉丁文和英国刑法、律例等，后专攻英语	光绪十五年（1889）归国
罗忠尧	1886		海洋公法和外语	先学拉丁文和英国刑法、律例等，后专攻英语	光绪十五年（1889）归国
陈寿彭	1886		海军公法和外语	先学拉丁文、英国刑法律例等，后专攻英语	
陈庆平	1886	法国工部制造大学院	制造	主要学习工程设计、铁路桥梁法和枯轮车铁道	光绪十八年（1892）归国
李大受	1886	法国工部制造大学院	制造	主要学习工程设计、铁路桥梁法和枯轮车铁道	光绪十八年（1892）归国
陈长龄	1886	法国海军部制造大书院	制造	主要学习船身轮机各学	光绪十八年（1892）归国
卢守孟	1886	法国海军部制造大书院	制造	主要学习船身轮机各学	光绪十八年（1892）归国
郑守箴	1886	法国学部娜蚕大书院	制造	考入法国学部娜蚕大书院学习	光绪十八年（1892）归国
林振峰	1886	法国学部娜蚕大书院	制造	考入法国学部娜蚕大书院学习	光绪十八年（1892）归国

附　录

续表

姓名	留学年份	学习、实习地点	专业	留学时主要活动	归国后主要活动
林藩	1886	法国学部律例大书院	法文和万国公法	入法国学部律例大书院学习	光绪十八年（1892）归国
王寿昌	1886	法国学部律例大书院	法文和万国公法	入法国学部律例大书院学习	光绪十八年（1892）归国
柯鸿年	1886	法国学部律例大书院	法文和万国公法	入法国学部律例大书院学习	光绪十八年（1892）归国
许寿仁	1886	法国学部律例大书院	法文和万国公法	入法国学部律例大书院学习	光绪十八年（1892）归国
高而谦	1886	法国学部律例大书院	法文和万国公法	入法国学部律例大书院学习	光绪十八年（1892）归国
游学楷	1886	法国学部律例大书院	法文和万国公法	入法国学部律例大书院学习	光绪十八年（1892）归国
林志荣	1886	巴黎营造官学堂		巴黎营造官学堂学习	在巴黎病死

附表八 第一批庚款留美生情况

姓名	字号	籍贯	国内肄（毕）业学校	留学学校	专业	学位	归国后主要活动
王士杰	任安	浙江奉化	上海高等实业学堂	哈佛大学	文学、哲学		回国后，担任津浦铁路车务处科员，后任教于宁波中学、奉化中学担任英语教员。1954年，受浙江省政府主席谭震林的聘请，任浙江省文史馆员
王仁辅	士枢	江苏昆山	上海复旦工学	哈佛大学	算学	学士	北平师范大学教授
王长平	鸿猷	山东泰安	北京汇文书院	密歇根大学	教育、心理	博士	1915年从美国回国。回国后曾先后在湖南商专、雅礼大学、湖南长沙第一师范、上海圣约翰大学、南京金陵大学、北京大学、山东齐鲁大学、山东第一师范、北平民国大学和天津私立塘沽大学任教。1952年被聘为北京文史研究馆员
王健	晋生	直隶大兴	天津高等工业学堂	密歇根大学	化学	博士	回国后在天津经营化学工厂、制革公司经理
王䃢	季梁	浙江黄岩	译学馆	理海大学	化工	硕士	回国后先在南京东南大学及中央大学担任教授，兼化学系主任
方仁裕		江苏青浦	上海高等实业学堂				在美病故
朱复	启明	江苏嘉定	苏省铁路	理海大学	土木	硕士	曾任福中公司煤矿会计处长

续表

姓名	字号	籍贯	国内肄（毕）业学校	留学学校	专业	学位	归国后主要活动
朱维杰	鸳福	江苏南汇	上海南洋中学	伊利诺伊大学，哥伦比亚大学	化工	学士、硕士	曾在北平任教，后在盐务稽核所服务
何杰	孟篪	广东番禺	唐山路矿	科罗拉多大学	采矿	硕士	担任北京大学地质系教授、主任，并先后在唐山、北洋、中山、重庆各大学担任采矿与地质教授，曾任竞光地质调查所所长
李进隆	蔚伯	湖南湘乡	上海复旦工学	哥伦比亚大学	冶金	硕士	1918年回国后主要从事冶金采矿方面工作。后来担任广西大学教授
李鸣龢	竹书	江苏江宁	上海高等实业学堂	威斯康星大学	化工	硕士	回国后任汉冶萍公司汉阳铁厂炼钢工程师，后任龙烟铁矿公司工务主任，参加筹建石景山钢铁厂，抗战以后任经济部矿业司司长
吴玉麟		江苏吴县	上海高等实业学堂	波士顿大学	电机	硕士	任建设委员会戚墅堰电厂厂长
吴清度	壁城	江苏镇江	上海高等实业学堂	伊利诺伊大学	电机	学士	任交通部电政司及铁道部技术标准委员会
邢契莘	寿农	浙江嵊县	直隶高等	麻省理工学院	造船、军舰制造	学士	回国后担任青岛市政府工务局局长、东北造船厂厂长，后任职中央航空委员会，为垄允飞机场厂长，抗战胜利后主持华北塘沽新港建港工程
金邦正	仲藩	安徽黟县	天津自立第一中学	康奈尔大学	森林	学士	曾担任北京高等农校校长、清华学校校长等职

285

续表

姓名	字号	籍贯	国内肄（毕）业学校	留学学校	专业	学位	归国后主要活动
金涛	匋卿	浙江绍兴	上海高等实业学堂	康奈尔大学	土木	硕士	归国后任职交通部
邱培涵	养吾	浙江吴兴	上海高等实业学堂	康奈尔大学	农商	学士	担任永明人寿保险公司经理
秉志	农山	河南开封	京师大学堂	康奈尔大学	农	学士	毕生为开创和发展中国的生物学事业作出了历史性的贡献。研究领域广泛，在昆虫学、神经生理学、解剖学、脊椎动物形态学、生理学及古动物学等领域均有许多开拓性工作。对进化论深有研究，晚年从事鲤鱼实验形态学的研究，1935年当选中央研究院评议员，1948年当选为中央研究院院士，1955年被选聘为中国科学院学部委员院士
胡刚复		江苏无锡	上海震旦公学	哈佛大学	数理	学士	物理学家、教育家，中国近代物理学事业奠基人之一。历任南京高等师范学校和国立东南大学教授、物理系主任。后担任上海国立交通大学、同济大学、光华大学教授，厦门大学理学院院长，交通大学教授，浙江大学教授，上海文理学院院长、理学院院长，北洋大学和唐山交通大学院长、工学院院长，校长，天津大学教授，南开大学物理系教授
范永增		江苏上海	上海高等实业学堂	麻省理工学院	卫生工程	硕士	曾在上海市政府服务

续表

姓名	字号	籍贯	国内肄（毕）业学校	留学学校	专业	学位	归国后主要活动
徐承宗		浙江慈溪	上海崇贤堂	哈佛大学	文科	学士	归国后任上海任教
徐佩璜	若陶	江苏吴江	上海高等实业学堂	麻省理工学院	化工	学士	曾任上海市政府公用局局长，曾当选中国工程师学会会长
高纶瑾	季瑜	江苏江宁	南京汇文书院	密歇根大学	铁道管理	学士	任职胶济铁路与粤汉铁路
唐悦良	悦良	广东香山	上海约翰	耶鲁大学	教育政治	学士	回国后担任清华学校讲师，是中国第一批讲授政治学课程的学者。后来他先后出任驻古巴公使馆三秘、华盛顿会议代表团编纂、远东问题研究专员。1928年3月，担任外交商部和内政部秘书。1928年3月，担任外交部常任次长，5月代理外交部部长，1932年后回京重新开始教授生涯，先后在燕京、辅仁、师范、清华等大学执教，1949年中华人民共和国成立后，加入九三学社，并受聘为中央文史馆馆员、北京师范大学英文系教授
袁仲铨	叔衡	江苏江宁	顺天高等	麻省理工学院	电机	学士	已故
张廷金	贡九	江苏无锡	上海高等实业学堂	哈佛大学	电机	硕士	1915年9月学成归国。先在交通大学首先开课讲授无线电。1917年，建成国内科研单位和高等学府中第一个无线电实验室。1920年，研制成功中国最早自行设计组装的无线电台。被誉为中国无线电学先驱。1927年，被公推为中国工程学会委员。1934年10月，发起成立中国电机工程师学会

续表

姓名	字号	籍贯	国内肄(毕)业学校	留学学校	专业	学位	归国后主要活动
张福良		江苏无锡	上海约翰	耶鲁大学	森林	学士	曾担任全国经济委员会技正
张准	子高	湖北枝江	湖北普通中学	麻省理工学院	化学	学士	回国后先后在南京高等师范学校(后改称东南大学)、金陵大学、浙江大学等校担任化学教授。1929年，当选为中华教育文化基金董事会编译委员会副委员长和科学教育顾问委员会副主任，兼任清华大学教授。1931年担任清华大学教务长。中华人民共和国成立后，先后被推选担任清华大学教育工会主席、校务委员会主席、化学系主任等职
陈兆贞		广东番禺	上海同文馆	麻省理工学院	铁道管理	学士	回国后在交通大学任教
陈焜	宗南	广东增城	唐山路矿	麻省理工学院	化工	学士	回国后担任中山大学教授
陈庆尧	藜唐	浙江镇海	上海高等实业学堂	哥伦比亚大学	化学	学士	回国后在京沪路局机厂担任化验工作
陆宝淦	亢兰	江苏常熟	江苏游学预备科		农业、化学		回国后在上海从事化验工作
梅贻琦	月涵	天津	保定高专	伍斯特理工学院	电机	学士	历任清华学校教员、物理系教授、教务长等职，1931—1948年，任清华大学校长。1955年，在台湾新竹创建清华大学并任校长。1958年7月，任台湾当局"教育部部长"，兼任清华大学校长，1962年2月，副主任委员，当选台湾"中央研究院"院士

续表

姓名	字号	籍贯	国内肄（毕）业学校	留学学校	专业	学位	归国后主要活动
程义法	中石	江苏吴县	上海约翰	科罗拉多矿业学院	采矿	硕士	回国后担任汉冶萍公司萍乡煤矿工程师，后任实业部矿业局局长。抗战胜利后参加华北煤矿接收工作
程义藻		江苏吴县	上海约翰	康奈尔大学	机械	硕士	回国后担任汉冶萍公司汉阳铁厂机械工程师
曾昭权		湖南湘乡	上海复旦公学	麻省理工学院	电机	学士	
杨永言		江苏嘉定	上海高等实业学堂				已故
裘昌运	昌运	江苏无锡	东吴大学	威斯康星大学、普渡大学、哥伦比亚大学	农业、经济		回国后加入全国煤油矿督办公署，随美孚探勘队在陕西、热河等地工作
贺懋庆	勉吾	江苏丹阳	顺天高等	麻省理工学院	造船工程	学士	曾担任杭州市政府主任秘书
卢景泰		广东顺德	广东岭南	哥伦比亚大学	道路工程	硕士	回国后在平绥铁路任职
戴修驹		湖南武陵	译学馆	麻省理工学院	机械	学士	曾服务造船厂，抗战胜利后派去台湾接收航业机构

续表

姓名	字号	籍贯	国内肄（毕）业学校	留学学校	专业	学位	归国后主要活动
戴济	汝楫	江苏吴县	上海高等实业学堂	缅因大学	工业化学	学士	回国后曾主持上海油漆厂制造工程
谢兆基	纯组	浙江吴兴	上海约翰	哥伦比亚大学	化工	硕士	回国后服务于美国慎昌银行
魏文彬	雅挺	河北密云	北京汇文	哥伦比亚大学	财政	博士	回国后在北平担任教员
邝熙燮	伯和	广东番禺	上海约翰	普林斯顿大学、哥伦比亚大学	文学、新闻学	学士	回国后从事新闻事业
严家驺	伯鋆	福建闽侯	北洋水师官立学堂	伊利诺伊大学、哈佛大学	数理	学士、硕士	回国后担任教员
罗惠侨	东里	浙江县	上海高等实业学堂	麻省理工学院	河海工程	学士、硕士	曾任中央航空委员会参事

附表九 第二批庚款留美生情况

姓名	籍贯	国内学校	留学学校	专业	学位
杨锡仁	江苏晨泽	上海南洋大学	伍斯特理工学院、哥伦比亚大学	电机、纺织	学士、硕士
赵元任	江苏阳湖	江南高等	康奈尔大学、哈佛大学	物理、哲学	学士、博士
王绍黻	广东南海	唐山路矿	科罗拉多大学	机械	硕士
张谟实	浙江鄞县	约翰书院	威斯康星大学	电机	
徐志羑	浙江定海	约翰书院	伊利诺伊大学、麻省理工学院	电机	学士、硕士
谭颂瀛	广西苍梧	上海南洋中学	密歇根大学、哥伦比亚大学	炼钢、化学	学士、硕士
朱箓	江苏金	东吴大学	哥伦比亚大学	数学	硕士
王鸿卓	直隶天津	家塾	理海大学	物理、电机	学士
胡继贤	广东番禺	岭南学堂	密歇根大学	政、经、文科	硕士、博士
张彭春	直隶天津	天津私立中学	哥伦比亚大学	教育	学士、博士
周厚坤	江苏无锡	唐山路矿	麻省理工学院	机械、制船、飞机	学士、硕士
邓鸿宜	广东东莞	岭南学堂	密歇根大学	化工	学士
沈祖伟	浙江归安	约翰书院	密歇根大学	铁道工程	学士
区其伟	广东新会	岭南书院	哥伦比亚大学	化工	学士、硕士
程闽运	浙江山阴	东吴大学	普林斯顿大学、哥伦比亚大学	文学	学士
钱崇澍	浙江海宁	直隶高等	芝加哥大学、哈佛大学、伊利诺伊大学	植物	学士

续表

姓名	籍贯	国内学校	留学学校	专业	学位
陈天骥	浙江海盐	约翰书院	理海大学	土木	学士
吴家高	江苏吴县	加利福尼亚大学	伊利诺伊大学	铁道工程	硕士
路敏行	江苏宜兴	复旦工学	理海大学	化工	学士
周象贤	浙江定海	上海高等实业	麻省理工学院	卫生工程	学士
沈艾	福建侯官	家塾	康奈尔大学	机械	硕士
陈廷寿	广东番禺	长沙雅礼大学	哥伦比亚大学、哈佛大学	化工、经济	学士
傅焕	四川巴县	复旦公学	科罗拉多大学	采矿	硕士
李松涛	江苏嘉定	约翰书院	威斯康星大学	教育行政	学士、硕士
刘寰伟	广东新宁	岭南学堂	康奈尔大学、美国陆军服务学校	政、经、土木、军事工程	学士
徐志诚	浙江定海	约翰书院	威斯康星大学、芝加哥大学	教育、社会	学士、硕士
高崇德	山东栖霞	山东大学堂	科罗拉多大学、哈佛大学	矿冶、物理	硕士
詹可桢	浙江会稽	唐山路矿	哈佛大学	农、气象、地理	博士
程延庆	江苏晨泽	约翰书院	康奈尔大学、哥伦比亚大学	化学	学士、硕士
沈溯明	浙江乌程	浙江两级师范	康奈尔大学	化学	学士
郑达宸	江苏江阴	复旦公学	科罗拉多大学	采矿	硕士
席德炯	江苏吴县	上海实业	麻省理工学院	采矿	学士、硕士
徐燿	广东新宁	唐山路矿	伊利诺伊大学、宾夕法尼亚大学、哥伦比亚大学	铁道管理、财政	学士、硕士、博士
成功一	江苏江都	东吴大学	密歇根大学	化工	学士
王松海	江苏丹徒	约翰书院	密歇根大学	机械	学士

续表

姓名	籍贯	国内学校	留学学校	专业	学位
湛立	贵州平远	家塾	哥伦比亚大学	采矿	硕士
杨维桢	四川新津	复旦公学		采矿	
陈茂康	四川巴县	重庆广益中学	康奈尔大学	电机、机械	硕士
朱进	江苏金匮	东吴大学	哥伦比亚大学	财政	博士
施赞元	浙江钱塘	约翰书院	华盛顿大学	医	博士
胡宣明	福建龙溪	约翰书院	约翰霍普金斯大学	医、公共卫生	硕士
胡宪生	江苏无锡	译学馆	康奈尔大学	农	硕士
郭守纯	广东潮阳	约翰书院	康奈尔大学	铁道运输	学士
毛文钟	江苏吴县	直隶高等工业	密歇根大学、宾夕法尼亚大学	化工	学士、硕士
霍炎昌	广东海	岭南学堂	密歇根大学	机械	硕士
陈福习	福建闽侯	福建高等	康奈尔大学	机械	硕士
殷源之	安徽合肥	江南高等	麻省理工学院	化工	学士
副宗期	江苏江都	两淮中学	密歇根大学	化工	学士
王裕震	江苏上海	加利福尼亚大学		财政、银行	学士、硕士
孙恒	浙江仁和	杭州育英书院	耶鲁大学、哈佛大学	化工	硕士
柯成懋	浙江平湖	上海南洋中学	哥伦比亚大学	农	硕士
过宪生	江苏金匮	上海高等实业	康奈尔大学	采矿	硕士
邝翼堃	广东番禺	约翰书院	明尼苏达大学	政治、哲学	博士
胡适	安徽绩溪	中国新公学	哥伦比亚大学		

续表

姓名	籍贯	国内学校	留学学校	专业	学位
许先甲	贵州贵筑	四川高等	威斯康星大学	电机	学士
胡达	江苏无锡	高等商业	康奈尔大学	数理	学士
施鎏	江苏吴县	上海高等实业	麻省理工学院	造船、机械	学士
李平	江苏无锡	江苏高等	科罗拉多大学	采矿	硕士
计大雄	江苏南汇	高等实业	康奈尔大学	土木	学士
周开基	江苏吴县	上海南洋中学	哥伦比亚大学	采矿	硕士
陆元昌	江苏阳湖	上海高等实业	康奈尔大学	铁道工程	学士
周铭	江苏泰兴	上海高等实业	麻省理工学院	化学	博士
庄俊	江苏上海	唐山路矿	伊利诺伊大学	建筑	学士
马仙峤	直隶开州	保定高等	威斯康星大学、哥伦比亚大学	数学	学士、硕士
易鼎新	湖南醴陵	京师财政	理海大学	电机	硕士
周仁	江苏江宁	江南高等	康奈尔大学	机械	硕士
何斌	江苏嘉定	浙江育英高等	瓦伯西学院、芝加哥大学	政治	学士、硕士
李锡之	安徽合肥	安徽高等	麻省理工学院	机械	学士
张宝华	浙江平湖	密歇根大学	加利福尼亚大学	化工	学士

资料来源：刘真、王焕琛：《留学教育》，第1册，第186—191页。

附表十　第三批庚款留美生情况

姓名	籍贯	就学学校	学科	学位
张传薪	福建邵武	密歇根大学、哥伦比亚大学、芝加哥大学	经济、法律	学士、硕士、博士
张福运	山东福山	哈佛大学	经济、法律	学士
姜蒋佐	浙江平阳	加利福尼亚大学、哈佛大学	数学	学士、博士
陈长蘅	四川荣昌	哈佛大学	经济学、商业管理	学士、硕士
赵文锐	浙江嵊县	哥伦比亚大学	政治	硕士
陈承栻	福建闽县	康奈尔大学	土木工程	学士
陈德芬	浙江嘉善	密歇根大学	土木工程	硕士
郑辅华	福建永定	密歇根大学、康奈尔大学	土木工程	学士、博士
邱崇彦	浙江诸暨	克拉克大学	化学	博士
裘维裳	江苏金匮	康奈尔大学	机械工程	硕士
朱起蛰	浙江钱塘	麻省理工学院	造船	学士
费宗潘	江苏晨泽	密歇根大学	化学工程	学士
黄汉梁	福建同安	普林斯顿大学、哥伦比亚大学	经济、政治	学士、博士
胡渊博	江苏阳湖	麻省理工学院	矿业工程	学士
黄宗发	安徽无为	密歇根大学	法律	学士
高大纲	浙江仁和	威斯康星大学	机械工程	学士

续表

姓名	籍贯	就学学校	学科	学位
梁基泰	广东番禺	威斯康星大学、哥伦比亚大学	政治	学士、硕士
刘崇勤	福建闽县	密歇根大学	医科	学士、硕士
罗邦杰	广东大埔	密歇根矿业大学	采矿冶金科	学士
史宣	广东番禺	哈佛大学、麻省理工学院	机械工程	学士、硕士
梅光迪	安徽宣城	哈佛大学	文学	硕士
史泽宣	山东福山	密歇根大学、哈佛大学	财政、商业管理	学士、硕士
孙继丁	山东蓬莱	普渡大学	电气工程	学士
孙学悟	山东文登	哈佛大学	化学	学士
宋建勋	福建莆田	密歇根大学	造船	学士
司徒尧	广东开平	康奈尔大学	文科、宪政	博士
王赓	江苏金匮	密歇根大学、普林斯顿大学	历史、政治、经济	学士
卫挺生	湖北枣阳	密歇根大学、哈佛大学	文科、财政	学士、硕士
吴宪	福建侯官	麻省理工学院、哈佛大学	化学生物学	学士、博士
严防	浙江乌程	密歇根大学	电机工程	学士
杨光弼	直隶天津	威斯康星大学	化学	硕士
周明玉	浙江镇海	哥伦比亚大学	医学	硕士
顾崇林	浙江上虞	伊利诺伊大学、宾夕法尼亚大学	商业管理	学士、硕士
江山寿	江苏嘉定	里海大学	矿业工程	硕士
周抡元	浙江	里海大学	矿业工程	硕士

续表

姓名	籍贯	就学学校	学科	学位
吴康	江苏吴县	哈佛大学	哲学、心理学	硕士
谭其秦	四川容县	密歇根大学	经济、政治	硕士
黄明道	广东香山	威斯康星大学	经济	学士
徐书	江苏金匮	普渡大学	电机工程	学士
崔有谦	安徽太平	科罗拉多矿业专门学校	矿业工程	硕士
龙夷	四川容县	科罗拉多矿业专门学校	矿业工程	
陈明寿	江苏无和	麻省理工学院、哥伦比亚大学	机械工程	学士、硕士
顾维精	江苏无锡	伊利诺伊大学	电机工程	学士
杨孝述	江苏华亭	康奈尔大学	机械工程	硕士
陈鸣荣	江苏上海	密歇根大学	建筑工程	硕士
柴春霖	甘肃皋兰	威斯康星大学	政治	学士
徐仁靖	江苏嘉兴	里海大学	历史	学士
王滇	福建闽县	科罗拉多矿业专门学校	矿业工程	硕士
蔡翔	湖北汉川	威斯康星大学、俄亥俄州立大学	教育、政治	学士、硕士
陆懋德	浙江会稽	伊利诺伊大学	农学	学士
虞振镛	浙江慈溪	密歇根大学	政治	学士、硕士
陈嘉励	湖南湘阴	哥伦比亚大学	农学	学士
梁杜蘅	广东三水	伊利诺伊大学	文科	学士
许彦藩	浙江秀水	密歇根大学		

续表

姓名	籍贯	就学学校	学科	学位
邓宗瀛	贵州贵筑	威斯康星大学、哥伦比亚大学	政治	学士、硕士
章元善	江苏常州	康奈尔大学	化学	学士
陆守经	江苏青浦	威斯康星大学	政治	学士
章景芬	福建永定	科罗拉多矿业专门学校	矿业工程	
钟心煊	江西南昌	伊利诺伊大学、哈佛大学	生物	学士、硕士
张贻志	安徽全椒	麻省理工学院、哥伦比亚大学	化学工程、工商管理	学士、硕士
甘纯启	江苏嘉定	伊利诺伊大学	银行学	学士
何庆曾	广东顺德	密歇根大学	化学	学士
鲍锡藩	浙江归安	伊利诺伊大学、哥伦比亚大学	财政、政治经济	学士、硕士

资料来源：刘真、王焕琛：《留学教育》，第1册，第194—196页。

主要参考文献

一 档案、史料、汇编

（清）宝鋆等修：《筹办夷务始末》（同治朝），故宫博物院1930年影印本。

（清）陈宝琛等修纂：《清德宗景皇帝实录》，中华书局1987年版。

（清）刘锦藻编：《清朝续文献通考》，商务印书馆1936年版。

北洋大学—天津大学校史编辑室编：《北洋大学—天津大学校史》，天津大学出版社1990年版。

陈学恂编：《中国近代教育大事记》，上海教育出版社1981年版。

陈学恂编：《中国近代教育史教学参考资料》（上、中、下），人民教育出版社1986、1987年版。

陈学恂、田正平编：《中国近代教育史资料汇编——留学教育》，上海教育出版社1991年版。

陈学恂、田正平编：《中国近代教育史资料汇编——学制演变》，上海教育出版社1991年版。

《船政奏议汇编》，光绪十四年（1888）刊本，台北：文海出版社1974年影印版。

高时良编：《中国近代教育史资料汇编——洋务运动时期教育》，上海教育出版社1992年版，

广州市地方志编纂委员会编：《广州市志》，广州出版社1996年版。

湖北省地方志编纂委员会编：《湖北省志·教育》，湖北人民出版社1993年版。

刘真、王焕琛：《留学教育：中国留学教育史料》（4册），台北："国立"编译馆1980年版。

戚其章主编：《中国近代史资料丛刊续编——中日战争》，中华书局1991年版。

清华大学校史编写组：《清华大学校史稿》，中华书局1981年版。

清华大学校史研究室编：《清华大学史料选编》，清华大学出版社1991年版。

邵循正主编：《中国近代史资料丛刊——中日战争》，新知识出版社1956年版。

沈桐生等辑：《光绪政要》，江苏广陵古籍刻印社1991年版。

沈云龙主编：《清末民初留日陆军士官学校人名簿》，台北：文海出版社1971年版。

舒新城编：《中国近代教育史资料》（上、中、下），人民教育出版社1961年版。

台北"中研院"近代史研究所编：《海防档》乙，载《福州船厂》（一）（二）（三），台北：艺文印书馆1957年版。

王铁崖编：《中外旧约章汇编》，生活·读书·新知三联书店1957年版。

王学珍等编：《北京大学史料》，北京大学出版社1993年版。

王彦威等编：《清季外交史料》，台北：文海出版社1985年版。

谢忠岳编：《北洋海军资料汇编》，中华全国图书馆文献缩微复制中心1994年版。

徐珂编纂：《清稗类钞》，中华书局1984年版。

学部总务司编：《学部奏咨辑要》，台北：文海出版社1986年影印本。

佚名辑：《清末职官表》，台北：文海出版社1979年版。

张侠、杨志本等编：《清末海军史料》，海洋出版社1982年版。

中国第二历史档案馆编:《中华民国史档案资料汇编》第3辑,载《教育》,江苏古籍出版社1991年版。

中国第一历史档案馆编:《宣统朝上谕档》,广西师范大学出版社1996年版。

中国历史第一档案馆编:《京师大学堂档案选编》,北京大学出版社2001年版。

中国史学会主编:《洋务运动》(一)(二)(三)(五)(八),上海人民出版社1957年版。

朱寿朋编,张静庐等校点:《光绪朝东华录》,中华书局1958年版。

朱有瓛主编:《中国近代学制史料》第1辑,华东师范大学出版社1983年版。

朱有瓛主编:《中国近代学制史料》第2辑,华东师范大学出版社1989年版。

庄建平编:《近代史资料文库》第9卷,上海书店出版社2009年版。

[日] 多贺秋五郎:《近代中国教育史资料》(清末篇),台北:文海出版社1972年版。

二 报刊、日记、书信、游记

《大公报》

《东方杂志》

《教育杂志》

《申报》

《学部官报》

《传记文学》(台北)

郭嵩焘:《伦敦与巴黎日记》,岳麓书社1984年版。

胡适:《胡适留学日记》,商务印书馆1948年版。

黎庶昌:《西洋杂志》,岳麓书社1985年版。

李圭:《环游地球新录》,岳麓书社1985年版。

祁兆熙：《游美洲日记》，岳麓书社1985年版。

容闳：《西学东渐记》，湖南人民出版社1981年版。

徐继畬：《瀛寰志略》，上海书店出版社2001年版。

徐建寅：《欧游杂录》，岳麓书社1985年版。

薛福成：《出使英法义比四国日记》，岳麓书社1985年版。

曾纪泽：《出使英法俄国日记》，岳麓书社1985年版。

张得彝：《随使法国记》，岳麓书社1985年版。

三　全集、年谱、传记

高平叔：《蔡元培年谱长编》，人民教育出版社1996年版。

《龚自珍全集》，上海人民出版社1975年版。

《郭嵩焘诗文集》，岳麓书社1984年版。

《郭嵩焘奏稿》，岳麓书社1983年版。

恒慕义主编：《清代名人传略》，青海人民出版社1990年版。

《李鸿章全集》（全六册），时代文艺出版社1998年版。

《清代七百名人传》，中国书店1984年版。

《清史列传》，中华书局1987年标点本。

唐德刚译注：《胡适口述自传》，华东师范大学出版社1995年版。

《魏源全集》，岳麓书社2004年版。

严璩：《侯官严先生年谱》，中华书局1986年版。

颜惠庆：《颜惠庆自传》，吴建雍等译，商务印书馆2003年版。

《曾文正公全集》，载《近代中国史料丛刊续编》第1辑，台北：文海出版社1974年版。

《张之洞全集》，河北人民出版社1998年版。

赵尔巽等撰：《清史稿·列传》，中华书局1977年标点排印本。

《左宗棠全集》，上海书店出版社1986年影印版。

四　中外学者的主要论著

安宇、周棉主编：《留学生与中外文化交流》，南京大学出版社 2000 年版。

包遵彭：《中国海军史》，台北：中华丛书编审委员会 1970 年版。

丁晓禾：《中国百年留学全纪录》（四册），珠海出版社 1998 年版。

董守义：《清代留学运动史》，辽宁人民出版社 1985 年版。

高宗鲁、凌鸿勋：《詹天佑与中国铁路》，台北："中研院"近代史所 1977 年版。

黄福庆：《清末留日学生》，《中央研究院近代史研究所专刊》1975 年第 34 卷。

姜鸣：《龙旗飘扬的舰队——中国近代海军兴衰史》，生活·读书·新知三联书店 2002 年版。

姜新：《江苏留学史稿（1840—1949）》，吉林人民出版社 2006 年版；

姜新：《中国近代留学生研究》，吉林人民出版社 2013 年版。

瞿立鹤：《清末留学教育》，台北：台湾三民书局 1973 年版。

李定一：《中美早期外交史》，北京大学出版社 1997 年版。

李国钧、王炳照主编：《中国教育制度通史》，山东教育出版社 2000 年版。

李滔主编：《中华留学教育史录：1840—1949》，高等教育出版社 2005 年版。

李喜所：《近代留学生与中外文化》，天津人民出版社 1992 年版。

李喜所：《近代中国的留美教育》，天津古籍出版社 2000 年版。

李喜所：《近代中国留学生》，人民出版社 1987 年版。

李喜所、刘集林编著：《中国留学通史》，广东教育出版社 2010 年版。

李喜所、刘集林：《近代中国的留美教育》，天津古籍出版社 2000 年版。

李喜所:《容闳——中国留学生之父》，河北教育出版社1985年版。

李喜所主编:《五千年中外文化交流史》（五卷本），世界知识出版社2003年版。

李忠民《人力资本：一个理论框架及其对中国一些问题的解释》，经济科学出版社1999年版。

林崇墉:《沈葆桢与福州船政》，台北：联经出版事业公司1987年版。

林庆元:《福建船政局史稿》，福建人民出版社1999年版。

林子勋:《中国留学教育史》，台北：台湾华冈有限出版公司1976年版。

钱钢、胡劲草:《留美幼童——中国最早的官派留学生》，文汇出版社2004年版。

尚小明:《留日学生与清末新政》，江西教育出版社2003年版。

沈殿成主编:《中国人留学日本百年史》，辽宁教育出版社1997年版。

石霓:《观念与悲剧——留美幼童悲剧分析》，上海人民出版社2000年版。

舒新城:《近代中国留学史》，上海文化出版社1989年版。

孙克复、关捷主编:《甲午中日战争人物传》，黑龙江人民出版社1984年版。

孙石月:《中国女子留学史》，中国和平出版社1995年版。

田正平:《留学生与中国教育近代化》，广东教育出版社1996年版。

田正平:《中外教育交流史》，广东教育出版社2004年版。

田正平主编:《中国教育史研究·近代分卷》，华东师范大学出版社2001年版。

田正平主编:《中外教育交流史》，广东教育出版社2004年版。

汪一驹:《中国知识分子与西方——留学生与近代中国（1872—1949）》，梅寅生译，台北：枫城出版社1978年版。

王炳照、阎国华主编:《中国教育思想通史》，湖南教育出版社1994

年版。

王奇生:《中国留学生的历史轨迹》,湖北教育出版社1992年版。

王晓秋:《近代中日文化交流史》,中华书局1992年版。

卫道治:《中外教育交流史》,河南教育出版社1998年版。

吴杰章:《中国近代海军史》,解放军出版社1989年版。

吴霓:《中国人留学史话》,商务印书馆1997年版。

吴文莱主编:《容闳与中国近代化》,珠海出版社1999年版。

谢长法:《借鉴与融合——留美学生抗战前教育活动研究》,河北教育出版社2000年版。

苑书义:《李鸿章传》,人民出版社1991年版。

章开沅、余子侠主编:《中国人留学史》(上、下),社会科学文献出版社2013年版。

《中国近代海军史事日志》,生活·读书·新知三联书店1994年版。

钟叔河:《走向世界——中国知识分子考察西方的历史》,中华书局1985年版。

周棉主编:《留学生与中国的社会发展》,中国矿业大学出版社1997年版。

周棉:《留学生与中国的社会发展》(二),吉林人民出版社2008年版。

周棉:《中国留学生论》,南京大学出版社2012年版。

[美]费正清、刘广京编:《剑桥中国晚清史》,中国社会科学院历史研究所编译室译,中国社会科学出版社1985年版。

[美]加里·贝克尔:《人力资本理论:关于教育的理论和实证分析》,郭虹等译,中信出版社2007年版。

[美]勒法格:《中国幼童留美史——现代化的初探》,高宗鲁编译,台北:华欣文化事业中心1982年版。

[美]马士:《中华帝国对外关系史》,张汇文等合译,商务印书馆1960年版。

[美]庞百腾:《沈葆桢评传——中国近代化的尝试》,陈俱译,上海

古籍出版社 2000 年版。

［美］西奥多·舒尔茨：《论人力资本投资》，吴珠华等译，北京经济学院出版社 1990 年版。

［日］实藤惠秀：《中国人留学日本史》，谭汝谦、林启彦译，生活·读书·新知三联书店 1984 年版。

［英］约翰·穆勒：《政治经济学原理及其在社会哲学上的若干应用》，赵荣潜等译，商务印书馆 1991 年版。

五 工具书

卞孝萱、唐文权编：《民国人物碑传集》，团结出版社 1995 年版。

樊荫南编纂：《当代中国名人录》，良友图书印刷公司 1931 年版。

郭卿友主编：《中华民国时期军政职官志》，甘肃人民出版社 1990 年版。

贾逸君编：《民国名人传》，岳麓书社 1993 年版。

李新、孙思白编：《民国人物传》，中华书局 1978 年版。

娄献阁、朱信泉主编：《民国人物传》，中华书局 2000 年版。

罗竹风主编：《汉语大词典》，汉语大词典出版社 1997 年版。

马祖圣主编：《历年出国/回国科技人员总揽（1840—1949）》，社会科学文献出版社 2007 年版。

钱实甫：《清代职官年表》，中华书局 1980 年版。

钱实甫编：《清季新设职官年表》，中华书局 1961 年版。

钱实甫编：《清季重要职官年表》，中华书局 1959 年版。

孙克复：《甲午中日战争人物传》，黑龙江人民出版社 1984 年版。

王焕勋主编：《实用教育大词典》，北京师范大学出版社 1995 年版。

沃丘仲子：《近现代名人小传》，北京图书馆出版社 2003 年版。

谢巍：《中国历代人物年谱考录》，中华书局 1992 年版。

徐友春主编：《民国人物大辞典》，河北人民出版社 1991 年版。

严如平、宗志文主编：《民国人物传》，中华书局 1986 年版。

钟碧蓉、孙彩霞编:《民国人物碑传集》,四川人民出版社 1997
　年版。
周棉主编:《中国留学生大辞典》,南京大学出版社 1999 年版。
朱信泉、宗志文主编:《民国人物传》第 7 卷,中华书局 1993 年版。